중학 영문법

뽀개기

중학 영문법 **뽀개기 Level 3**

지은이 **김대영·박수진**
펴낸이 **안용백**
펴낸곳 **(주)넥서스**

출판신고 1992년 4월 3일 제311-2002-2호 ⑬
121-840 서울시 마포구 서교동 394-2
Tel (02)330-5500 Fax (02)330-5555
ISBN 978-89-93164-28-2 53740

www.nexusEDU.kr
NEXUS Edu는 (주)넥서스의 초·중·고 학습물 전문 브랜드입니다.

상위 5%를 위한

중학 영문법

뽀개기

3
LEVEL

김대영, 박수진 지음

Grammar

NEXUS Edu

중학 영문법
뽀개기 시리즈를 내면서

여러분의 긴 시간과 노력에도 불구하고 항상 넘기 어려운 산처럼 느껴지는 것이 영어일 것입니다. 영어는 우리말과 다른 언어 규칙을 가지고 있기 때문에 단어와 숙어만을 나열한다고 해서 상대방과 영어로 정확한 의사소통을 할 수 있는 것은 아닙니다. 이렇게 우리말과 전혀 다른 언어 구조 형식을 가진 영어를 짧은 시간에 가장 쉽게 파악할 수 있는 길을 찾아야 하는데 이 해결책이 '영문법'입니다.

영문법 학습이 산과 같은 부담감으로 다가올 수도 있지만, 영문법 학습은 건물의 기초 공사처럼 영어에 있어 필수적인 부분이 아닐 수 없습니다. 단순히 문법 문제 몇 개 더 맞히기 위해서 문법을 공부하는 것은 아닙니다. 정확한 해석, 원활한 의사소통, 적절한 어휘 구사 등 영어의 어느 한 부분도 영문법을 빼놓고는 말할 수 없습니다. 부실한 뼈대 때문에 골다공증에 걸린 듯 헤매고 있는 우리의 영어에 튼튼한 뼈대를 구축하는 일이 무엇보다 중요합니다.

〈중학 영문법 뽀개기 시리즈〉는 기존의 중학 영문법 시리즈들이 대부분 한자어식 설명을 방대하게 나열하기만 해서 오히려 학습자의 학습 의욕을 떨어뜨렸던 것과는 달리 딱딱하고 어렵게만 느껴졌던 영문법을 좀 더 쉽고 재미있게 학습할 수 있도록 구성되었습니다. 문장, 구문, 품사, 기본 개념에 대한 전체적인 맥락을 잡고, 다양한 문제를 통해 좀 더 세밀한 학습을 함으로써 학교 내신뿐만 아니라 앞으로 만나게 될 다양한 시험 형태에 대비할 수 있는 교재입니다. 단순히 영문법을 나열하고 설명하는 것에 그치지 않고 수많은 문제를 통해 학습자로 하여금 원리를 파악할 수 있도록 한 것이 〈중학 영문법 뽀개기 시리즈〉의 특징이라고 할 수 있습니다.

영문법 학습의 혁명과도 같은 〈중학 영문법 뽀개기 시리즈〉의 출간을 계기로, 이 책을 접하는 모든 이들의 영어 뼈대가 보다 튼튼해지길 바랍니다.

끝으로 원고를 교정, 검토, 편집해 주신 분들께도 지면을 빌려 감사드립니다.

저자 김대영, 박수진

이 책의 특징

내신 시험에 완벽하게 대비할 수 있습니다.

교과서에 나오는 핵심 문법을 빠짐없이 정리하고 학교 시험에서 출제되는 문제를 철저히 분석해 내신 시험에 완벽하게 대비할 수 있도록 했습니다.

고등 영문법의 기초를 세워줍니다.

〈중학 영문법 뽀개기 시리즈〉를 통해서 중학 영문법을 마스터할 수 있을 뿐만 아니라 고등 영문법의 기초를 확립할 수 있습니다.

단순한 문법 교재가 아닙니다.

학습한 문법 내용을 어휘, 독해와 회화에 적용하여 학생들이 문법만을 학습하는 것이 아니라 전반적인 영어 실력을 향상 시킬 수 있도록 한 교재입니다.

지루하게만 느껴졌던 문법을
쉽고 재미있게 학습할 수 있습니다.

학생들이 어렵고 딱딱하다고 느낄 수도 있는 문법을 간단한 설명과 예문 위주로 쉽게 풀어써 보다 이해하기 쉽고 재미있게 느낄 수 있도록 구성했습니다. 충분한 학습을 통해서 내신 만점만이 아니라, 토플이나 텝스 등과 같은 테스트에서도 고득점을 성취할 수 있는 토대를 마련할 수 있습니다.

Words Pre-Test

각 Chapter를 학습하기 전에 그 Chapter에 나오는 주요 어휘를 알고 있는지 점검할 수 있는 Words Test 부분을 마련해 문법뿐만 아니라 어휘 학습의 기회를 제공합니다.

Words Pre-Test

- ☐ exercise _____
- ☐ tremble _____
- ☐ experience _____
- ☐ degree _____
- ☐ light _____
- ☐ claim _____

문법 Point

각 학년의 핵심 문법 사항을 각 Unit당 2~4개로 간략하게 정리해 학생들이 한눈에 볼 수 있고 각 사항에 2~3개의 예문을 제공하여 쉽게 이해할 수 있도록 구성했습니다.

Unit 03 과거완료와 미래완료

1 **과거완료** 「had+p.p.」

1) 과거완료
과거의 기준 시점 이전에 일어난 사건이 그 기준 시점까지의 동작이나 상태의 완료, 결과, 경험, 계속을 표현하는 경우
I **had finished** my homework when my friends visited me. (완료)

* 접속사 after, before를 사용하여 사건의 전후 관계가 명백한 경우에는 과거완료를 과거로 쓸 수 있다.
I arrived at the stadium after the concert (had) started.

Check-up

각 Unit에서 학습한 내용의 개념과 규칙 등을 간단하게 확인할 수 있는 문제를 제공해 학생들이 각 Unit의 문법 사항을 바로 확인하고 적용할 수 있도록 구성했습니다.

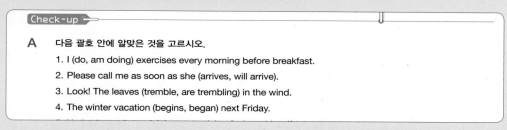

Check-up

A　다음 괄호 안에 알맞은 것을 고르시오.

1. I (do, am doing) exercises every morning before breakfast.
2. Please call me as soon as she (arrives, will arrive).
3. Look! The leaves (tremble, are trembling) in the wind.
4. The winter vacation (begins, began) next Friday.

개념확인문제

Unit 2개 또는 3개가 끝날 때마다 개념확인문제를 넣어 학습한 내용을 중간 확인할 수 있는 단계를 마련했습니다.

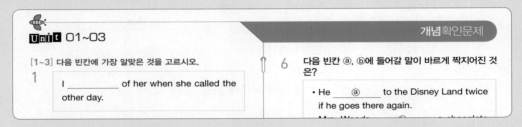

Review Test

해당 Chapter에서 배운 내용을 총 정리하는 내신 스타일의 문제로 내신에 완벽하게 대비할 수 있습니다.

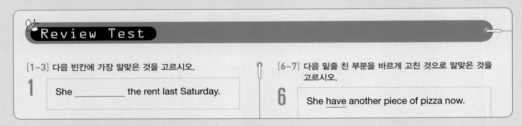

Reading & Grammar in Conversation

학습한 문법 사항을 독해와 회화를 통해서 다시 한 번 더 복습할 수 있는 장치를 제공합니다.

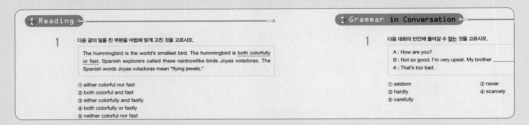

실전모의고사 1, 2, 3회

학습한 문법의 전체 내용을 점검할 수 있는 실전모의고사 수록

이 책의 차례

Warm-Up

헷갈리는 문법 요소들 구별하기

Grammar

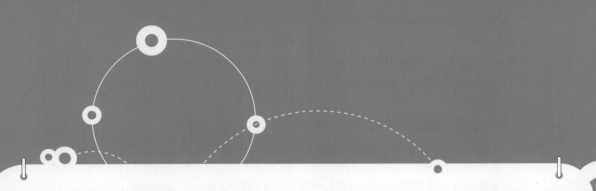

The future belongs to those who believe in the beauty of their dream.

미래는 자기 꿈의 아름다움의 가치를 믿는 사람들의 것이다.

★★★

루즈벨트 대통령의 영부인 Eleanor Roosevelt

헷갈리는 문법 요소들 구별하기

1 의문대명사 **what**과 관계대명사 **what**의 구별

- 의문대명사 what　→　'무엇'으로 해석, 특히, ask, know, wonder + what(의문대명사)
- 관계대명사 what　→　'〜하는 것'으로 해석, the thing which와 같음

1) 의문대명사, 관계대명사 what은 둘 다 문장에서 주어, 목적어, 보어 역할을 한다.

2) 대부분의 경우는 의문대명사로 해석해도 되고 관계대명사로 해석을 해도 된다.

3) 동사 ask, know, wonder 다음에 오는 what은 의문대명사로서 '무엇'으로 해석한다.

I asked him what he had experienced. (의문대명사)

He was looking for something, but I didn't know what. (의문대명사)

He told me what he had seen last night. (관계대명사)

What the boy likes best for breakfast is cornflakes. (관계대명사)

I could hardly understand what he wanted to do. (둘 다)

2 **if** 구문의 가정법과 직설법 구별

- 실현 불가능한 내용, would/should/could/might　→　가정법(〜라면, 〜였더라면)
- 실현 가능한 내용(미래 → 현재), 실현 했던 내용　→　직설법(〜라면, 〜였다면)

1) 가정법 if : 실현 불가능한 내용을 나타낸 것으로 주절에 조동사의 과거형(would, should, could, might)이 나온다. 가정법에는 미래, 과거, 과거완료 구문이 있다.

2) 직설법 if : 조금이라도 실현 가능성이 있는 내용을 나타낸다. 직설법 미래는 현재로 표현해야 한다.

If I knew him personally, I would ask him for help. (가정법: 그를 알지 못한다.)

If you know him, go and ask him for help. (직설법: 그를 알 가능성이 있다.)

If it should rain tomorrow, I would not go on a picnic. (가정법: 비가 올 가능성이 없다.)

If it rains tomorrow, I will not go on a picnic. (직설법: 비가 올 가능성이 있다.)

3 〈가주어, 진주어 구문〉과 〈강조 구문〉의 **It is/was 〜 that** 구별

- It is/was + 형용사/감정 명사 + that 주어 + 동사　→　가주어, 진주어 구문
- It is/was + 나머지/부사구(시간, 장소, 이유) + that 주어 + 동사 →　강조 구문

It is necessary that we should obey our parents. (가주어, 진주어 구문)

It is important that we try to do our best for the environment. (가주어, 진주어 구문)

It was last year that he moved to New York. (강조 구문)

It is the boy that I met yesterday. (강조 구문)

4 because와 because of의 구별

- because + 절(주어 + 동사)
- because of + 구(명사, 대명사)

Because there was no room left, they stayed the night in a car.
Some people don't go on a vacation in the summer because it's too hot.
She felt depressed because of the sudden death of her dog.
Because of bad weather, we decided to postpone the soccer game.

5 전치사 for와 during의 구별

- for + 〈숫자 + 기간〉 → '～하는 동안'의 뜻으로, 뒤에 불특정 기간이 옴
- during + 〈소유격 + 기간〉 → '～하는 동안'의 뜻으로, 뒤에 특정 기간이 옴

She didn't sleep for two days.
My cousin has been staying with me for three months.
He has been to London during his vacation.
Would you turn off the TV during mealtime?

6 전치사 by와 until의 구별

- 그 시간까지 완료될 경우 (주로 왕래발착 동사, 일회성 동사 : finish, arrive, start 등) → by
- 그 시간까지 지속될 가능성이 있는 경우 (주로 지속성 동사 : wait, stay 등) → until, till

The report has to be sent to the manager by the end of the month.
She will be ready to go out by the time he comes.
I will have to stay here until Friday night.
The Julian Calendar remained in use until the 20th century.
The game continued till midnight.

7 간접의문문에서 의문사가 문두로 가는 경우와 가지 않는 경우 구별

- yes/no로 대답을 요구하는 의문문 (ask, know, wonder 등)   →   의문사가 이동하지 않음
- yes/no의 대답을 요구하지 않는 의문문 (think, believe, guess 등)   →   의문사가 앞으로 이동

Do you **know where** she is? – Yes, I do.
Do you **wonder what** she is doing in your room?
Where do you **think** she is? – She is in her house.
What do you **imagine** he wants to eat?

8 타동사의 목적어 〈의문사 + to부정사〉와 〈to부정사〉의 구별

- 타동사가 know, believe, show, teach, tell, think 등인 경우   →   의문사 + to부정사
- 타동사의 의미가 미래지향적인 경우 : hope, want, wish, plan, promise 등   →   to부정사

  * 미래지향적인 경우도 내용에 따라 〈의문사 + to부정사〉를 목적어로 쓸 수 있다.

He didn't know **what to do** or **which way to run**.
Could you tell me **how to use** this copy machine?
He hoped **to enter** the university.
Mike promised **to go** camping with her.

9 〈So + 주어 + 동사〉와 〈So + 동사 + 주어〉의 구별

- So + 주어 + 동사   →   So는 '그래, 정말로'로 해석 (= Indeed, Yes)
- So + 동사 + 주어   →   So는 '역시, 또한'으로 해석 (= also, too)

She is very diligent. **So she is.** (그녀는 정말로 그렇다.)
He is one of the most popular actors among teenagers. **So he is.**
She is very diligent. **So is he.** (그도 역시 그렇다.)
She is studying computer engineering at college. **So is he.**

10   according as와 according to의 구별

- according as + 절(주어 + 동사) ➡ '~에 의하면,' '~에 따르면'
- according to + 구(명사, 대명사) ➡ '~에 의하면,' '~에 따르면'

We will pay you **according as** you work.
You will receive **according as** you give.
We will pay you **according to** your ability.
According to the news report, almost thirty people were wounded.

11   in case와 in case of의 구별

- in case + 절(주어 + 동사) ➡ '~의 경우를 대비하여'
- in case of + 구(명사, 대명사) ➡ '~의 경우에'

I put a name tag on my luggage **in case** I lose it.
I wore a coat **in case** it was cold.
In case of cold, take your coat.
In case of rain, the picnic will be put off.

12   〈On ~ing〉와 〈In ~ing〉의 구별

- on ~ing ➡ '~하자마자', '~할 때'
- in ~ing ➡ '~할 때', '~하는 동안'

On meeting him, she began to cry.
On seeing her, he fell in love with her.
In climbing the mountain, I thought of my future.
In lying on the bed, she heard someone knocking.

A 다음 괄호 안에 알맞은 것을 고르시오.

1 He kept silence (for, during) the meal.

2 He has been waiting (for, during) three hours.

3 She didn't know (to drive, how to drive) a car.

4 He showed me (to put, where to put) his gun.

5 I always carry a map (in case, in case of) I get lost.

6 He brought a flashlight (in case, in case of) darkness.

7 Hopefully, I will finish the report (by, till) tomorrow.

8 I will stay at work (by, until) eight o'clock this evening.

9 I didn't realize how charming she was (by, until) the last meeting.

10 (Because, Because of) his age, he could not run so fast.

11 The game was called off (because, because of) it rained.

12 I am crying (because, because of) a dream I had last night.

13 My teacher taught us (to count, how to count) the number.

14 The old man is very rich. So (she is, is she).

15 James speaks French and so (does his sister, his sister does).

16 (According to, According as) the papers, he was killed in the war yesterday.

17 (According to, According as) the demand increases, the price of goods goes up.

B 다음 문장이 가정법인지 직설법인지 구별하시오.

1 If it is sunny tomorrow, I will go hiking.

2 If it were sunny, I would go swimming.

3 If I had stopped to think about it, I would never have reacted that way.

4 If you have your skin exposed to sunlight much, it results in burns.

5 If she is free this afternoon, she will drop by you.

6 If he were not busy, he could spend more time with his two sons.

C 우리말과 같은 뜻이 되도록 주어진 단어를 배열하시오.

1 너는 그녀가 어디에 있는지 아니?

<u>you, where, know, do</u> she is?

2 너는 내가 어디에 가는 것이 낫다고 생각하니?

<u>think, do, where, you</u> I had better go?

3 그녀는 그 음악을 듣자마자 노래하기 시작했다.

<u>music, hearing, the, on</u> she started to sing.

4 내가 그 남자를 만났을 때 그가 의사라고 생각했다.

<u>the, meeting, man, in</u> I thought he was a doctor.

D 다음 밑줄 친 부분을 우리말로 해석하시오.

1 This is just <u>what I have been looking for</u>.

2 I don't know <u>what she wants now</u>.

3 <u>It was I that said the truth</u>.

4 <u>It is true that she has been to London</u>.

E 우리말과 같은 뜻이 되도록 빈칸에 알맞은 말을 쓰시오.

1 그 전시회는 다음 주 금요일까지 열릴 것이다.

The exhibition will be open _____.

2 그녀가 전화를 할 경우에 대비해 조금 더 기다릴 것이다.

I am going to wait a bit longer _____.

3 내 상사는 다음 주 며칠 동안 회사에 없을 것이다.

My boss will be out of the office _____.

4 그 소식을 듣자마자 그녀는 울음을 터뜨렸다.

_____, she burst into tears.

동사를 타고 떠나는 시제 여행

Grammar

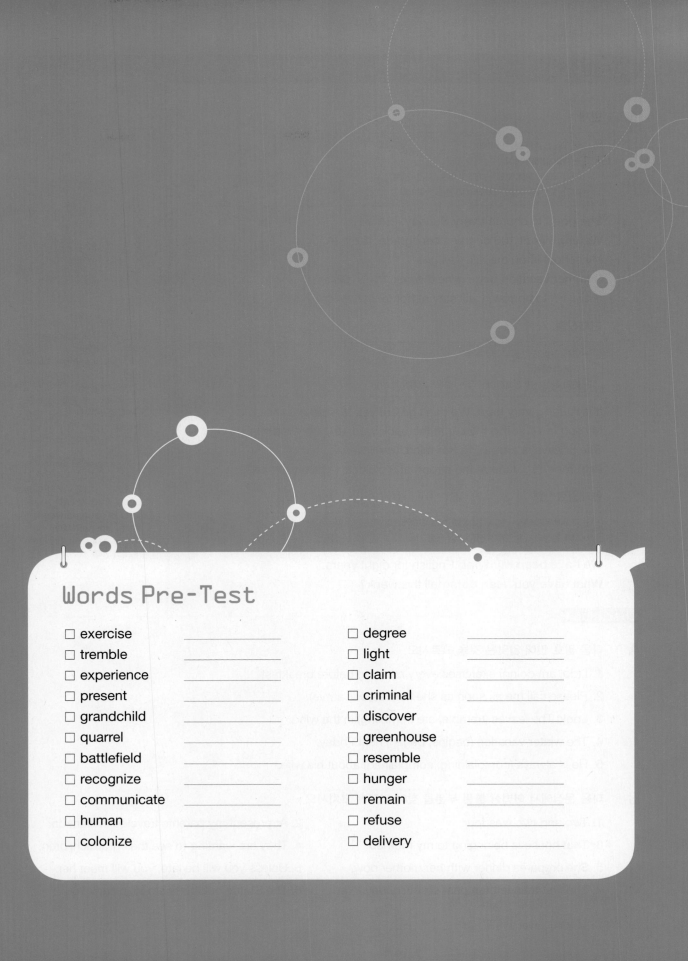

Words Pre-Test

- ☐ exercise _____
- ☐ tremble _____
- ☐ experience _____
- ☐ present _____
- ☐ grandchild _____
- ☐ quarrel _____
- ☐ battlefield _____
- ☐ recognize _____
- ☐ communicate _____
- ☐ human _____
- ☐ colonize _____

- ☐ degree _____
- ☐ light _____
- ☐ claim _____
- ☐ criminal _____
- ☐ discover _____
- ☐ greenhouse _____
- ☐ resemble _____
- ☐ hunger _____
- ☐ remain _____
- ☐ refuse _____
- ☐ delivery _____

1 현재

> – 현재의 습관과 불변의 진리
> – 현재의 상태나 동작
> – 공식적으로 정해져 있는 미래의 약속, 시간, 계획
> – 시간, 조건 부사절에서 미래 시제를 표현할 때

She **goes** to church every Sunday. (현재 습관)
Water **boils** at 100 degrees centigrade. (불변의 진리)
My school **is** on the hill. (현재 상태)
Summer vacation **begins** next week. (정해진 계획)
If it **rains** tomorrow, I will stay at home. (조건 부사절)

2 현재진행

> – 현재 진행 중인 동작이나 활동
> – 반복적 행위
> – 미리 확실하게 정해진 개인적인 미래의 계획(informal)

It is **raining** very hard. We can't go out yet. (현재 진행 중인 동작)
My son **is washing** my car in the back yard. (현재 진행 중인 동작)
She **is** always **changing** her mind. (반복적 행위)
I **am meeting** Jane at the airport at 8 o'clock. (개인적인 미래의 계획)

3 현재완료진행

> – 과거에서 시작해서 현재 계속되고 미래에도 계속될 가능성이 있는 상황
> – 현재 완성되지 않았지만 진행 중인 행동

We **have been studying** English for eight years.
What **have** you **been doing** all this week?

진행형 불가 동사(static verbs)
1. 소유, 상태 동사
(be, have, resemble, belong to 등)
2. 인지, 감정 동사
(know, want, like, believe 등)
3. 지각, 감각 동사
(feel, hear, see 등)
She is resembling her mother. (×)
→ She resembles her mother.

* have가 '가지다' 이외의 의미로 쓰였을 경우는 진행형이 가능하다.
– She is having a wonderful time. (spend의 의미)
– He is having a big meal. (eat의 의미)

Check-up

A 다음 괄호 안에 알맞은 것을 고르시오.

1. I (do, am doing) exercises every morning before breakfast.

2. Please call me as soon as she (arrives, will arrive).

3. Look! The leaves (tremble, are trembling) in the wind.

4. The winter vacation (begins, began) next Friday.

5. He is always (complaining, complained) about his wife.

B 다음 문장에서 어법상 <u>틀린</u> 부분을 찾아 바르게 고치시오.

1. Two and two was four.

2. At present my parents traveled in Canada.

3. That house is belonging to my mother.

4. They are wanting to see their grandchildren.

5. She prepares dinner with her mother now.

6. Unless you will be late, you will meet her.

7. The first train left ten past six every day.

8. The Statue of Liberty stood in New York.

1 과거

> – 과거의 사건이나 상태
> – 과거의 습관
> – 가정법 과거(현재 사실의 반대)

He **was hit** by a car here yesterday. (과거 사건)
Did you sleep well last night? (과거 상태)
In those days he **went** to bed early. (과거 습관)
If I **were** you, I would do it. (가정법 과거)

2 과거진행

> – 과거 어느 특정 시점에서 진행 중인 행동
> – 과거의 반복된 행위

It **was snowing** when we got off the bus.
While I **was crossing** the street, I saw the accident.
He **was** always **quarreling** with his friends.

3 과거완료

> – 어떤 과거에 앞선 과거에서 완성된 행동(대과거)
> – 어떤 과거에 앞선 과거에서 시작해서 기준이 되는 과거까지 적용되는 행동
> – 가정법 과거완료(과거 사실의 반대)

I read the book which I **had bought** a month before.
My father **had** never **been** abroad before he was forty.
If he **had helped** the girl, she would have passed the exam. (가정법 과거완료)

* 과거완료 진행(had been -ing)은 과거 어떤 때까지 동작이 계속되고 있었던 것을 나타낸다.
She had been studying music in France until last June.

Check-up

A 다음 괄호 안의 단어를 이용하여 빈칸에 알맞은 말을 쓰시오.

1. Amy _____ her homework when I came home. (do)

2. He _____ in the battlefield last month. (wound)

3. I recognized her at once, for I _____ her before. (see)

4. When I arrived at the station, my father _____ for me. (wait)

5. Although he _____ much experience, he was able to repair his car. (have, not)

B 다음 문장에서 <u>틀린</u> 부분을 찾아 바르게 고치시오.

1. When have you been to Paris?

2. I have done the work before you came in.

3. I lent him the book I bought the day before.

4. Yesterday he lies on the grass in the park.

5. He works in his office at 4 o'clock yesterday.

6. How did you feel when 9·11 happens in 2001?

7. If I learned Spanish, I can communicate with them.

Unit 03 과거완료와 미래완료

1 과거완료 「had+p.p.」

1) 과거완료
과거의 기준 시점 이전에 일어난 사건이 그 기준 시점까지의 동작이나 상태의 완료, 결과, 경험, 계속을 표현하는 경우

I **had finished** my homework when my friends visited me. (완료)

He **had sprained** his ankle and he couldn't walk. (결과)

My teacher wondered if I **had been** to London before. (경험)

I thought my grandfather **had been** alive until 80. (계속)

2) 대과거
과거에 발생한 두 사건 중에서 먼저 일어난 사건을 표현하는 경우

I arrived at the concert hall after the concert **had started**.

The train **had** already **left** when I arrived at the station.

I lost the watch which I **had bought** a week before.

> * 접속사 after, before를 사용하여 사건의 전후 관계가 명백한 경우에는 과거완료를 과거로 쓸 수 있다.
> I arrived at the stadium after the concert (had) started.

2 미래완료 「will have+p.p.」

현재의 시점에서 미래의 일을 생각할 때, 미래의 기준 시점까지의 완료, 결과, 경험, 계속을 표현

I **will have finished** the work by next Sunday. (완료)

When you come here next time, I **will have had** another baby. (결과)

I **will have read** it five times if I read this book once more. (경험)

Next month my parents **will have been married** for 15 years. (계속)

> * 미래완료 진행(will have been -ing)은 현재에서 시작해서 어떤 미래 시점까지 계속되는 행동 혹은 현재 시작해서 어떤 미래 시점에서도 지속되는 행동을 나타낸다.
> She will have been teaching at the university for ten years by the time she leaves for Latin America.

Check-up

A 다음 밑줄 친 부분을 바르게 고치시오.

1. I <u>learn</u> English for 9 years next year.

2. If I hear this song again, I <u>hear</u> it ten times.

3. When I met the man again, he <u>be</u> sick for a week.

4. She bought a new hat because she <u>lose</u> her old one.

5. I <u>be</u> asleep for 5 hours when my mother came back.

B 우리말과 같은 뜻이 되도록 괄호 안의 단어를 알맞은 형태로 쓰시오.

1. 그녀는 문을 잠그지 않은 것을 갑자기 기억했다. (lock, not)

   → She suddenly remembered that she _____ the door.

2. 내년이 되면 그녀는 한국에 5년 동안 살게 되는 셈이다. (live)

   → She _____ in Korea for 5 years next year.

3. 내가 극장에 도착했을 때 돈을 잃어버렸다는 것을 알게 되었다. (arrive, lose)

   → When I _____ at the theater, I found that I _____ my money.

4. 그가 35살이 되었을 때쯤 그는 자전거로 세계여행을 마칠 것이다. (finish)

   → By the time he is thirty-five, he _____ traveling all around the world by bike.

[1~3] 다음 빈칸에 가장 알맞은 것을 고르시오.

1

I _____ of her when she called the other day.

① think
② am thinking
③ was thinking
④ have thought
⑤ was thought

2

By the time we get home, we _____ _____ out for 10 days.

① go
② went
③ has gone
④ had gone
⑤ will have gone

3

In 50 years from now, humans _____ the moon.

① colonize
② colonized
③ have colonized
④ had colonized
⑤ will have colonized

4 다음 밑줄 친 부분 중 어법상 어색한 것은?

① How do you know the moon <u>went</u> around the earth?
② They <u>are leaving</u> for Auckland tomorrow morning.
③ <u>Have you been playing</u> computer games all day?
④ The author <u>will have written</u> 100 novels by next spring.
⑤ Jim <u>was</u> always <u>talking</u> about himself.

5 다음 글에서 틀린 부분을 찾아 바르게 고치시오.

We can take part in clubs. I like playing baseball. So I am belonging to my school baseball team.

6 다음 빈칸 ⓐ, ⓑ에 들어갈 말이 바르게 짝지어진 것은?

• He _____ⓐ_____ to the Disney Land twice if he goes there again.
• Mrs. Woods _____ⓑ_____ a chocolate cake last week.

	ⓐ		ⓑ
①	will have been	....	has made
②	have been	....	made
③	will have been	....	made
④	will be	....	had made
⑤	is going	....	makes

[7~8] 다음 빈칸에 알맞은 말을 쓰시오.

7

Joanna left the café and Matthew arrived. So they couldn't see each other.
→ Before Matthew arrived, Joanna _____ the café.

8

David started painting when he was five and he has finished drawing 14 pictures. He will start with a new one and finish this June.
→ By this June David _____ 15 pictures.

9 다음 괄호 안의 단어를 이용하여 빈칸에 알맞은 말을 쓰시오.

(1) Water _____ (freeze) at 32 degrees Fahrenheit.

(2) Galileo _____ (find) out the world is round.

10 다음 문장의 빈칸에 괄호 안의 단어를 이용하여 알맞은 형태로 쓰시오.

A : Is she learning how to play the piano?
B : That's right. Mrs. Brown _____ her how to play the piano. (teach)

[1~3] 다음 빈칸에 가장 알맞은 것을 고르시오.

1
She _____ the rent last Saturday.

① pays　　　　　② paid
③ is paying　　　④ had paid
⑤ has paid

2
She _____ in Paris for 10 years when I met her there.

① lives　　　　　② lived
③ was living　　④ has lived
⑤ had lived

3
I was doing the shopping while you _____ _____.

① study　　　　　② are studying
③ were studying　④ has studied
⑤ had studied

[4~5] 다음 빈칸에 알맞지 <u>않은</u> 것을 고르시오.

4
He has been working for the poor _____ _____.

① until now　　　② for six months
③ few years ago　④ since last year
⑤ since he was twenty five

5
She will have done her homework _____ _____.

① by five o'clock
② since she was home
③ when her sister calls her
④ if she doesn't turn on the TV
⑤ by the time her parents arrive

[6~7] 다음 밑줄 친 부분을 바르게 고친 것으로 알맞은 것을 고르시오.

6
She <u>have</u> another piece of pizza now.

① had　　　　　② is having
③ had had　　　④ has had
⑤ was having

7
All work and no play <u>make</u> Jack a dull boy.

① makes　　　　② made
③ is making　　　④ was making
⑤ had made

[8~10] 다음 밑줄 친 부분 중 어법상 <u>어색한</u> 것을 고르시오.

8
① James <u>is thinking</u> about buying a car.
② They <u>invited</u> her to the party yesterday.
③ He <u>will have lived</u> in Seoul for ten years next year.
④ I <u>had found</u> my key just before I reached the front door.
⑤ While they <u>are waiting</u>, they decided to play a computer game.

9
① I <u>taught</u> him how to use a camera.
② She <u>took</u> a shower before she got dressed.
③ He played so well that he <u>won</u> every game.
④ Increasingly the idea <u>is sounding</u> like a foolish one.
⑤ They came in, but they <u>weren't smiling</u> and didn't speak to each other.

10
① She had left the airport when we arrived.
② He found me the watch which I had lost.
③ Can I borrow this book if you have read it?
④ I will wash the dishes by the time you return home.
⑤ She will have been in hospital for three weeks by tomorrow.

[11~13] 다음 주어진 우리말을 영어로 옮긴 것으로 가장 알맞은 것을 고르시오.

11
얼음은 물보다 가볍다.

① Ice is lighter than water.
② Ice was lighter than water.
③ Ice has been lighter than water.
④ Ice will have been lighter than water.
⑤ Ice had been lighter than water.

12
내가 그를 보았을 때 그녀는 텅 빈 방에 홀로 앉아 있었다.

① When I saw her, she sits alone in the empty room.
② When I saw her, she is sitting alone in the empty room.
③ When I saw her, she was sitting alone in the empty room.
④ When I saw her, she have been sitting alone in the empty room.
⑤ When I saw her, she will have been sitting alone in the empty room.

13
그 남자는 범인을 보았다고 주장했다.

① The man claimed that he sees the criminal.
② The man claimed that he saw the criminal.
③ The man claimed that he has seen the criminal.
④ The man claimed that he had seen the criminal.
⑤ The man claimed that he was seen by the criminal.

[14~15] 다음 글을 읽고, 빈칸에 가장 알맞은 것을 고르시오.

14
Now fifty-eight percent of kids live in American homes where the TV is on during meals. But forty percent of kids say the TV is on even when no one _____.

① watch
② watched
③ to watch
④ is watching
⑤ was watching

15
In 1985, scientists discovered the first signs that greenhouse gases such as carbon dioxide _____ the ozone layer.

① destroy
② destroyed
③ is destroying
④ was destroyed
⑤ has destroyed

16
다음 밑줄 친 부분 중 어법상 어색한 것은?

Mrs. Smith, aged 67, ① received Christmas cards from someone for the past 17 years. She has no idea ② who is sending the cards. She started ③ receiving the cards after she ④ had bought her home in Worcester. She spent years trying to solve the Christmas cards puzzle, but now she ⑤ has given up and puts the card up on the wall every Christmas.

17 다음 문장을 전환할 때 빈칸에 가장 알맞은 것은?

> The little boy knew the story of *Hansel and Gretel*. He read it before.
> = The little boy knew the story of *Hansel and Gretel*, for he _____ it before.

① read
② was reading
③ has read
④ had read
⑤ has been reading

18 다음 밑줄 친 부분을 바르게 고치시오.

> (1) Martin are resembling his father a lot more than his mother.
>
> → _____

> (2) The boys were playing soccer when we had left the park.
>
> → _____

19 다음 괄호 안의 단어를 이용하여 빈칸에 알맞은 말을 쓰시오.

(1) The baby _____(sleep) when he entered the room.

(2) Many scientists _____(solve) the problem of world hunger by the year 2020.

20 다음 글을 읽고, 어법상 어색한 부분을 찾아 바르게 고치시오.

> Jane was crying in her room. "I'm thirty today, and no one cares," she thought. Her husband and their two boys were outside playing basketball. They were laughing and having fun. They didn't know that today is a special day.

1 다음 빈칸에 가장 알맞은 것을 고르시오.

> There lived a young man in a town. One day, he heard that the old lady next door had been stricken by food poisoning. When he heard the news, he remembered something his mother _____. His mother had once told him about a special plant that was good for the illness.

① said   ② was saying
③ has said   ④ had said
⑤ had been said

2 다음 글을 읽고, 밑줄 친 부분 중 어법상 <u>어색한</u> 것을 고르시오.

> David was very happy because that evening he ① <u>was</u> going to the class party with Amanda. She ② <u>was</u> the most beautiful girl in the class. He ③ <u>had</u> been trying to get a date with Amanda for more than a year, but she ④ <u>has</u> always refused. After he persistently asked for a date for almost two years, she ⑤ <u>knew</u> his love for her would never change. She finally yes to him.

3 다음 글을 읽고, 밑줄 친 ⓐ, ⓑ, ⓒ에 들어갈 말이 바르게 짝지어진 것을 고르시오.

> Thursday, March 29. — Since the 21st we ⓐ <u>had / have had</u> a continuous gale from W.S.W and S.W. We had fuel to make two cups of tea apiece and bare food for two days on the 20th. Every day we have been ready to start for our depot 11 miles away, but outside the door of the tent it remains a scene of whirling drift. I don't think we can hope for anything better now. We ⓑ <u>will stick / will have stuck</u> it out to the end, but we ⓒ <u>had gotten / are getting</u> weaker, of course, and the end cannot be far.

	ⓐ		ⓑ		ⓒ
①	have had	········	will have stuck	········	had gotten
②	had	········	will stick	········	are getting
③	have had	········	will stick	········	are getting
④	had	········	will have stuck	········	are getting
⑤	have had	········	will stick	········	had gotten

1 다음 대화의 빈칸에 가장 알맞은 것을 고르시오.

> A : Has Nick finished his report yet?
> B : Yes, he _____ half an hour ago.
> A : He was supposed to hand it to me as soon as it was done.
>   Do you know where he is?
> B : Sorry, I have no idea.

① finishes   ② finished
③ is finishing   ④ was finishing
⑤ has finished

2 다음 대화의 밑줄 친 부분 중 어법상 어색한 것을 고르시오.

> A : I'm sorry. I ① owe you an apology.
> B : What for?
> A : The concert that we ② have planned to go to was yesterday. But I completely
>   ③ forgot it.
> B : Yes, I ④ waited for you for two hours and I was angry with you.
> A : I'm very sorry. I promise I ⑤ won't do that again.

3 다음 대화를 읽고, 밑줄 친 ⓐ, ⓑ, ⓒ에 들어갈 말이 바르게 짝지어진 것을 고르시오.

> A : Excuse me. How much ⓐ is / was your delivery charge?
> B : If you ⓑ are living / have lived in the downtown area, it is always free of charge.
>   And if not, it is twenty dollars.
> A : That's great. I live downtown.
> B : Then it is free.
> A : How soon can I have it?
> B : You ⓒ will get / will have got it in a couple of days. Is it all right?
> A : That's fine with me.

	ⓐ	ⓑ	ⓒ
①	is	are living	will get
②	was	have lived	will have got
③	is	have lived	will get
④	was	are living	will get
⑤	is	are living	will have got

We were deliberately designed
to learn only by trial and error.
We're brought up, unfortunately,
to think that nobody should make mistakes.
Most children get de-geniused
by the love and fear of their parents –
that they might make a mistake.
But all my advances were made by mistakes.

You uncover what is
when you get rid of what isn't.
- Buckminster Fuller

우리들은 시행착오에 의해서만 배우도록 의도적으로 설계되었다.

불행하게도 우리가 받은 교육 때문에, 누구도 실수를 해서는 안 된다고 생각한다.

대부분의 아이들이 점점 천재성이 없어지는 것은, 부모들의 사랑과 두려움(아이들이 실수를 할지도 모른다는) 때문이다.

그러나 나의 모든 발전은 실수에 의해 이루어졌다.

존재하는 것을 발견하는 것은 존재하지 않는 것을 제거하는 때이다.

– 벅민스터 풀러(미국의 건축구조 디자이너)

deliberately 고의적으로; 신중하게　　be designed to ～하도록 설계[고안]되다　　trial and error 시행착오
bring up ～을 기르다, 양육하다　　de-geniused 천재성을 빼앗긴　　advance 진보, 발달, 향상　　uncover ～을 들춰내다
get rid of ～을 제거하다

Chapter 2

필요에 따라 동사에 가발 씌우기 I

Grammar

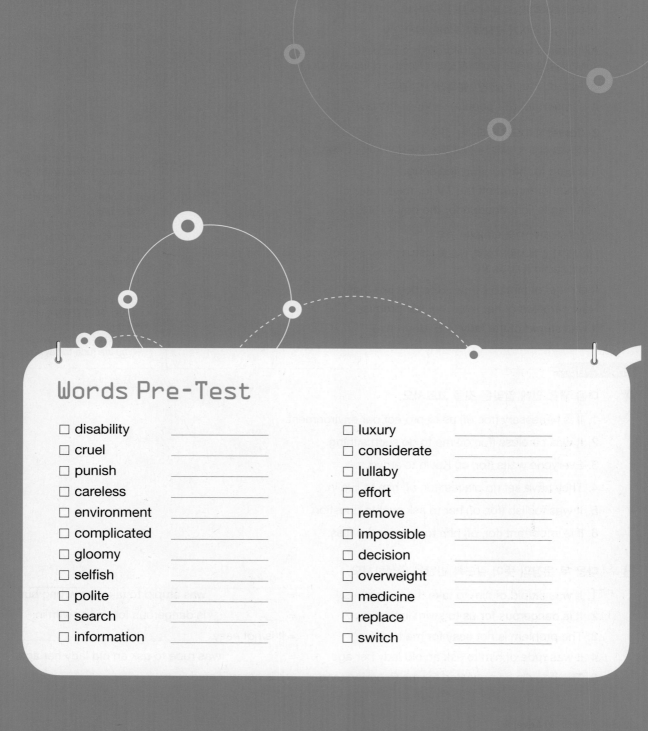

Words Pre-Test

- ☐ disability _____
- ☐ cruel _____
- ☐ punish _____
- ☐ careless _____
- ☐ environment _____
- ☐ complicated _____
- ☐ gloomy _____
- ☐ selfish _____
- ☐ polite _____
- ☐ search _____
- ☐ information _____
- ☐ luxury _____
- ☐ considerate _____
- ☐ lullaby _____
- ☐ effort _____
- ☐ remove _____
- ☐ impossible _____
- ☐ decision _____
- ☐ overweight _____
- ☐ medicine _____
- ☐ replace _____
- ☐ switch _____

Unit 04 to부정사의 의미상의 주어

1 to부정사의 의미상의 주어

부정사의 실제 행위자를 나타내며, '은, 는, 이, 가'를 붙여서 해석

1) 의미상의 주어를 따로 표시하지 않는 경우

① 의미상의 주어가 문장의 주어와 같은 경우

I hope **to help** people with disability.
(to부정사의 의미상의 주어가 문장의 주어 I와 같다.)

② 의미상의 주어가 문장의 목적어와 같은 경우

All parents want their children **to succeed**.
(to부정사의 의미상의 주어가 문장의 목적어 the children과 같다.)

③ 의미상의 주어가 일반인, 불특정인 일 경우

It is important (for people) **to keep** the law.

2) 〈for+목적격〉으로 나타내는 경우

: 부정사의 실제 행위자가 문장의 주어나 목적어가 아닌 대부분의 경우

It is hard for her **to sing** the song.
My mother turned off the TV for me **to sleep**.
The bag is light enough for the boy **to lift**.

3) 〈of+목적격〉으로 나타내는 경우

: to부정사 앞에 사람의 성격, 태도를 나타내는 형용사(good, nice, wise, kind, careful, cruel, stupid 등)가 올 경우

It is *cruel* of him **to punish** the boy like that.
How *careless* of her **to break** her promise!
It was *stupid* of the lady **to believe** him.

> * 의미상의 주어 :
> 동사에도 그 행동의 주체인 주어가 있는 것처럼 부정사도 준동사 이기 때문에 행위자가 있는데 이것을 '의미상의 주어'라고 한다.
> – She reads a newspaper every morning. (동사의 주체)
> – It is not easy for her to learn how to ride a bike. (to부정사의 행위자)

> * 〈It ~ for ~ to부정사〉 구문에서 to부정사의 목적어를 문장의 주어로 바꾸어 쓸 수 있다. 하지만 의미상의 주어를 문장의 주어로 바꾸어 쓸 수는 없다.
> It is easy for me to lift this.
> → This is easy for me to lift. (○)
> → I am easy to lift this. (×)

> * 〈It ~ of ~ to부정사〉 구문에서 의미상의 주어를 문장의 주어로 바꾸어 쓸 수 있다.
> It is rude of you to say so.
> → You are rude to say so.

Check-up

A 다음 괄호 안에 알맞은 것을 고르시오.

1. It is necessary (for, of) us to protect our environment.
2. It was careless (for, of) me to do such a thing.
3. Everyone waits (for, of) Kevin to arrive.
4. They have set up places (for, of) him to live in.
5. It was foolish (for, of) her to ask such a question.
6. If is important (for, of) him to go over the files.

B 다음 두 문장의 뜻이 같도록 빈칸을 완성하시오.

1. It was stupid of him to take the wrong bus. = _____ was stupid to take the wrong bus.
2. It is dangerous for us to swim in this river. = _____ is dangerous for us to swim in.
3. The problem is not easy for me to solve. = It is not easy _____.
4. It was rude of him to ask an old lady her age. = _____ was rude to ask an old lady her age.
5. The book is complicated for me to understand. = It is complicated _____.

Unit 05 to부정사의 시제와 부정

1 to부정사의 시제

1) 단순 부정사 「to 동사원형」
주절의 시제와 같거나 미래 시제일 때 사용

He seems **to be** ill. = It <u>seems</u> that he <u>is</u> ill.

He hopes **to stay** there. = He <u>hopes</u> that he <u>will stay</u> here.

The man seems **to be** very rich. = It <u>seems</u> that the man <u>is</u> very rich.

2) 완료 부정사 「to have+p.p.」
주절의 시제보다 한 시제 먼저 발생한 내용을 나타낼 때 사용

She appears **to have finished** her homework.

= It <u>appears</u> that she <u>(has) finished</u> her homework.

He seems **to have been** sick yesterday.

= It <u>seems</u> that he <u>was</u> sick yesterday. (○)

= It <u>seems</u> that he <u>has been</u> sick yesterday. (×)

She seemed **to have been** a great ballerina.

= It <u>seemed</u> that she <u>had been</u> a great ballerina.

2 to부정사의 부정
부정사를 부정하려면 부정사 바로 앞에 not, never를 둔다.

She told me **not to be** so noisy.

She studied hard so as **not to fail** in exam.

This piano is old enough **not to play**.

> * 완료 부정사를 우리말로 해석할 때는 '과거에, 이전에'라는 말을 붙이면 이해하기 쉽다.

Check-up

A 다음 괄호 안에 알맞은 것을 고르시오.

1. He seems (to be, to have been) very angry now.

2. She advised me (not to, to not) buy the skirt.

3. Kelly looks gloomy. She appears (to be, to have been) scolded.

4. My teacher told me (never to, to never) touch his books.

5. The baby is crying. She is likely (to be, to have been) hungry.

B 다음 우리말에 맞도록 주어진 단어를 배열하시오. (필요하면 동사의 형태를 바꾸시오.)

1. 나는 그녀를 기다리지 않기로 결심했다. (wait, her, for, not, to)

   → I decided _____.

2. 그는 어제 축구를 했던 것 같다. (soccer, have, play, to, yesterday)

   → He appears _____.

3. 잠자는 아기를 깨우지 않도록 조심해라. (to, wake up, not, the sleeping baby)

   → Be careful _____.

[1~2] 다음 빈칸에 가장 알맞은 것을 고르시오.

1

> Do you want _____ to love you?

① your 　　　　　　　② her
③ I 　　　　　　　　④ his
⑤ theirs

2

> It is _____ of her to do only what makes her happy.

① important 　　　　② selfish
③ difficult 　　　　④ necessary
⑤ impossible

3 다음 빈칸 ⓐ, ⓑ에 들어갈 말이 바르게 짝지어진 것은?

> • It seems that life is wonderful.
> = Life seems ____ⓐ____ wonderful.
> • Jina wants that she will work for a foreign company.
> = Jina wants ____ⓑ____ for a foreign company.

　　　　ⓐ 　　　　　　　　ⓑ
① to be 　　　········ to have worked
② to have been ········ to work
③ to have 　　········ to work
④ to have 　　········ to haver worked
⑤ to be 　　　········ to work

4 다음 대화의 빈칸에 알맞은 말을 쓰시오.

> A : Congratulations! You got the highest score in English.
> B : Thanks. That's kind _____ you to say so.

5 다음 중 어법상 어색한 문장은?

① He is nice to help you.
② He promised not to stop exercising.
③ It was polite of him to listen carefully.
④ It is difficult for her to get an A in math.
⑤ He seems to be famous last year.

6 다음 빈칸에 들어갈 말이 나머지와 다른 하나는?

① It is careless _____ him to make such a big mistake.
② It is impolite _____ them to shout at late hour.
③ It is easy _____ children to make snowman.
④ It is wise _____ you not to waste time.
⑤ It is kind _____ you to invite me.

[7~8] 다음 두 문장이 의미가 같도록 빈칸에 알맞은 말을 쓰시오.

7

> It was cruel of him to say that to you.
> = _____ was cruel to say that to you.

8

> It is difficult for the little kid to open the door.
> = _____ is difficult for the little kid to open.

[9~10] 다음 문장을 괄호 안의 지시에 따라 바르게 바꾸시오.

9

> The rich man appears to do more evil than good. (to부정사를 주절보다 한 시제 앞서게)
> → The rich man appears to _____ more evil than good when he was young.

10

> Try to search information about her. (부정)
> → _____ any information about her.

Unit 06 가목적어와 진목적어 / 관용 표현

1 가목적어 「주어+동사+it+목적격보어+to부정사」

I believe **it** impossible **to prove** the theory of evolution.

Its design makes **it** comfortable **to hold and use** the product.

2 to부정사의 관용 표현

too+형/부+(for+목적격)+to부정사	너무 ~해서 (…가) ─할 수 없다
형/부+enough+(for+목적격)+to부정사	(~가) …할 정도로 충분히 ─하다
It takes+(목적격)+시간+to부정사	(~가) …하는 데 시간이 걸리다
turn out+to부정사	~로 판명되다
come/learn/get+to부정사	~하게 되다
can afford+to부정사	~할 여유가 있다
manage+to부정사	용케 ~하다, 그럭저럭 ~하다
seem/appear/be likely+to부정사	~인 것 같다
have no choice but+to부정사	~하지 않을 수 없다

He was **too** tired **to go** to sleep easily.

This box is heavy **enough** for me **to lift**.

It **takes** her 20 minutes **to go** to school.

She **cannot afford to buy** the luxury car.

He **managed to finish** his homework.

The house price **is likely to increase**.

She **appeared to be** more considerate.

I **have no choice but to help** the old man.

* 가목적어 :
make, think, believe, find, consider 등의 5형식 동사가 to부정사나 that절을 목적어로 가질 경우는 가목적어 it을 적고, 진목적어는 맨 뒤로 보낸다.
We found to swim across the river easy. (×)
We found it easy to swim across the river. (○)

* ─ too+형/부+(for+목적격)+to 부정사 = so+형/부+that+주어+can't/couldn't
This coffee is too hot for me to drink.
= This coffee is so hot that I can't drink it.

─ 형/부+enough+(for+목적격)+to부정사 = so+형/부+that+주어+can/could
The man is rich enough to buy the sport car.
= The man is so rich that he can buy the sport car.

─ 주어+seem+to동사원형 = It seems that+주어+동사
The boy seems to be sick.
= It seems that the boy is sick.

Check-up

A 다음 문장에서 어법상 <u>틀린</u> 부분을 찾아 바르게 고치시오.

1. I cannot afford buying that doll.

2. He was kind enough taking me home.

3. It took him twenty minutes cleaning his car.

4. She got to living in Seoul as soon as she got married him.

5. The weight of this bag makes it easier using on the airplane.

B 다음 두 문장이 같은 뜻이 되도록 빈칸을 채우시오.

1. She was so tired that she couldn't finish her homework.

   = She was too _____.

2. It seems that the baby was sick.

   = The baby seems _____.

3. He is so tall that he can touch the ceiling.

   = He is tall _____.

Unit 07 원형부정사

1 원형부정사 to부정사에서 to를 뺀 형태로, 목적격보어로 사용되거나 관용 표현에서 쓰임

He advised me **to take** a rest. (to부정사)

I saw the little boy **steal** the candies. (원형부정사 : 목적격보어)

You had better **go** camping. (원형부정사 : 관용 표현)

2 원형부정사의 쓰임

1) 지각동사의 목적격보어 「지각동사+목적어+원형부정사」

Did you hear someone **cry** last night?

I saw a stranger **enter** my house.

She felt something **move** behind her.

2) 사역동사의 목적격보어 「사역동사+목적어+원형부정사」

My mother made me **clean** the table.

Let me **know** when you are ready.

She had her son **wash** her car.

3) 관용 표현

You had better **take** an umbrella with you.

(=You may as well take an umbrella with you.)

We could not but **laugh** at him.

(=We could not help laughing at him.)

I would rather **go** with them than **stay** here.

You may well **get** angry at his harsh words.

* 원형부정사를 부정할 경우는 바로 앞에 not, never를 둔다.
You had better <u>not</u> go to his house.
Let her <u>not</u> go out today.

* 지각동사와 사역동사의 수동태
지각동사, 사역동사가 포함된 5형식 문장의 경우, 목적격보어 자리의 원형부정사는 to부정사로 바뀐다.
I saw her enter my house.
→ She was seen <u>to enter</u> my house by me.
She made me clean my room.
→ I was made <u>to clean</u> my room by her.

* 원형부정사의 관용 표현의 의미
1. had better+동사원형 :
~하는 것이 낫다
(= may as well+동사원형)
2. cannot but+동사원형 :
~하지 않을 수 없다
(= cannot help ~ing)
3. would rather A than B :
B 하느니 차라리 A 하는 게 낫다
4. may well+동사원형 :
~하는 것도 당연하다

Check-up

A 다음 괄호 안에 알맞은 것을 고르시오.

1. My parents didn't let me (go, to go) out at night.

2. You had better (study, to study) at once.

3. She was seen (cross, to cross) the street by me.

4. I heard her (sing, to sing) a lullaby to her baby.

5. I cannot but (cry, crying, to cry) to hear the news.

B 다음 빈칸에 들어갈 알맞은 단어를 〈보기〉에서 고르시오. (필요하면 단어의 형태를 바꾸시오.)

보기	grow	introduce	do	make

1. Let me _____ myself.

2. I hope that this makes your plants _____ better.

3. My mother always helps me _____ my homework.

4. We'd better _____ more efforts to protect endangered animals.

[1~2] 다음 빈칸에 가장 알맞은 것을 고르시오.

1

I thought _____ easy to pass the test.

① that　　　　　② they
③ it　　　　　　④ to
⑤ this

2

The woman saw her baby _____ with a toy.

① played　　　　② play
③ to play　　　　④ to playing
⑤ plays

3 다음 밑줄 친 부분을 바르게 고친 것으로 알맞은 것은?

Some people still find to use a computer difficult.

① difficult to use a computer
② to use difficult a computer
③ a computer use it difficult
④ it difficult to use a computer
⑤ it to use a computer difficult

4 다음 밑줄 친 부분 중 어법상 어색한 것은?

① She was made to change her seat.
② He cannot help waiting for his parents outside.
③ We had better not take a picture inside the museum.
④ Sam could not afford buying camping gear.
⑤ It took three hours for her to solve all the math problems.

5 다음 빈칸에 알맞지 <u>않은</u> 것은?

He _____ me do the laundry.

① saw　　　　　② made
③ want　　　　　④ had
⑤ helped

6 다음 빈칸에 들어갈 알맞은 단어를 〈보기〉에서 고르시오. (필요하면 형태를 바꾸시오.)

보기　　manage　　may well　　had better

(1) She _____ change her mind after thinking it over.
(2) You _____ call the professor before you visit him.
(3) He _____ to get a job after 5 months of job hunting.

7 다음 두 문장의 뜻이 같아지도록 빈칸에 알맞은 말을 쓰시오.

(1) He was so hungry that he couldn't stop eating.
　→ He was too _____.
(2) She was so clever that she could answer all the riddles.
　→ She was clever enough _____ _____.

8 다음 문장을 우리말로 해석하시오.

(1) She made it possible to finish the work within a day.
(2) I would rather die than do it.

[9~10] 우리말과 같은 뜻이 되도록 괄호 안의 단어를 바르게 배열하시오.

9 그는 그의 건강에 문제가 있는 것처럼 보였다.

　→ He _____ with his health.
　(to, seems, a problem, have)

10 그 이상한 남자는 경찰로 판명되었다.

　→ The strange man _____.
　(to, a policeman, out, be, turned)

[1~3] 다음 빈칸에 가장 알맞은 것을 고르시오.

1

The movie was so complicated _____ me to understand.

① to ② for
③ of ④ from
⑤ by

2

It is _____ of you to help me remove these graffiti.

① important ② hard
③ possible ④ necessary
⑤ kind

3

She appears to _____ last month.

① have a hard time
② had a hard time
③ have had a hard time
④ did have a hard time
⑤ did had a hard time

[4~5] 다음 밑줄 친 부분 중 어법상 어색한 것을 고르시오.

4
① These pants are too tight for me to wear.
② It is careless for him to spill milk.
③ This river is dangerous for children to swim.
④ To cross the border safely was impossible for them.
⑤ It is impossible for us to get there on time.

5
① It took me five hours to read the book.
② He managed to read the five volume-books for his paper.
③ Tim cannot afford time to read any books these days.
④ The boy was too sleepy to read the book.
⑤ The book was really interesting and she could not help to read it at once.

[6~7] 다음 두 문장의 의미가 같도록 빈칸에 알맞은 것을 고르시오.

6

It seems that the old lady is very sick.
= The old lady seems to _____ very sick.

① be ② had been
③ was ④ have been
⑤ have be

7

It seemed that she had made lots of money.
= She seemed to _____ lots of money.

① make ② made
③ have made ④ had made
⑤ have make

8 다음 중 어법상 어색한 문장은?

① She had her son take his grandmother to the hospital.
② My parents made me to practice the piano harder.
③ He is likely to accept the offer of employment.
④ My grandfather seems to have been handsome when he was in his twenties.
⑤ Have you felt someone stare at you?

9 다음 대화 중 어법상 어색한 한 쌍의 대화는?

① A : How did you manage to lose almost 20kg?
　 B : Eat less and exercise more.

② A : How could you do that to him?
　 B : I had no choice but to avoid him.

③ A : My children seem to be more independent after the therapy.
　 B : It's good to hear it. How have they changed?

④ A : Who was the murderer in the movie?
　 B : The man who lived next door turned out to be a murderer.

⑤ A : How long does it take getting from Paris to London?
　 B : I think it takes about 2 hours.

10 다음 밑줄 친 ⓐ, ⓑ를 바르게 고친 것으로 알맞은 것은?

> I found that to answer all his questions was difficult for me.
> → I found ⓐ that difficult ⓑ answer all his questions.

① this ········ answering
② it ········ to answer
③ it ········ answering
④ this ········ to answer
⑤ it ········ to answering

11 다음 빈칸 ⓐ, ⓑ에 들어갈 말이 바르게 짝지어진 것은?

> I heard him ____ⓐ____ the cookie jar.
> → He was heard ____ⓑ____ the cookie jar by me.

	ⓐ		ⓑ
①	break	········	to break
②	broken	········	to break
③	breaking	········	break
④	break	········	break
⑤	break	········	breaking

[12~13] 다음 밑줄 친 부분 중 어법상 어색한 것을 고르시오.

12 ① You had better not to watch TV until late hours.
② Your parents won't let you go out with him.
③ She asked me not to open the letter.
④ They seemed to be shocked at the news.
⑤ Her husband wants her to spend more time with their son.

13 ① It will be great if you make it possible to send information to us.
② I cannot afford time and money going on a trip with you.
③ She is not old enough to get a driving license.
④ He appears to be more mature after the accident.
⑤ Deborah always helps her mother to prepare dinner.

[14~15] 다음 주어진 우리말을 영어로 바르게 바꾼 것을 고르시오.

14 그녀가 그런 말을 하다니 정말 불친절하구나.

① It is unkind of her to say such a thing.
② It is unkind to say such a thing.
③ It is unkind for her to say such a thing.
④ It is unkind to her to say such a thing.
⑤ It is unkind her to say such a thing.

15 나는 그를 따라가느니 차라리 혼자 가는 게 낫겠다.

① I would rather going by myself than following him.
② I would rather to go by myself than to follow him.
③ I would rather going by myself than follow him.
④ I would rather to going by myself than to following him.
⑤ I would rather go by myself than follow him.

16 다음 두 문장의 의미가 같도록 빈칸에 알맞은 말을 쓰시오.

(1) Lisa was so busy that she couldn't call you back.
→ List was _____ busy _____ call you back.

(2) Popeye is so strong that he can save Olive from Bluto.
→ Popeye is strong _____ _____ _____ Olive from Bluto.

17 다음 문장에서 <u>틀린</u> 부분을 찾아 바르게 고치시오.

(1) He doesn't want I to hang around with them.

(2) It is important her to understand her parents.

18 다음 우리말에 맞게 주어진 단어를 바르게 배열하시오.

(1) 나는 더 나은 세상을 만드는 것이 중요하다고 믿는다.
(believe, I, make, it, a better world, to important)
→ _____

(2) 나는 거리에서 내 첫사랑을 만나게 되었다.
(got, I, to, my first love, on the street, meet)
→ _____

19 다음 빈칸에 들어갈 알맞은 단어를 〈보기〉에서 찾아 쓰시오.

보기	of	for

(1) It is not unusual _____ people to have those dreams.
(2) It is impossible _____ the criminal to go through immigration.
(3) It is so cruel _____ him to say these words to her.
(4) It is careful _____ her to ask her parents before making a decision.

20 다음 글에서 <u>틀린</u> 부분을 찾아 바르게 고치시오.

She thought that she was overweight. So she has tried to lose weight in many ways. She once tried to not eat any food. She even took some medicine, but all her efforts ended in failure. Now she seems to have gained more weight than ever.

1 다음 글의 빈칸에 알맞은 것을 고르시오.

> Ted is a senior in college. Yesterday he had his first job interview. He thought _____ because he was very tired. He had gone to a party the night before and he hadn't gotten home until 2:30 in the morning. But He passed the interview.

① it to do well in the interview difficult
② difficult it to do well in the interview
③ to do well in the interview it difficult
④ to do well in the interview difficult it
⑤ it difficult to do well in the interview

2 다음 밑줄 친 부분 중 어법상 <u>어색한</u> 것을 고르시오.

> These days people drink tea not only for refreshment but also for health benefits. For this reason, many people still enjoy it. There are two ways of ① <u>making</u> tea: tea leaf or tea bag. Tea bags already seem ② <u>to replace</u> tea leaves because they are ③ <u>more</u> convenient. But tea lovers still ④ <u>use</u> tea leaves ⑤ <u>because</u> they produce more delicious tea.

3 다음 글을 읽고, 물음에 답하시오.

> When you hear the word 'skunks', what is the first thing that comes to your mind? Probably, your answer is the strong odor of the skunks. Then, why and when do they smell? Skunks stink when they are excited and startled, and they use it as a defensive weapon. The odor is described as a combination of the smell of burnt rubber, rotten eggs and garlic. It is strong _____ to prevent them from potential danger. People have heard the best way to remove skunk odor is tomato juice, but it is an old wives' story. It actually makes it worse than just skunk odor. You'd better wipe off with paper towels to get rid of the fluid and use chemical products. They are more effective. Here are some good products to remove the skunk odor.

(1) 위 글의 빈칸에 알맞은 단어를 쓰시오.

(2) 이 글의 다음에 이어질 내용으로 알맞은 것을 고르시오.

① 스컹크 냄새를 제거하는 제품   ② 스컹크 냄새를 제거하는 순서
③ 스컹크 냄새의 성분   ④ 스컹크에서 냄새가 나는 이유
⑤ 스컹크의 습성

1 다음 대화의 빈칸에 들어갈 알맞은 것을 고르시오.

> A : Excuse me, I am looking for a parking lot.
> B : OK. Do you see the church?
> A : Yes.
> B : There is a library in the back of the church. And the parking lot is to the left of the library. Be careful _____ to the right. There are tennis courts.
> A : OK. Thanks.

① to not go   ② not to go
③ not go to   ④ go to not
⑤ go not to

2 다음 밑줄 친 부분을 바르게 고치시오.

> A : This heat is killing me!
> B : Me too! It must be ninety-five degrees.
> A : I hate to work in hot weather.
> B : I do, too. It makes me lazy.
> A : And hot and humid weather always <u>makes to sleep difficult</u>.
> B : When are we getting cooler weather?
> A : Not until next week.

3 다음 대화의 밑줄 친 부분 중 어법상 어색한 것을 고르시오.

> A : Excuse me. This is not what I ordered.
> B : Oh, isn't it?
> A : I asked for my steak ① <u>to be</u> well-done. This steak is medium.
> B : I ② <u>can't tell</u> you how sorry I am.
>   I seem ③ <u>to switch</u> your order with another person's.
>   Please wait for me ④ <u>to prepare</u> your steak again.
>   I'll change ⑤ <u>it for you</u> right away.

Say No to stereotypes
we may have dropped on you by accident.

Toss out any and all mindsets about women,
men, children, and what members of various
races can achieve.

Travel light when it comes to packing
assumptions and prejudices.

The road will be more scenic
and you will be a better companion.

- Miriam Rosen

우리들이 우연히 너에게 떨어뜨려 주었을지도 모를 고정관념들을 거절하라.

여자와 남자, 아이들, 그리고 여러 인종들의 능력에 관한 모든 고정관념들을 밖으로 던져 버려라.

고정관념과 편견이라는 짐을 꾸릴 때에는 가볍게 여행하라.

그러면 길의 경치가 더 좋아 보이고 너는 더 좋은 동행자가 될 것이다.

– 미리엄 로즌(미국의 교사)

stereotype 틀에 박힌 생각, 고정관념   by accident 우연히   toss out ~을 밖으로 던져 버리다
mindset 마음가짐, 사고 방식   race 인종   achieve ~을 이루다, 성취하다   when it comes to ~ ~의 문제라면, 경우라면
pack 짐을 싸다   assumption 가정, 추정   prejudice 편견   scenic 경치가 좋은, 아름다운
companion 친구, 반려자, 길동무

Chapter 3

필요에 따라 동사에 가발 씌우기 Ⅱ

Grammar

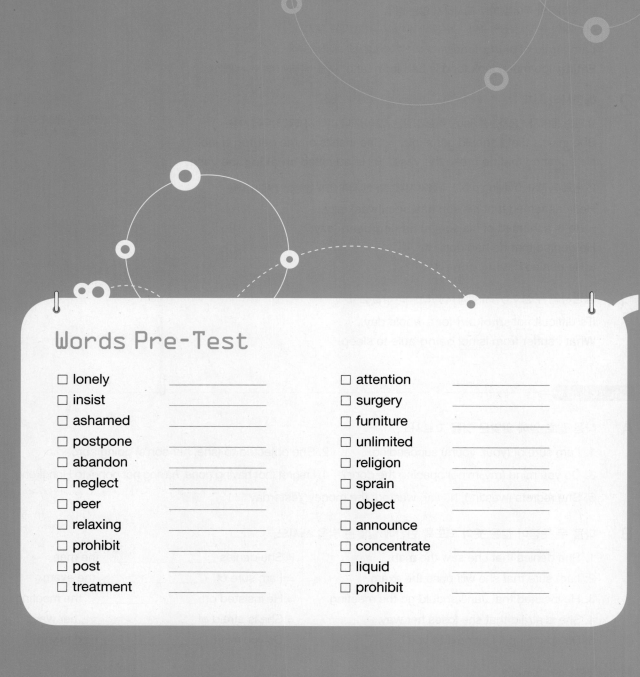

Words Pre-Test

- [ ] lonely _____
- [ ] insist _____
- [ ] ashamed _____
- [ ] postpone _____
- [ ] abandon _____
- [ ] neglect _____
- [ ] peer _____
- [ ] relaxing _____
- [ ] prohibit _____
- [ ] post _____
- [ ] treatment _____

- [ ] attention _____
- [ ] surgery _____
- [ ] furniture _____
- [ ] unlimited _____
- [ ] religion _____
- [ ] sprain _____
- [ ] object _____
- [ ] announce _____
- [ ] concentrate _____
- [ ] liquid _____
- [ ] prohibit _____

1 동명사의 의미상의 주어

1) 동명사의 의미상의 주어:「소유격+동명사」

All knows his **being** rich. (= All knows that he is rich.)

I don't like your **hanging** around with him.

cf. 동명사의 의미상의 주어는 원칙적으로 소유격을 사용하지만 구어체에서는 목적격을 사용하기도 한다.

Would you mind me **asking** a few questions?

2) 의미상의 주어를 따로 표시하지 않는 경우

: 의미상의 주어가 문장의 주어나 목적어와 일치하거나 일반인일 경우

I am afraid of **being** lonely. (문장의 주어=동명사의 의미상의 주어)

Eating too much junk food is bad for health. (동명사의 의미상의 주어=일반인)

> * 동명사의 의미상의 주어가 보통명사, 고유명사인 경우는 목적격으로 나타낸다.
> I remember Brad saying so.

2 동명사의 시제

1) 단순 동명사 「동사원형+ing」 주절과 같은 시제이거나 미래 시제일 경우에 사용

She insists that I should get a job. = She insists on me **getting** a job.

He admitted that he broke the vase. = He admitted **breaking** the vase.

2) 완료 동명사 「having p.p.」 주절의 시제보다 한 시제 먼저 발생한 경우에 사용

He is ashamed that his son has been[was] lazy.

= He is ashamed of his son('s) **having been** lazy.

He denied that he had done it.

= He denied **having done** it.

> * 완료 동명사는 우리말로 해석할 때 '이전에'라는 말을 붙이면 이해하기 쉽다.

3 동명사의 부정 : 동명사 앞에 not 또는 never를 둔다.

It's difficult **not smoking** for a whole day.

What I suffer from is **not being** able to sleep.

Check-up

A 다음 괄호 안에 알맞은 것을 고르시오.

1. I am sure of (your, yours) succeeding.　　2. She objected to (she, her son's) going abroad.

3. Do you mind (my, mine) opening the door?　4. I regret (not having gone, having not gone) to Hongkong.

5. She regrets (wasting, having wasted) the money yesterday.

B 다음 두 문장이 같은 뜻이 되도록 빈칸에 알맞은 말을 쓰시오.

1. She denies that she saw the man.　　　　= She denies _____ the man.

2. I am sure that she will pass the exam.　　= I am sure of _____ the exam.

3. He insisted that Jane should go the meeting.　= He insisted on _____ the meeting.

4. She is afraid that she loses her way.　　= She is afraid of _____ her way.

5. Do you mind if I sit next to you?　　　　= Do you mind _____ next to you?

1 목적어의 형태에 따라 의미가 달라지는 동사

remember	동명사	～했던 것을 기억하다 (과거의 일)
	to부정사	～할 것을 기억하다 (미래의 일)
forget	동명사	～했던 것을 잊다 (과거의 일)
	to부정사	～할 것을 잊다 (미래의 일)
try	동명사	시험 삼아 ～해 보다
	to부정사	～하려고 노력하다, 애쓰다
regret	동명사	～한 것을 후회하다 (과거의 일)
	to부정사	～하게 되어 유감이다 (주로 ask, tell, inform 동사와 함께 사용)

Do you **remember closing** the door?
Remember to stop by a grocery store on your way home.
She **forgot telling** her secret.
Don't **forget to post** this letter on the way to school.
The dog **tried touching** the dead man.
The patient **tried to catch** the ball.
I **regret** not **studying** when I was young.
I **regret to tell** you that you failed the exam.

2 목적어의 형태에 관계없이 의미가 같은 동사

begin, start, hate, like, love, neglect, prefer 등

I **began playing the** piano when I was five.
(= I **began to play the** piano when I was five.)
We **hate making** mistakes.
(= We **hate to make** mistakes.)
Teenagers prefer **hanging** around with their peers.
(= Teenagers prefer **to hang** around with their peers.)

* to부정사를 목적어로 취하는 동사 : hope, want, expect, decide, plan, agree, pretend, desire, afford, promise, choose, wish, refuse 등

* 동명사를 목적어로 취하는 동사 : stop, finish, give up, keep, mind, postpone, quit, deny, avoid, practice, suggest, admit, abandon, put off 등

* 〈stop+동명사〉와 〈stop+to부정사〉
-stop+동명사 : ～하는 것을 그만두다(stop이 타동사로 3형식 문장)
He stopped exercising to talk with her.
-stop+to부정사 : ～하기 위해 멈추다(to부정사는 목적을 나타내는 부사적 용법으로 1형식 문장)
He stopped to talk with her.

* 〈need+동명사〉와 〈need+to부정사〉
- 주어(사물)+need+동명사 : ～할 필요가 있다 (능동 동명사=수동 부정사)
That apartment needs reconstructing.(= to be reconstructed)
- 주어(사람)+need+to부정사 : ～할 필요가 있다
She needs to clean her kitchen.

Check-up

A 다음 괄호 안에 알맞은 것을 고르시오.

1. I regretted (to lend, lending) him my bicycle.

2. I'll never forget (to meet, meeting) her for the first time.

3. I'm very sleepy. But I am trying (to keep, keeping) my eyes open.

4. I had been studying for 2 hours, so I stopped (to take, taking) a rest.

5. This house is old, so it needs (to repair, repairing).

B 다음 두 문장을 우리말로 해석하시오.

1. ⓐ Please don't forget opening the door. ⓑ Please don't forget to open the door.
2. ⓐ I regret telling her my true mind. ⓑ I regret to tell you that I hate you.
3. ⓐ She stopped looking for a bookstore. ⓑ She stopped to look for a bookstore.

1 전치사 to + ~ing

look forward to ~ing	~을 학수고대하다
be used to ~ing	~하는 데 익숙하다
object to ~ing	~에 반대하다
when it comes to ~ing	~에 관한 한

I'm **looking forward to seeing** her.
She **is used to running** every morning.
He **objected to being treated** like that.
When it comes to cooking, she is the best cook.

2 그 밖의 관용 표현

be busy ~ing	~하느라 바쁘다
go ~ing	~하러 가다
cannot help ~ing	~하지 않을 수 없다(= cannot but+동사원형, have no choice but to부정사)
How about ~ing?	~할래? (= What do you say to ~ing?)
insist on ~ing	~을 주장하다 (= insist that 주어+동사)
feel like ~ing	~하고 싶다

He **is** so **busy doing** his homework.
My father **went fishing** yesterday.
I **couldn't help crying** when I heard the news.
How about going to the party?
He **insists on** my **doing** it.
I don't **feel like sleeping** now.

그 밖의 동명사 관용 표현
1. come[go] near ~ing :
 ~할 뻔하다
 He came[went] near being killed.
2. contribute to ~ing :
 ~하는 데 기여하다
 They contributed to building their nation.
3. have a hard time ~ing :
 ~하는 데 어려움을 겪다
 My son is having a hard time making friends.
4. spend 시간 ~ing :
 ~하는 데 (시간)을 쓰다
 He spent two hours doing his homework.

Check-up

A 다음 괄호 안에 알맞은 것을 고르시오.

1. Let's go (fish, fishing) tomorrow.

2. Jina is used to (use, using) chopsticks.

3. I don't feel like (to go, going) to school today.

4. How (about, to) going on a picnic next Sunday?

5. Do you object to (smoke, smoking) in a restaurant?

B 다음 괄호 안의 주어진 단어를 이용하여 빈칸에 알맞은 말을 쓰시오.

1. The child was busy _____ (write) a composition.

2. The boy came near _____ (be) run over by a car.

3. He could not help _____ (cry) at the terrible news.

4. He insisted on Maggie _____ (attend) the party in his place.

5. We are looking forward to _____ (take) a long, relaxing vacation this summer.

[1~2] 다음 빈칸에 가장 알맞은 것을 고르시오.

1

> I love _____ singing a lullaby to me.

① her
② I
③ he
④ yours
⑤ they

2

> He regrets _____ cruel to her yesterday.

① be
② to have been
③ to be
④ have been
⑤ having been

3 다음 빈칸에 알맞지 <u>않은</u> 것은?

> She is worried about _____ her science report.

① finish
② finishing
③ not finishing
④ having finished
⑤ not having finished

4 다음 빈칸 ⓐ, ⓑ에 들어갈 말이 바르게 짝지어진 것은?

> • Your skirt needs ____ⓐ____.
> • You need ____ⓑ____ your skirt.

　　　　ⓐ　　　　　　　ⓑ
① iron　　　……… to iron
② to iron　　……… ironing
③ to iron　　……… iron
④ ironing　　……… to iron
⑤ being ironed ……… to be ironed

[5~6] 다음 밑줄 친 부분 중 어법상 <u>어색한</u> 것을 고르시오.

5
① She will go <u>hiking</u> with her friends.
② He regrets <u>not having studied</u> hard when young.
③ Would you object <u>to turn off</u> the TV?
④ I remember <u>seeing</u> her somewhere once.
⑤ He is used to <u>eating</u> raw fish.

6
① The car needs <u>to be repaired</u>.
② She was busy <u>attending</u> many classes.
③ The man denies <u>stealing</u> the bag yesterday.
④ I'm sorry for <u>not having come</u> with you.
⑤ He had a hard time <u>getting</u> jobs.

7 다음 문장의 밑줄 친 부분을 바르게 고친 것은?

> My mother insisted on <u>I</u> finishing my homework at once.

① I was
② my
③ myself
④ mine
⑤ I am

8 다음 괄호 안의 단어를 이용하여 빈칸에 알맞은 말을 쓰시오.

> She is sure of her son's _____ the vase. (break)

9 다음 두 문장이 같은 뜻이 되도록 빈칸에 알맞은 말을 쓰시오.

> He could not help liking the pretty girl.
> = He could not but _____.

10 다음 밑줄 친 부분을 바르게 고치시오.

> She forgot <u>post</u> the letter yesterday. Yesterday was Friday. She will have to wait until Monday morning to send it.

[1~3] 다음 글의 빈칸에 가장 알맞은 것을 고르시오.

1

He is proud of his son's _____ honest.

① to be   ② being
③ to being   ④ having being
⑤ to have been

2

It sounds like _____ making excuses.

① he   ② hers
③ your   ④ theirs
⑤ we

3

He regrets not _____ anything for his sick son last year.

① to do   ② having doing
③ having done   ④ being done
⑤ been doing

[4~5] 다음 밑줄 친 부분을 바르게 고친 것으로 알맞은 것을 고르시오.

4

He began do his own business 3 years ago.

① to doing   ② does
③ have done   ④ to do
⑤ to doing

5

My mother was ashamed of I make a stupid mistake.

① mine's make   ② my making
③ me to make   ④ mine making
⑤ myself to make

6

다음 주어진 우리말과 같은 뜻이 되도록 not에 들어갈 알맞은 위치를 고르시오.

그의 부모님은 그가 사실을 말하지 않은 것에 화가 나 있다.

His parents ① are ② angry ③ at his ④ telling ⑤ the truth.

[7~9] 다음 글의 빈칸 ⓐ, ⓑ에 들어갈 말이 바르게 짝지어진 것을 고르시오.

7

• A : Have you met him before? He said he knew you.
   B : Really? I don't remember ⓐ him.
• A : Dinner time! Remember ⓑ your hands, first.
   B : OK, mom.

       ⓐ   ⓑ
① to meet   ········· washing
② to meet   ········· to wash
③ meeting ········· to wash
④ meeting ········· washing
⑤ meet   ········· wash

8

• Everytime I see my son, I cannot but ⓐ with happiness.
• He could not help ⓑ at her funny face.

       ⓐ   ⓑ
① smiling ········· to laugh
② smile   ········· laughing
③ to smile ········· laughing
④ smile   ········· laugh
⑤ smiling ········· laugh

9

- I don't feel like _____ⓐ_____ with you.
- Would you like _____ⓑ_____ with me?

	ⓐ		ⓑ
①	to dance	·········	dance
②	dancing	·········	dancing
③	to dance	·········	dancing
④	dancing	·········	to dance
⑤	dance	·········	to dance

[10~11] 다음 밑줄 친 부분 중 어법상 어색한 것을 고르시오.

10
① My dad is really busy <u>to do</u> housework.
② Please try <u>not to be</u> late for the meeting.
③ The man is used <u>to living</u> in a foreign country.
④ She regretted <u>not going</u> to the meeting.
⑤ Do you have a hard time <u>sleeping</u> at night?

11
① I promise <u>to do</u> my best for my country and my people.
② Dorothy complained about <u>his using</u> her cell phone without asking.
③ She refused <u>to get</u> any further medical treatment.
④ Your pants need <u>to being cutting</u> down a little.
⑤ They gave up <u>having</u> another baby.

12 다음 대화의 빈칸에 가장 알맞은 것은?

A : Let's invite Will and Grace this time.
B : I look forward to _____ them again. They are really funny.

① see   ② be seen
③ seeing   ④ have seen
⑤ having seeing

[13~14] 다음 두 문장이 같은 뜻이 되도록 빈칸에 알맞은 것을 고르시오.

13

My teacher insists that I should pay more attention to the class.
= My teacher insists on _____ more attention to the class.

① my paying   ② me to pay
③ I paying   ④ my pay
⑤ my to pay

14

She is sure that he was sick yesterday.
= She is sure of _____ sick yesterday.

① his having been   ② him being
③ he having been   ④ his to be
⑤ him having being

15 다음 밑줄 친 부분 중 쓰임이 다른 하나는?

① They were <u>walking</u> down the street when I saw them.
② Richard postponed <u>making</u> a decision about having surgery.
③ He avoided <u>answering</u> her phone calls after his last date with her.
④ Her father always insists on her <u>doing</u> what she wants to do.
⑤ I will never give up <u>doing</u> the right thing.

16 다음 괄호 안의 단어를 사용하여 빈칸에 알맞은 말을 쓰시오.

(1) I forgot _____(pick up) my laundry from the cleaner's, and I have nothing to wear to the party.

(2) He forgot _____(read) that book so he borrowed it again. He has read that book twice.

[17~18] 다음 두 문장이 같은 뜻이 되도록 빈칸에 알맞은 말을 쓰시오.

17
He admitted that he had stalked her for a year.
= He admitted _____ her for a year.

18
I am sure that she will enter Yale University.
= I am sure of _____ Yale University.

19 다음 글의 밑줄 친 부분을 어법상 바르게 고쳐 쓰시오.

Many memories are not based on I be able to see. They were just from hearing and touching things.

20 주어진 우리말에 맞게 괄호 안의 단어를 알맞게 배열하시오. (필요하면 단어의 형태를 바꾸시오.)

(1) DIY 가구를 만드는 것에 관한 한 그녀가 최고이다. (it, when, come, make, to, DIY furniture)

→ _____,
she is the best.

(2) 제가 당신의 사진을 찍어도 되겠습니까?
(mind, my, of you, you, take, pictures)
→ Would _____
_____?

1 다음 글을 읽고, 물음에 답하시오.

> **Housework to do**
>
> • Wiping the floor   • Cleaning up the windows   • Doing the laundry
>
> • Watering the garden   • Vacuuming   • Washing the dishes
>
> My sister and I usually ⓐ <u>spend our weekend playing outside</u>. But this weekend, my sister and I should do all the house chores on the list because my mother sprained her ankle and she cannot move at all. There are several things to do. The floor needs ⓑ <u>wiping / to wipe</u> and the garden needs ⓒ <u>watering / to water</u>. The windows need ⓓ <u>to be cleaned / to be cleaning</u> up. The house chores seem unlimited. So, my sister and I decided to toss up which each one of us should do. I won the toss. If you were me, what would you choose to do?

(1) 밑줄 친 ⓐ를 우리말로 옮기시오.

(2) 밑줄 친 ⓑ, ⓒ, ⓓ에 알맞은 것을 고르시오.

2 다음 글을 읽고, 밑줄 친 부분 중 어법상 어색한 것을 고르시오.

> Dear June,
>
> How's everything with you? It's been a long time ① <u>to hear</u> from you. I have been here for almost one year. When I first arrived in India, there were many things that I would never understand. But, as time goes by, I think I'm used ② <u>to live</u> in this country. These days I am really busy ③ <u>studying</u> Hinduism which is the most important religion in India. I think you wouldn't like my ④ <u>wasting</u> time and money, so I am doing my best to get ready to enter a university here. I would love to hear the news around you and your family. I'm looking forward to ⑤ <u>hearing</u> from you soon. I miss you so much.
>
> Love, Susie

3 다음 글을 읽고, 문맥에 맞게 동명사를 넣어 ⓐ, ⓑ를 바꾸시오.

> What have you regretted most? As for me, it is that I lost one of my best friends, Jimmy. It was one summer night when we had a big quarrel. We were too stubborn to understand the other's thoughts. After ⓐ <u>I insisted that he should apologize me</u>, he just walked away. The next day, I received a phone call that Jimmy had died last night. He had a car accident on his way to home. He had to die alone in a cold hospital. If ⓑ <u>I had admitted that I did wrong</u>, he would be with me now.

ⓐ : _____   ⓑ : _____

1 다음 대화의 빈칸 ⓐ, ⓑ들어갈 말이 바르게 짝지어진 것을 고르시오.

> • A : What time does the concert begin?
> B : It'll be at 6:30.
> A : Then, how about _____ⓐ_____ at the central station at 6 o'clock?
> • A : I strongly object to _____ⓑ_____ our city plan.
> B : But the mayor has already announced it.
> A : Who does the mayor work for?

	ⓐ	ⓑ		ⓐ	ⓑ
①	meet	········ changing	②	meeting	········ changing
③	meeting	········ change	④	to have met	········ to be changed
⑤	to meeting	········ changing			

2 다음 중 어법상 어색한 한 쌍의 대화를 고르시오.

① A : She said she planned to throw a party this Sunday.
　 B : Will her boyfriend be there?

② A : I will go playing baseball with my friends this afternoon.
　 B : Can I join you?

③ A : I am having a hard time concentrating on studying.
　 B : Why don't you try listening to classical music?

④ A : Please don't forget buying something for your brother when you get
　　 in Disney Land.
　 B : Don't worry, mom. I'll buy something cool for him.

⑤ A : Please stop kicking my seat. It is bothering me.
　 B : I'm really sorry for doing that.

3 다음 대화의 밑줄 친 부분 중 어법상 어색한 것을 고르시오.

> A : There are some things you'd better ① not do in this restaurant.
> 　 Please remember ② not to make noise while you are eating.
> 　 Especially with soup, coffee, water and other liquids.
> B : Then, do you mind ③ my smoking here?
> A : Smoking in this restaurant is prohibited. We suggest ④ yours using the smoking
> 　 room.
> B : What if I want ⑤ to pay a compliment to the hostess on the food?
> 　 How could I do?
> A : Well, you've got to compliment her on the food after the meal.
> 　 But don't overdo it. A few words are enough.

"Everything happens for the best,"
my mother said whenever I faced disappointment.

"If you carry on,
one day something good will happen.
And you'll realize that
it wouldn't have happened
if not for that previous disappointment."
- Ronald Reagan

"모든 일은 최선의 방향으로 일어난단다."
내가 실망스러운 일에 부딪힐 때마다 어머니께서 말씀하셨다.
"만일 네가 계속해 나가면, 언젠가 어떤 좋은 일이 일어날 거야.
그러면 넌 깨닫게 되겠지.
만일 그 이전의 실망스러운 일이 없었더라면 그것이 결코 일어나지 않았으리라는 것을."

– 로널드 레이건

for the best 좋은 결과가 되도록   face ~에 직면하다   disappointment 실망   carry on ~을 계속하다
realize 깨닫다   previous 이전의

Chapter 4

필요에 따라 동사에 가발 씌우기 III

Grammar

Words Pre-Test

- ☐ compare _____
- ☐ disappear _____
- ☐ comment _____
- ☐ frankly _____
- ☐ bow _____
- ☐ conclude _____
- ☐ appearance _____
- ☐ stormy _____
- ☐ farming _____
- ☐ scientific _____
- ☐ point _____

- ☐ strictly _____
- ☐ tiredness _____
- ☐ millionaire _____
- ☐ massive _____
- ☐ distance _____
- ☐ speechless _____
- ☐ particular _____
- ☐ snore _____
- ☐ ancestor _____
- ☐ movement _____
- ☐ changeable _____

1 시간

When I heard a big sound, I hurried out.
= **Hearing** a big sound, I hurried out.
After she had finished the work, she played the Internet game.
= **Having finished** the work, she played the Internet game.

2 이유

Because she was very tired from her work, she sat down on the chair.
= **Being** very tired from her work, she sat down on the chair.
As he studied English very hard, he got an A in English.
= **Studying** English very hard, he got an A in English.

3 조건

If you finish reading this book, you will know the answer.
= **Finishing** reading this book, you will know the answer.
If you turn to the left, you will find the house you are looking for.
= **Turning** to the left, you will find the house you are looking for.

4 양보

Although she lives near the sea, she can't swim.
= **Living** near the sea, she can't swim.
Even if she was tired, she kept on studying.
= **Being** tired, she kept on studying.

* 분사구문 만드는 법 :
1. 종속절의 접속사 생략
2. 종속절의 주어가 주절의 주어와 같으면 생략, 다르면 그대로 둠
3. 시제가 같으면 동사를 〈동사원형 +ing〉 형태로

* 분사구문에서 Being/Having been 다음에 〈p.p./부/형/명〉이 올 경우에는 Being/Having been을 생략할 수 있다.
As I was brave, I was not afraid.
→ (Being) Brave, I was not afraid.

* 분사구문에서 Being 다음에 -ing형이 오면 Being을 생략해야 한다.
While I was going along the street, I met one of my friends.
→ Being going along the street, I met one of my friends. (×)

* 분사구문의 뜻을 명확히 하기 위해 접속사를 남겨 둘 수 있다.
Because she stood near the window, she could watch the parade pass by.
→ Because standing near the window, she could watch the parade pass by.

Check-up

A 다음 두 문장이 같은 뜻이 되도록 빈칸에 알맞은 말을 쓰시오.

1. Because he was late for work, he took a taxi. = _____ late for work, he took a taxi.
2. As soon as the boy saw the policeman, he cried. = _____ the policeman, the boy cried.
3. If you turn to the right, you will find it. = _____ to the right, you will find it.
4. Though she stayed up all night, she wasn't sleepy. = _____ up all night, she wasn't sleepy.
5. After he works out for an hour, he takes a shower. = _____ out for an hour, he takes a shower.

B 다음 밑줄 친 부분을 우리말로 옮기시오.

1. Marrying her, I will be very happy.
2. Being injured, she couldn't walk well.
3. Accepting what he says, she is still against the plan.
4. Arriving at the airport, I ran into my old friend.
5. Living in the same apartment, they meet every day.

Unit 12 분사구문의 의미상의 주어, 시제와 부정

1 분사구문의 의미상의 주어

1) 주절의 주어와 종속절의 주어가 같은 경우

Arriving at his house, I found him dead.

(Being) **Compared** with her sister, she is not so pretty.

2) 주절의 주어와 종속절의 주어가 다른 경우 : 분사구문에서 현재분사 혹은 과거분사 앞에 오는 명사는 의미상의 주어이다.

The dog **barking** at her, she ran away.

→ When the dog barked at her, she ran away.

3) 인칭대명사(I, you, she, he, they)는 분사구문의 의미상의 주어로 쓰지 않는다.

I **having** read the book, it was thrown away by me. (×)

→ **Having** read the book, I threw it away. (○)

2 분사구문의 시제

1) 단순 분사구문 : 부사절의 시제가 주절의 시제와 같은 경우

When I **walked** along the street, I **met** my friend.

→ **Walking** along the street, I met my friend.

2) 완료 분사구문 : 부사절의 시제가 주절의 시제보다 한 시제 앞서는 경우

Because he **had skipped** a class, he **got** an F.

→ **Having skipped** a class, he got an F.

3 분사구문의 부정 : 분사 바로 앞에 not이나 never를 둔다.

As she **didn't know** what to do, she remained silent.

→ **Not knowing** what to do, she remained silent.

> *분사구문에서 날씨를 나타내는 가주어 it은 생략해서는 안 된다.
> If it is fine, we will go to the mountain tomorrow.
> → It being fine, we will go to the mountain tomorrow.

Check-up

A 다음 괄호 안에 알맞은 단어를 고르시오.

1. (The sun rising, Rising), the fog disappeared.

2. (It raining, Raining) this weekend, I won't go fishing.

3. (Being written, Writing) in German, it was difficult to read.

4. (Never having, Having never) read the book, I cannot comment on it.

B 다음 두 문장이 같은 뜻이 되도록 빈칸에 알맞은 말을 쓰시오.

1. As I had lost all my money, I had to stay home.

= _____ all my money, I had to stay home.

2. When her mother is out, she should prepare lunch.

= _____ out, she should prepare lunch.

3. Having failed five times, he doesn't want to try any more.

= _____ five times, he doesn't want to try any more.

4. After she had finished her homework, she went to bed.

= _____ her homework, she went to bed.

Unit 13 독립분사구문과 부대상황

1 독립분사구문

주절의 주어와 종속절의 주어가 다를 경우는 분사 앞에 주어를 그대로 둔다.

Her mother **being** ill, she should take care of her sister.

→ As <u>her mother</u> is ill, <u>she</u> should take care of her sister.

2 부대상황

1) with 동시동작 구문 ~하면서, ~한 채

① with+(대)명사+현재분사/과거분사

She sits **with her arms folded**.

② with+(대)명사+형용사/부사/부사구(전치사구)

Don't speak **with your mouth full**.

2) 콤마(,) + ~ing

① ~하면서 (동시 동작)

She walked by a work of art, **letting** her mind record it.

② 그리고 ~하다 (연속 동작)

The train left Seoul at 6:00, **arriving** in Busan at 9:00.

③ 시간, 이유, 조건, 양보 (분사구문의 이동)

He went to bed early, **feeling** tired.

3 비인칭 독립분사구문 : 주절의 주어와 다르지만 분사구문의 주어가 일반인일 경우는 생략한다.

Considering his age, he is very tall.

Generally speaking, women live longer than men.

Talking of music, which composer do you like best?

Judging from the look of the sky, it will probably rain tomorrow.

---

* 비인칭 독립분사구문의 의미
– Generally/Frankly/Strictly/ Roughly speaking : 일반적으로/솔직히/엄격하게/대략적으로 말하면
– Judging from ~ : ~로 판단하건대
– Considering ~ : ~을 고려하면
– Talking of/about ~ : ~에 관해 말하건대

* 그 밖의 비인칭 독립분사구문
– Depending on ~ : ~에 따라
– Speaking of ~ : ~에 관해 말하면
– Concerning~ : ~을 생각하면
– Concerning/Regarding~ : ~에 관하여(= about)
I know nothing <u>regarding</u> the matter.

Check-up

A 다음 밑줄 친 부분을 분사구문으로 바꾸시오.

1. <u>If we speak frankly</u>, he is not a Korean. _____

2. <u>Because many people bowed</u> to him, Goethe felt troubled. _____

3. <u>As soon as the man concluded</u> his speech, most people left. _____

4. <u>Even though the painter died</u> 100 years ago, people still love his paintings. _____

B 우리말과 같은 뜻이 되도록 괄호 안의 단어를 사용하여 빈칸에 알맞은 말을 쓰시오.

1. 그는 눈을 감고 소파에 누워 있었다. (close)

   → He was lying on the sofa with his eyes _____.

2. 그녀의 외모로 판단해 보건대, 그녀는 틀림없이 러시아인이다. (judge)

   → _____ her appearance, she must be a Russian.

3. 폭풍우가 너무 심해서, 그들은 산장에서 하루 더 묵기로 했다. (be)

   → _____ so stormy, we decided to stay one more day in the mountain hut.

[1~2] 다음 빈칸에 가장 알맞은 것을 고르시오.

1

> When _____ other countries, we
> are often surprised by different cultures.

① travel   ② traveled
③ traveling   ④ to travel
⑤ having traveled

2

> A : What happened? You look terrible.
> B : I fell down while _____.

① rollerblade   ② rollerbladed
③ rollerblading   ④ to rollerblade
⑤ having rollerbladed

3 다음 밑줄 친 부분을 바르게 고친 것으로 알맞은 것은?

> She smiled there with her hands <u>wave</u>.

① wave   ② waving
③ to be waved   ④ to wave
⑤ to have waving

4 다음 밑줄 친 부분을 바르게 고친 것으로 알맞은 것은?

> <u>When the houses are seen from an
> airplane</u>, they look like ants.

① Seen from an airplane
② Seeing from an airplane
③ We seen from an airplane
④ We being seen from an airplane
⑤ Being seeing from an airplane

5 다음 밑줄 친 부분을 우리말로 옮기시오.

> <u>Having bought a new house</u>, she has to
> sell the old one.

6 다음 두 문장이 같은 뜻이 되도록 빈칸에 알맞은 말을 쓰시오.

> Because almost no rain falls there, farming
> is impossible.
> = Almost no rain _____, farming is
> impossible.

7 다음 대화의 밑줄 친 부분을 분사구문으로 바꾸시오.

(1)

> A : Don't take too long at the coffee shop.
>   It's a quarter after 12.
> B : It's OK. <u>Before the train leaves</u>, we
>   have 45 minutes.

→ _____

(2)

> As a huge hurricane was coming closer,
> people's fear grew greater.

→ _____

8 다음 문장의 빈칸에 들어갈 말을 쓰시오.

> If asked, I will answer the question.
> = _____ _____ _____ _____, I will
> answer the question.

[9~10] 주어진 우리말에 맞도록 빈칸에 알맞은 말을 쓰시오.

9

> 나는 나의 신발을 신은 채 거실로 들어갔다.
> I entered the living room _____.

10

> 날씨에 따라, 우리는 금요일 또는 토요일에 하이킹
> 하러 갈 것이다.
> _____ the weather, we will go
> hiking either on Friday or Saturday.

[1~3] 다음 빈칸에 가장 알맞은 것을 고르시오.

1

_____ in the rain, I felt really cold.

① Walks
② Walked
③ Walking
④ To walk
⑤ Not walking

2

_____ his car key in the car, he can't get inside the car.

① Left
② Being left
③ Having left
④ Not leaving
⑤ Having been left

3

Tom's father is reading in a chair with his legs _____.

① cross
② crossed
③ crossing
④ to cross
⑤ have crossed

[4~5] 다음 밑줄 친 부분을 바르게 고친 것으로 알맞은 것을 고르시오.

4

Speaking in Korea, Hangul is the most scientific language.

① Speak
② Spoken
③ To speaking
④ Being speaking
⑤ Being been spoken

5

He takes a walk with his dog follow him.

① follows
② has followed
③ to follow
④ following
⑤ had followed

6

다음 밑줄 친 부분과 바꾸어 쓸 수 있는 것을 두 개 고르면?

Because they are interested in movies, they go to a movie twice a week.

① Interested
② Interesting
③ To interesting
④ Being interested
⑤ Been interested

[7~8] 다음 두 문장이 같은 뜻이 되도록 빈칸에 가장 알맞은 것을 고르시오.

7

Having had her hair cut, she looked into the mirror with satisfaction.
= _____, she looked into the mirror with satisfaction.

① After her hair was cut
② After she had her hair cut
③ After she does her hair cut
④ After her hair has been cut
⑤ After she had had her hair cut

8

If she doesn't have enough money, she can't go there by plane.
= _____, she can't go there by plane.

① Having not enough money
② Not having enough money
③ She having not enough money
④ Not having had enough money
⑤ Not she having not enough money

[9~10] 다음 밑줄 친 부분의 쓰임이 나머지와 다른 하나를 고르시오.

9

① Don't speak <u>with</u> your mouth full.

② She left the room <u>with</u> her computer on.

③ Trisha was lost in thought <u>with</u> her eyes closed.

④ Edgar Degas was famous for painting <u>with</u> pastels.

⑤ He was sitting on the table <u>with</u> his finger pointing at me.

10

① The pigeon <u>flying</u> toward me, I ran away.

② Strictly <u>speaking</u>, your answer is not right.

③ Thank you for <u>giving</u> me the once in a life time chance.

④ <u>Crying</u> in the rain, he was not recognized to cry by people.

⑤ <u>Coming</u> from work, she fell onto the bed with her tiredness.

[11~12] 다음 밑줄 친 부분 중 어법상 어색한 것을 고르시오.

11

① <u>Compared</u> with my bag, yours is lighter than a feather.

② When <u>seeing</u> the boy, I knew he was my missing brother.

③ <u>Having moving</u> to another city, my son made lots of new friends.

④ <u>Not knowing</u> where to go, she searched for the tourist information center.

⑤ <u>Being excited</u> about soccer game, boys were running onto the playground.

12

① <u>Being a millionaire</u>, he never wastes money.

② <u>It being windy and snowy</u>, I took a coat and a muffler.

③ <u>Opening the front door</u>, I saw a man with a big smile.

④ <u>Doing his best</u>, he failed to pass the entrance exam.

⑤ <u>Finishing reading</u> it, it was given to my step brother.

13 다음 중 문장의 전환이 잘못된 것은?

① Although something happens, they will take their vacation next week.

= Something happening, they will take their vacation next week.

② While she was cooking, she listened to the radio.

= While cooking, she listened to the radio.

③ Because he didn't know the woman, he couldn't say a word.

= Not knowing the woman, he couldn't say a word.

④ If we consider the delivery cost, it is not that cheap.

= We considering the delivery cost, it is not that cheap.

⑤ As it was too cold, I had to wear the fur coat.

= It being too cold, I had to wear the fur coat.

14 다음 문장을 전환할 때 빈칸에 알맞은 말은?

Because my son didn't get what he had wanted, he stood up and left the party table.

= _____ he stood up and left the party table.

① Getting not my son what had wanted

② Not getting what my son had wanted

③ Not getting what my son wanted

④ Getting what my son had wanted

⑤ Having gotten what my son wanted

15 다음 두 문장이 같은 뜻이 되도록 빈칸에 알맞은 접속사는?

> Running for an hour, I took a shower.
> = _____ I ran for an hour, I took a shower.

① After　　　　② While
③ If　　　　　④ Although
⑤ Even if

16 다음 빈칸에 알맞은 말을 〈보기〉에서 고르시오.

> ─ 보기 ─
> Judging from　　　Generally speaking
> Talking of

(1) _____ her accent, she must be an Australian.

(2) _____ the math test, did you get an A?

(3) _____, the best time to plant is April.

17 다음 문장에서 밑줄 친 부분을 어법상 바르게 고치시오.

> Being sunny, I will go suntanning.

→ _____

18 다음 문장을 밑줄 친 부분을 유의하여 우리말로 옮기시오.

(1) Meeting her at the station, I couldn't recognize her.

(2) He drives his car with the radio on.

19 다음 우리말에 맞도록 괄호 안의 단어를 바르게 배열하시오. (필요하면 단어의 형태를 바꾸시오.)

(1) 그는 입에 파이프 담배를 문 채 TV를 보았다.
(his pipe, with, his mouth, in)
He watched the television _____
_____.

(2) 그 소년은 종을 울리며 자전거를 타고 있었다.
(bell, a, ring)
The boy was riding a bicycle, _____
_____.

20 다음 밑줄 친 분사구문을 부사절로 또는 부사절을 분사구문으로 바꿔 쓰시오.

(1) Not knowing how to open it, she came to me for help.
→ _____

(2) As she had studied hard, she won the first prize.
→ _____

(3) She sat on the sofa, turing on the TV.
→ _____

1 다음 글의 밑줄 친 부분과 의미가 같은 것을 고르시오.

They had entered the 'Avenue,' which was a stretch of road that was lined with apple trees. The trees arched over the road, <u>and they were covered in massive white blooms</u>. In the distance, the beautiful colors of the sunset shone through. The beautiful sight made the girl speechless. After they passed the 'Avenue,' the girl still did not say anything.

① covering in massive white blooms
② being covered in massive white blooms
③ having covered in massive white blooms
④ been covered in massive white blooms
⑤ having been covered in massive white blooms

2 다음 글을 읽고, 밑줄 친 부분 중 어법상 어색한 것을 고르시오.

Each member of my family has their own particular sleeping habit. My father sleeps ① <u>with the light on</u>, so my mother has a hard time ② <u>getting asleep</u>. She is always complaining about it to him, but he has never changed. My older sister sleeps ③ <u>with her eyes opening</u>. From time to time, it makes me really scared when I enter her room at night. My little brother also has a weird habit. He can't fall asleep ④ <u>with his socks off</u>. I think the worst is mine. I grind my teeth while ⑤ <u>sleeping</u>. Even my dog has one, which is snoring.

3 다음 글을 읽고, 빈칸 ⓐ, ⓑ에 들어갈 말이 바르게 짝지어진 것을 고르시오.

How could our ancestors know what the weather was like to be? _____ⓐ_____ with sophisticated computers in modern times, they had nothing particular to predict the weather. We can see how they could know the weather in our old proverbs. _____ⓑ_____ the appearance of the sky, the character and movements of the clouds and the actions of birds and animals, people in old days predicted the weather. For example, a ring round the moon means bad weather is coming.

	ⓐ	ⓑ		ⓐ	ⓑ
①	Compared	Depending on	②	Compared	Talking of
③	Comparing	Considering	④	Been compared	Concerning
⑤	Comparing	Talking of			

1 다음 대화의 밑줄 친 ⓐ, ⓑ를 분사구문으로 바꾸시오.

A : I haven't been in a good mood lately and my mood is so changeable depending on the weather.

B : Do you have any problems with sleeping?

A : Actually, I am suffering from insomnia.

B : How about your eating pattern? Have there been any changes concerning your diet?

A : It seems that I overeat ⓐ when I feel depressed.

B : ⓑ If I judge from your symptoms, you are showing signs of depression. For further examination, please fill out this survey form.

ⓐ : _____ ⓑ : _____

2 다음 중 어법상 어색한 한 쌍의 대화를 고르시오.

① A : Why are you so upset?
　 B : The computer going down five minutes ago, I lost all my working files.

② A : Never say anything with your mouth full. Where is your table manners?
　 B : I'm sorry, mom.

③ A : Have you seen Joanna lately? I can't reach her.
　 B : Yes, while walking to the student center, I saw her eating lunch with a man.

④ A : Having finished her work, where on earth did she go?
　 B : Nobody knows.

⑤ A : Preparing not for the job interview, I was really nervous.
　 B : So, how did the interview go?

3 다음 밑줄 친 부분을 우리말로 옮기시오.

A : Do you listen to music when you are doing something?

B : Yes, I listen to classical music ⓐ while studying or reading books. Why?

A : I have a difficulty concentrating on studying. Do you think music improves our concentration?

B : I'm not sure, but ⓑ generally speaking, music can be used for various purposes. And one of them is to help us build concentration.

A : Could you recommend any good music?

B : I was told that Mozart's music improves concentration. So ⓒ listening to Mozart's music, you might pay more attention to your study.

A : I will do it right away. Thank you.

ⓐ : _____ ⓑ : _____ ⓒ : _____

Irish Prayer

Take time to work; it is the price of success.

Take time to think; it is the source of power.

Take time to play; it is the secret of perpetual youth.

Take time to read; it is the foundation of wisdom.

Take time to be friendly; it is the road to happiness.

Take time to love and be loved; it is the privilege of the gods.

Take time to share; life is too short to be selfish.

Take time to laugh; laugher is the music of the soul.

아일랜드의 기도

시간을 내어 일하라. 그것은 성공의 대가다.

시간을 내어 생각하라. 그것은 힘의 근원이다.

시간을 내어 놀아라. 그것은 영원한 젊음이 비결이다.

시간을 내어 독서하라. 그것은 지혜의 기반이다.

시간을 내어 친절을 베풀어라. 그것은 행복에 이르는 길이다.

시간을 내어 사랑하고 사랑받아라. 그것은 신들의 특전이다.

시간을 내어 함께 나누라. 인생은 이기적이기에는 너무 짧다.

시간을 내어 웃어라. 웃음은 영혼의 음악이다.

source 근원   perpetual 영원한, 영속하는   youth 젊음   foundation 기반, 기초   wisdom 지혜
friendly 친절한, 호의적인   privilege 특전, 특권   share 공유하다   selfish 이기적인   soul 영혼

동사에 의미를 첨가해 주는 조동사 정복하기

Grammar

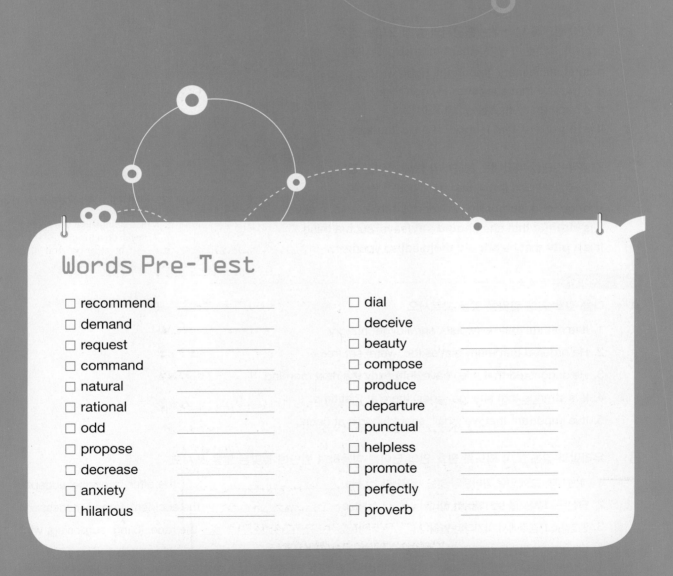

Words Pre-Test

- ☐ recommend _____
- ☐ demand _____
- ☐ request _____
- ☐ command _____
- ☐ natural _____
- ☐ rational _____
- ☐ odd _____
- ☐ propose _____
- ☐ decrease _____
- ☐ anxiety _____
- ☐ hilarious _____

- ☐ dial _____
- ☐ deceive _____
- ☐ beauty _____
- ☐ compose _____
- ☐ produce _____
- ☐ departure _____
- ☐ punctual _____
- ☐ helpless _____
- ☐ promote _____
- ☐ perfectly _____
- ☐ proverb _____

1 〈소망, 주장, 제안〉 등을 나타내는 동사와 함께 쓰이는 경우

주장	insist	
제안	suggest, recommend, propose, advice	
요구	ask, demand, require, request	+that+주어+(should)+동사원형
명령	order, command	
소망	desire	

I **insisted** that I (should) **solve** the problem.
He **suggested** that we (should) **take** actions.
She **demanded** that he (should) **help** her.
She **requested** that we (should) **care** for the old.

> * 소망, 주장, 제안 등을 나타내는 동사의 목적어절로 쓰이는 that절에서는 동사의 형태가 「should+동사원형」을 쓰는 것이 원칙이지만, should를 생략할 수 있다. 이때 주절의 시제나 주어의 인칭, 수에 관계없이 '동사원형'을 써야 한다.

2 이성적 판단을 나타내는 형용사와 함께 쓰이는 경우

「It is+이성적 판단의 형용사+that 주어 (should) 동사원형」

natural, necessary, important, right, wrong, proper, rational 등
It is **natural** that she (should) **get** angry.
It is **necessary** that she (should) **go**.
It is **important** that I (should) **pass** the test.

3 감성적 판단을 나타내는 형용사와 함께 쓰이는 경우

「It is+감성적 판단의 형용사+that 주어 (should) 동사원형」

strange, odd, surprising, wonderful, regrettable, a pity 등
It is **strange** that she **should say**[says] such a thing.
It is **a pity** that he **should die**[died] so young.

> * 감성적 판단의 형용사와 함께 쓰인 should를 생략할 경우에는 that절의 동사가 직설법 동사로 바뀐다.
> It is strange that she should say such a thing.
> → It is strange that she says such a thing.

Check-up

A 다음 괄호 안에 알맞은 것을 고르시오.

1. It is natural that he (would, should) get hungry.

2. He ordered that many slaves (be, were) set free.

3. He suggested that she (leave, left) early the next morning.

4. It is strange that she (go, goes) there at that time.

5. It is important that we (shall, should) begin at once.

B 우리말과 같은 뜻이 되도록 괄호 안의 단어를 이용하여 빈칸에 알맞은 말을 쓰시오.

1. 그는 내가 그 제안을 받아들일 것을 제안했다. → He _____ the offer. (propose, accept)

2. 당신은 그 사고를 보고해야만 합니다. → It is _____ the accident. (report, necessary)

3. 맹인이 그 경주에서 이기다니 놀랍다. → It _____ the race. (blind, surprising, win)

4. 나는 그녀가 입원을 해야 한다고 주장했다. → I _____ into a hospital. (insist, go)

1 should have p.p. ~했어야 했는데 (안 해서 유감이다)

She **should have arrived** by now. (기대)

I **should have told** exactly what I had seen.

He **shouldn't have stayed** so late. (바람직하지 않은 행동)

2 must have p.p. ~했[였]음에 틀림없다

Anna **must have spread** the rumor. (강한 추측)

Someone **must have come** here earlier.

He **must have been** sick for the whole weekend.

3 cannot have p.p. ~했[였]을 리가 없다

They **cannot have betrayed** their faith.

She **cannot have been** married before.

Timothy **cannot have made** such a big mistake.

4 may[might] have p.p. ~했[였]을 런지 모른다

He **may have overslept**. (불확실)

They **may not have known** about it. (부정적 가능성)

She **might have forgotten** the telephone number. (불확실)

5 need not have p.p. ~할 필요가 없었다 (그러나 ~해서 유감이다)

He **need not have thrown** the comic book.

Sam **need not have worried** about his son.

You **need not have done** such foolish behaviors.

---

* 그 밖의 〈조동사 have+p.p.〉 표현

1. should not have p.p. :
   ~하지 말았어야 했다
   You shouldn't have gone there.
2. must not have p.p. :
   ~했었을리가 없다
   She must not have cheated on the test.
3. could have p.p. :
   ~했을 수도 있다
   They could have lost their way. (불확실)
   I could not have left my bag on the bus. (불가능)
4. would have p.p. :
   ~이었을 텐데
   I would not have done that. (가정법 과거완료)
5. ought to have p.p. :
   ~했어야 했다.
   She ought to have arrived by now. (기대)

Check-up

A 다음 두 문장이 같은 뜻이 되도록 빈칸에 알맞은 말을 쓰시오.

1. It is certain that he met her last night.   = He _____ last night.

2. I had to prepare for the report, but I didn't.   = I _____ for the report.

3. It is impossible that he finished his homework.   = He _____ his homework.

4. She didn't have to do the work, but she did it.   = She _____ the work.

5. It is possible that she bought the car.   = She _____ the car.

B 우리말과 같은 뜻이 되도록 괄호 안의 단어를 이용하여 빈칸에 알맞은 말을 쓰시오.

1. 그 소년이 그 자전거를 훔쳤을리가 없다.   → The boy _____ (steal) the bike.

2. 그는 나에게 화가 나 있었음에 틀림없다.   → He _____ (be) angry with me.

3. Jim이 어제 나에게 전화를 했었을지도 모른다.   → Jim _____ (call) me yesterday.

4. 나는 어젯밤에 차를 운전하지 말았어야 했다.   → I _____ (drive) the car last night.

5. 너는 그것을 사는 데 100달러를 쓸 필요가 없었다.   → You _____ (spend) $100 on it.

1 **used to+동사원형** ~하곤 했다(과거 습관); ~였었다(과거 상태)

King Arthur **used to** have a sword called Excalibur.
How **did** people **used to** predict the weather in the 1890s?

> * used to의 부정
> 문법적으로 didn't use to와 used not to 둘 다 맞지만 현대 미국식 영어에서는 didn't use to를 사용한다.

2 **be used to ~ing/명사** ~하는 데/~에 익숙하다

I **am used to living** in a small village.
He **isn't used to getting** up early in the morning.

3 **had better+동사원형** ~하는 편이 낫다

You **had better go** there by taxi.
You **had better** not **hang** around alone at night.

> * 그 밖의 조동사의 관용 표현
> 1. cannot - too ~ : 아무리 ~해도 지나치지 않다
> 2. may well+동사원형 : ~하는 것도 당연하다 (= it is natural that ~)
> 3. be used to 부정사 : (주어가) ~하는 데 사용되다(수동태)
> 4. get used to ~ing : ~에 익숙해지다(습관의 변화)
> 5. would like to부정사 : 평서문–바램, 의문문–제안
> 6. may as well+동사원형 : ~하는 것이 낫다

4 **cannot help ~ing** ~하지 않을 수 없다

She **couldn't help crying** when she saw her father.
= She **couldn't but cry** when she saw her father.
= She **had no choice but to cry** when she saw her father.

5 **would rather A (than B)** B 하느니 차라리 A 하겠다

I **would rather die than marry** the man.
He **would rather paint** the house (than mow the lawn).

Check-up

A 다음 괄호 안에 알맞은 것을 고르시오.

1. I (used to, am used to) cold weather.
2. I'd better (go, to go) home early and take a rest.
3. I (will, would) rather go home than stay at this hotel.
4. Now we live in town, but we (use, used) to live in the country.
5. You (had not better, had better not) touch a freshly painted wall.
6. Music is often used to (decreasing, decrease) our stress and anxiety.

B 다음 빈칸에 들어갈 알맞은 말을 〈보기〉에서 골라 쓰시오. (필요하면 단어의 형태를 바꾸시오.)

보기	could not help	would rather	used to	had better	be used to

1. The movie was hilarious. I _____ laughing a lot.
2. I don't want to marry him. I _____ die than marry him.
3. You look exhausted after the long walk. You _____ go to the bed early.
4. Jimmy has lived in England for six months and now he _____ driving on the left.
5. He liked to eat fast food when he was young, but now he doesn't. He _____ like to eat fast food.

[1~2] 다음 빈칸에 가장 알맞은 것을 고르시오.

1

> A : Isn't that 555-7349?
> B : No, this is 555-7346.
> A : I'm sorry. I _____ wrong.

① should dial ② must dial
③ cannot dial ④ should have dialed
⑤ must have dialed

2

> A : Did you go to the meeting, Ann?
> B : No, I don't go, but Alice went, and Tom _____, too.

① must go ② cannot go
③ may have gone ④ should not have gone
⑤ needn't have gone

3 다음 문장을 전환할 때, 빈칸에 가장 알맞은 것은?

> It is quite natural that she should get angry.
> → She _____ angry.

① cannot get not too
② may well get
③ had better get
④ is used to get
⑤ would rather get

4 다음 빈칸에 알맞지 <u>않은</u> 것은?

> He _____ that I should take the class.

① insisted ② suggested
③ recommended ④ ordered
⑤ said

5 다음 문장의 빈칸에 들어갈 말로 가장 알맞은 것은?

> We have gotten used to _____ nothing and doing nothing.

① say ② said
③ been said ④ saying
⑤ being say

6 다음 괄호 안의 단어를 이용하여 빈칸에 알맞은 형태를 쓰시오.

> (1) The boy couldn't help _____ (run) as fast as he could when he saw the dog running after him.
> (2) You had better _____ (go, not) out in the rain.

[7~8] 다음 두 문장의 뜻이 같도록 빈칸에 알맞은 말을 쓰시오.

7

> It is possible that Sam sent these flowers.
> = Sam _____ these flowers.

8

> It is impossible that she said so.
> = She _____ so.

9 다음 우리말과 같은 뜻이 되도록 괄호 안에 주어진 조동사를 이용하여 빈칸에 알맞은 말을 쓰시오.

> 너는 꽃에 물을 줄 필요는 없었는데. (need)
> You _____ the flowers.

10 다음 문장에서 어법상 틀린 부분을 찾아 바르게 고치시오.

> It is important that I will go there at once.

_____ → _____

[1~3] 다음 빈칸에 가장 알맞은 것을 고르시오.

1

I am not used to _____ yet.

① drive ② drove
③ driving ④ driven
⑤ have driven

2

You _____ have told her that the paint on the bench was wet.

① can ② may
③ need ④ should
⑤ ought

3

We _____ a better car, but we didn't have enough money.

① can buy ② must buy
③ should buy ④ could have bought
⑤ must have bought

4 다음 주어진 문장과 뜻이 같은 것은?

You may as well behave so.

① You must behave so, too.
② You had better behave so.
③ You will behave so as well.
④ You have good reason to behave so.
⑤ It is natural that you should behave so.

[5~6] 다음 두 문장이 같은 뜻이 되도록 빈칸에 가장 알맞은 것을 고르시오.

5

The man may have deceived you.
= It is _____ that the man deceived you.

① sure ② natural
③ probable ④ certain
⑤ impossible

6

I'm sure that she was a beauty when she was young.
= She _____ a beauty when she was young.

① must be ② should be
③ must have been ④ should have been
⑤ may have been

[7~8] 다음 우리말을 영어로 옮긴 것으로 가장 알맞은 것을 고르시오.

7

그녀는 나의 충고를 따랐어야 했는데.

① She should have taken my advice.
② She may have taken my advice.
③ She cannot have taken my advice.
④ She shouldn't have taken my advice.
⑤ She needn't have taken my advice.

8

그녀는 그에게 공항까지 태워달라고 요청했다.

① She demanded that he gives her a ride to the airport.
② She demanded that he has given her a ride to the airport.
③ She demanded that he give her a ride to the airport.
④ She demanded that he should have given her a ride to the airport.
⑤ She demanded that he was giving her a ride to the airport.

[9~10] 다음 밑줄 친 부분을 바르게 고친 것으로 알맞은 것을 고르시오.

9

A : Is it possible that he said no?
B : No. He <u>say</u> no.

① can say
② must say
③ may not have said
④ shouldn't have said
⑤ cannot have said

10

A : Would you like to sit here?
B : No, thanks. I <u>sit</u> on the floor.

① cannot sit too
② had better sit
③ used to sit
④ am used to sit
⑤ may well sit

11 다음 대화의 빈칸에 들어갈 말로 가장 알맞은 것은?

A : Hi, honey.
B : Where have you been? It's nine o'clock already.
A : I had to work late tonight.
B : Well, you _____ me.

① should call
② must call
③ should have called
④ must have called
⑤ cannot have called

[12~13] 다음 중 어법상 어색한 문장을 고르시오.

12
① She must have won the prize.
② He need not have bought the book.
③ She may well being proud of her country.
④ Such a little boy can't have composed the song.
⑤ She is used to playing the piano in front of many people.

13
① She required that you tried again.
② She may have been driving at that time.
③ There used to be a tall tree near the park.
④ You had better follow your mother's advice.
⑤ He insisted that the child go to school to study.

14
① She used to live next door to me.
② You had better come and see the doctor.
③ He must have passed the entrance exam.
④ Grapes are used to producing wine.
⑤ You should have kept your word.

15 다음 빈칸에 들어갈 알맞은 것을 2개 고르시오.

He insisted that she _____ with me.

① go
② went
③ to go
④ goes
⑤ should go

16 다음 주어진 문장과 뜻이 같은 것은?

> He cannot have left so early.

① He must have left so early.
② It's possible for him to leave so early.
③ It's impossible for him to leave so early.
④ It's impossible that he left so early.
⑤ He cannot leave so early.

17 다음 밑줄 친 부분을 어법에 맞게 고쳐 쓰시오.

(1) It is strange that such a wise student <u>may make</u> the same mistake.

(2) He didn't come to work yet. He may <u>miss</u> the bus.

18 주어진 우리말에 맞게 괄호 안의 단어를 알맞게 배열하시오. (필요하면 단어의 형태를 바꾸시오.)

> (1) 모래는 유리는 만드는 데 사용된다.
> (use, make, to)
> → Sand _____ glass.

> (2) 그녀는 이 약을 복용하지 않는 것이 낫다.
> (better, not, take, had)
> → She _____ this medicine.

19 다음 글에서 어법상 틀린 부분을 찾아 바르게 고치시오.

> You should behave yourself. It was wrong of you to have been rude to the old people.

_____ → _____

20 다음 두 문장이 같은 뜻이 되도록 빈칸을 적으시오.

> (1) He didn't have to show his ID but he did.
> = He _____ his ID.

> (2) I'm sure that you were surprised to hear of his failure.
> = You _____ surprised to hear of his failure.

> (3) He had no choice but to break the traffic law.
> = He _____ break the traffic law.

1 다음 글의 빈칸에 가장 알맞은 것을 고르시오.

Today, safety is very important in car design — mainly safety for those people inside the car. Air-bags automatically get big if a car suddenly hits an object. There are also suggestions that all cars' speeds _____ controlled by satellite, preventing people from breaking the speed limit.

① be   ② are
③ were   ④ have been
⑤ should have been

2 다음 글의 밑줄 친 부분 중 어법상 어색한 것을 고르시오.

I ① used to arrive at the airport one hour early for my check-in before my scheduled time of departure. Yesterday I arrived at a punctual 8 p.m. for my check-in just one hour before departure time. But on checking-in I was told that the plane had been delayed, and ② would not start till 9:45 p.m. That would only have been three quarters of an hour late. In English we like to follow the old proverb, "You may as well ③ be hanged for a sheep ④ as for a lamb" or in other words, "If you are going to be late, you ⑤ had better not be perfectly late." So I was not at all surprised to hear that our departure would be delayed till 10:15 p.m.

3 다음 글을 읽고, ⓐ, ⓑ, ⓒ에 들어갈 말이 바르게 짝지어진 것을 고르시오.

No one ⓐ must / should have seen the boy fall overboard a little after 7 o'clock in the morning. When he hit the water, he was pulled down into the sea beside the ship. Then he fought his way up again, to the top of the water, and saw the sky overhead. For a moment he ⓑ should / may have had a feeling of relief. The sailors on the ship ⓒ cannot / should not have seen him because the ship kept going without slowing down. The boy kicked about, trying to keep his head above the water, feeling helpless and afraid.

	ⓐ	ⓑ	ⓒ
①	should	should	should not
②	must	should	cannot
③	must	may	should not
④	must	may	cannot
⑤	should	may	should not

1 다음 대화의 빈칸에 가장 알맞은 말을 고르시오.

A : Have you heard that Jim was promoted to manager?
B : No, I haven't. He _____ really happy when he heard the news. When can I be promoted?
A : Promotions can't bring happiness. The grass always looks greener on the other side. The higher position requires more responsibility for him.
B : You're right, but at least he's got his pay raised.

① must be
② should be
③ should have been
④ must have been
⑤ needn't have been

2 다음 대화의 밑줄 친 부분 중 어법상 어색한 것을 고르시오.

A : How was your dinner party?
B : It was good, but we ① shouldn't have invited my wife's boss.
  We couldn't get him ② to leave!
A : Really? How late did he stay?
B : Until two o'clock in the morning! And we both ③ had to work the next day.
A : Oh, he ④ should have stayed so late.
  You ⑤ would have asked him to leave earlier.
B : Well, it's really difficult to say that to your boss!

3 다음 대화를 읽고, ⓐ, ⓑ, ⓒ에 들어갈 말이 바르게 짝지어진 것을 고르시오.

A : Hello. What's the matter?
B : Sorry, ma'am, but there's a complaint from one of your neighbors about the noise.
A : Really? It's a pity that they ⓐ should / shouldn't get in touch with us instead of bothering you.
B : Yes. Well, maybe they ⓑ must / should have told you first, but they rang us instead. Anyway I suggest that you ⓒ should / will turn down the music.

	ⓐ	ⓑ	ⓒ
①	should	should	will
②	shouldn't	should	will
③	shouldn't	must	should
④	shouldn't	should	should
⑤	should	must	should

The survivor is a giver.
"The real value of love" wrote Paul Valery,
"is the increased vitality it produces."
Duke University researchers found that
one of the best predictors of health,
happiness and long life was the tendency
to reach out to people
beyond your immediate people.
When your woes threaten to overcome you,
think about how you can help someone else.
- Ardis Whitman

살아남는 사람은 베푸는 사람이다.

폴 발레리는 "사람의 진정한 가치는 그것이 가져오는 활력의 증가에 있다."고 글에서 말했다.

듀크 대학교 연구원들의 연구에 의하면, 건강과 행복과 장수를 가장 잘 예언해 주는 것 가운데 하나는 자기에게 가까운 사람들을 넘어서 다른 사람들에게로 손을 내미는 경향이라고 한다.

고민거리들이 당신을 압도하려고 위협할 때에는, 어떻게 하면 누군가 다른 사람을 도울 수 있는지에 대해서 생각해 보라.

— 아디스 휘트먼

survivor 생존자　　vitality 생명력, 활력　　predictor 예언자　　tendency 경향, 추세　　reach out (손 등을) 뻗다
beyond ~너머에　　immediate 가까운, 직접 접해 있는　　woe 비애, 고뇌　　threaten ~을 위협하다
overcome ~을 압도하다, 정복하다

Chapter 6

영어의 천연기념물
수동태 후벼 파기

Grammar

Words Pre-Test

- ☐ anonymous _____
- ☐ guideline _____
- ☐ audience _____
- ☐ memorize _____
- ☐ countryside _____
- ☐ delighted _____
- ☐ satisfied _____
- ☐ experiment _____
- ☐ driveway _____
- ☐ volunteer _____
- ☐ influence _____

- ☐ conduct _____
- ☐ morality _____
- ☐ affect _____
- ☐ powerful _____
- ☐ elect _____
- ☐ character _____
- ☐ deadly _____
- ☐ poison _____
- ☐ harmless _____
- ☐ dismiss _____
- ☐ operate _____

Unit 17 수동태

1 수동태

1) **의미** '주어가 (~의해) 당하다'의 의미로, 행위의 대상이나 발생된 사건에 중점을 두는 문장

Trees **were broken by** heavy snow and strong wind.

2) **형식** 「주어+be+p.p.(+by 행위자)」

문장의 목적어를 주어로 하고, 동사를 〈be+p.p.〉 형태로 만든 다음 주어를 〈by+목적격〉으로 바꾼다.

Vincent painted sunflowers in Paris.

→ Sunflowers **were painted by** Vincent in Paris.

* 행위자가 일반인, 또는 알 수 없거나 중요하지 않을 때, 그리고 행위자를 나타내지 않아도 되는 분명한 경우에는 〈by+행위자〉를 생략할 수 있다.

2 4형식 문장의 수동태 : 간접목적어와 직접목적어를 주어로 하는 수동태가 가능

1) 간접목적어를 주어로 만들 수 없는 동사 : make, get, buy, bring, send 등

My grandmother made me a pink sweater.

→ A pink sweater **was made for** me by my grandmother. (○)

→ I was made a pink sweater by my grandmother. (×)

2) 직접목적어를 주어로 할 경우 동사에 따라 쓰이는 전치사

for	make, get, buy, find, cook, order 등
of	ask, require, demand, inquire 등
to	기타

Those questions **were asked of** me lately in an email.

3 5형식 문장의 수동태 주어

1) 5형식 수동태 문장 「주어(능동태의 목적어)+be+p.p.+목적격보어」

Sam **was left alone** in the desert by his friends.

2) 지각동사, 사역동사 문장에서 목적격보어로 동사원형이 오는 5형식 문장

「주어(능동태의 목적어)+be+p.p.+to부정사」

Someone **was seen to break** into my car.

* 사역동사 have와 let은 수동태로 쓰이지 않는다.

Check-up

A 다음 괄호 안에 알맞은 말을 고르시오.

1. An anonymous gift was sent (for, to) his wife.

2. The gift box was wrapped (by, with) the clerk.

3. I was made (to follow, follow) the guidelines.

4. Several people (were shocked, shocked) by the news.

5. My son is ordered (to wash, wash) his hands before meals.

B 다음 능동태 문장을 수동태 문장으로 만들 때 빈칸에 알맞은 말을 쓰시오.

1. The audience gave him a big hand.   → A big hand was given _____ him by the audience.

2. They heard their son cry in the dark.   → Their son was heard _____ in the dark by them.

3. He ordered her to leave out of the classroom.   → She was ordered _____ out of the classroom.

1 진행형 수동태 「be동사+being+p.p.」

My father is repairing my car.
→ My car **is being repaired** by my father.
They were playing tennis.
→ Tennis **was being played** by them.

2 완료형 수동태 「have[has]+been+p.p.」

She has helped the old people.
→ The old people **have been helped** by her.
The man has stolen my purse.
→ My purse **has been stolen** by the man.

3 명령문 수동태

1) 긍정명령문 「Let+목적어+be+p.p.」
Memorize this poem.
→ Let this poem **be memorized**.
Please repeat this word.
→ Please let this word **be repeated**.

2) 부정명령문 「Let+목적어+not+be+p.p.」/「Don't let+목적어+be+p.p.」
Don't touch this book.
→ Don't **let** this book **be touched**.
→ Let this book **not be touched**.
Don't let the door open.
→ Don't **let** the door **be opened**.
→ Let the door **not be opened**.

* 현재완료 진행형의 수동태
「have[has]+been+being+p.p.」
He has been kicking a ball against the wall all afternoon.
→A ball has been being kicked against the wall all afternoon by him.

* 의문문 수동태 : 「의문사+조동사 혹은 be+주어+p.p.」
Who broke the window?
→By whom was the window broken?
→ Who(m) was the window broken by?

Check-up

A 다음 괄호 안에 알맞은 말을 고르시오.

1. Don't let your promise (be forgotten, forgotten).

2. The fence (has, has been) painted by my uncle.

3. A letter was (been, being) written to her son by Emma.

4. James had (been chosen, chosen) captain by us.

5. New houses are (being built, being building) in the countryside.

B 다음 밑줄 친 단어의 시제와 형태를 주의하여 문장의 태를 바꾸시오.

1. Don't close the door.   2. He is painting the wall.

3. Learn the sentence by heart.   4. Tom has left the window open.

1 수동태가 불가능한 타동사

resemble, become, belong to, lack, cost, meet 등

The boy **resembles** his father.   → His father is resembled by the boy. (×)

This red tie **becomes** you.   → You are become by this red tie. (×)

This house **belongs** to my mom.→ My mom is belonged to this house. (×)

2 that절이 목적어인 경우의 수동태

1) It is said[thought, believed] that 주어+동사
(주어가 that이 되어서 길기 때문에 가주어 it을 쓴다고 생각하면 된다.)

2) that절의 주어 is[was] said[thought, believed] to부정사
(that절 안에 있는 주어를 수동태의 주어로 하고 to부정사를 이용한다.)

They say that he was a good teacher.

→ It **is said** that he was a good teacher.

→ He **is said** to have been a good teacher.

3 by 이외의 전치사를 쓰는 경우

be covered with	~로 덮여 있다	be interested in	~에 관심이 있다
be filled with	~로 가득 차다	be satisfied with	~에 만족하다
be delighted at	~에 기뻐하다	be worried about	~을 걱정하다
be surprised at	~에 놀라다	be married to	~와 결혼하다

The mountain **was covered with** snow.

That bag **was filled with** flowers.

She **was surprised at** the news.

The man **was married to** a pretty woman.

---

* 동사 know의 수동태 표현
1. be known as : ~로서 알려지다
   He was known as a teacher.
2. be known by : ~에 의해 판단되다
   A man is known by the company he keeps.
3. be known for :
   ~로 유명하다
   The city is known for a ginseng.
4. be known to :
   ~에게 알려지다
   His name is known to everyone.

* 동사 make의 수동태 표현
1. be made from 원료 : ~로부터 만들어지다(화학적 변화)
   Wine is made from grapes.
2. be made of 원료 : ~로부터 만들어지다(형태적 변화)
   This table is made of wood.
3. be made into ~ : ~로 만들어지다
   This rice is made into the rice cake.

Check-up

A 다음 괄호 안에 알맞은 것을 고르시오.

1. Cheese is made (of, from) milk.

2. He was surprised (at, to) the news.

3. The house was covered (by, with) dust.

4. A man is known (by, to) the company he keeps.

5. This book (is belonged to, belongs to) me.

6. John (was met, met) a famous poet yesterday.

B 다음 두 문장이 뜻이 같도록 빈칸에 알맞은 말을 쓰시오.

1. The design of the building satisfied me.

   = I was _____ the design of the building.

2. They say that she was a popular singer.

   = She _____ a popular singer.

3. People say that there is something money can't buy.

   = It is _____ that there is something money can't buy.

4. The success of the experiment delighted the students.

   = The students were _____ the success of the experiment.

[1~3] 다음 빈칸에 가장 알맞은 것을 고르시오.

1

> A million dollar house was bought _____ Kim by Nick.

① for   ② on
③ to   ④ with
⑤ of

2

> My English teacher is known _____ his sense of humor.

① with   ② by
③ for   ④ to
⑤ in

3

> The Zuckermans' driveway was filled _____ cars and trucks from morning till night.

① in   ② on
③ to   ④ for
⑤ with

4 다음 밑줄 친 부분을 바르게 고친 것은?

> He doesn't realize that his bicycle <u>lose</u>.

① lost   ② losing
③ is losing   ④ is being lost
⑤ has been lost

5 다음 중 어법상 어색한 문장은?

① My heart is filled with joy.
② Let your money not be wasted.
③ Tennis was been playing by them.
④ The mountain was covered with snow.
⑤ The princess was married to a fool man.

6 다음 문장을 수동태로 바꾸시오.

(1) We have watered all the plants.

→ _____

(2) Volunteers helped homeless people to find a shelter.

→ _____

7 다음 두 문장의 뜻이 같도록 빈칸에 알맞은 말을 쓰시오.

> Many Korean students are studying English in Australia.
> = English _____.

8 다음 우리말에 맞게 주어진 단어를 바르게 배열하시오. (필요하면 단어의 형태를 바꾸시오.)

(1) 그 천장은 작년에 수리됐어야 했는데.
    The ceiling _____ last year. (repair, should)

(2) 그때 그 집은 경찰에 의해 수색 중이었다.
    The house _____ by the police then. (be, search)

[9~10] 다음 문장을 수동태로 바꿀 때 빈칸에 알맞은 말을 쓰시오.

9

> People say that just 15 minutes a day is enough to make you healthy.
> → _____ to be enough to make you healthy.

10

> People believe that ghosts come out on Halloween.
> → _____ that ghosts come out on Halloween.

[1~4] 다음 글의 빈칸에 가장 알맞은 것을 고르시오.

1

It _____ that New York is a city of contrast. It can be both beautiful and ugly.

① say
② said
③ is saying
④ to say
⑤ is said

2

Since then the secrets of space _____ by scientists.

① find
② are found
③ have found
④ have been found
⑤ had found

3

Some people say that perhaps the pyramids were made _____ aliens.

① of
② from
③ by
④ to
⑤ in

4

His nose shines like new black shoes. His fat body is covered _____ soft fur.

① in
② to
③ with
④ for
⑤ of

5 다음 문장을 전환할 때 빈칸에 알맞은 것은?

He has locked the door for three years.
= The door _____ for three years by him.

① was locked
② has locked
③ has been locked
④ have locked
⑤ have been locked

6 다음에서 문장 전환이 <u>잘못된</u> 것은?

① Don't forget your duty.
　→ Don't let your duty be forgotten.
② They say that he is a good doctor.
　→ He is said to be a good doctor.
③ He is writing a novel.
　→ A novel is been writing by him.
④ It is believed that space is endless.
　→ Space is believed to be endless.
⑤ They think that she was ill.
　→ She is thought to have been ill.

[7~8] 다음 밑줄 친 부분 중 어법상 <u>어색한</u> 것을 고르시오.

7

① She <u>was surprised at</u> the news.
② He <u>is known to</u> his latest novel.
③ I <u>am interested in</u> collecting stamps.
④ The beach <u>is filled with</u> many yachts.
⑤ The mountain <u>was covered with</u> snow.

8

① This bridge <u>was made of</u> stone.
② The ball <u>was passed to</u> Robbie by him.
③ The bus <u>is used every day</u> by many people.
④ The opera house <u>has been built for 6 years</u>.
⑤ Various subjects <u>are being taught with</u> teachers.

9 다음 글의 빈칸에 들어갈 알맞은 것은?

Confucius has had many influence on the world. For over two thousand years, his ideas about personal conduct and morality affected Chinese life and culture. Even today, his thoughts _____ powerful.

① remain   ② are remaining
③ had remained   ④ are remained
⑤ have been remained

[10~11] 다음 중 어법상 어색한 문장을 고르시오.

10
① My dog was died last month.
② The singer is known to many people.
③ He was elected chairman of the company.
④ Parents are always worried about their children's future.
⑤ The house's roof ought to be repaired.

11
① Butter is made of milk.
② He is being watched by the FBI.
③ Was she delighted at the good news?
④ The musician is said to have been beautiful.
⑤ Many drugs have been used to try to cure pains.

12 다음 문장을 전환할 때 빈칸에 들어갈 말을 적으시오.

They say that she is the main character of this drama.
= She _____ to be the main character of this drama.

13 다음 문장을 수동태로 바꿀 때 가장 적절한 것은?

We believe that the child was lost on a picnic to the hill.

① The child is being believed to be lost on a picnic to the hill.
② We are believed that the child was lost on a picnic to the hill.
③ The child is believed to have been lost on a picnic to the hill.
④ We are believed to be lost on a picnic to the hill.
⑤ The child is believed to be lost on a picnic to the hill by us.

14 다음 글의 밑줄 친 부분을 올바르게 바꾼 것은?

How did anyone get the idea for the wheel? We can never know for sure. But we know very well that people have come a long way by using the wheel.

① a long way is known very well to have come
② people are known very well to have come a long way
③ it knows very well to have come a long way
④ people know very well to have come a long way
⑤ a long way knows very well to have come

15 다음 문장에서 어법상 틀린 부분을 찾아 바르게 고치시오.

He was married with a Japanese woman.

_____ → _____

16 다음 우리말에 맞도록 빈칸에 알맞은 말을 쓰시오.

그 전갈은 Nick이 도착하기 전에 보내졌음에 틀림
없다.
→ The message _____
before Nick's arrival.

17 다음 글의 밑줄 친 부분에 있는 단어들을 문맥에 맞게 배열하시오.

In New York, Atlanta, and Chicago many people read poems. The poems are on the walls of the buses and subways. Then by whom put, there, the poems, been, have? By a group of poetry lovers.

18 다음 문자의 빈칸에 알맞은 말을 〈보기〉에서 찾아 쓰시오.

┌─ 보기 ─┐
about   with   in   at

(1) I was worried _____ his accident.
(2) They were really delighted _____ the result of the survey.
(3) Children's future should be filled _____ hope.
(4) The boy is interested _____ fantasy movies.

19 다음 문장을 수동태 문장으로 만들 때 빈칸에 알맞은 말을 쓰시오.

(1) Open your eyes.
→ Let your eyes _____.

(2) She has read the book for an hour.
→ The book _____ for an hour by her.

(3) The beauty of the mountain surprised me.
→ I was _____ the beauty of the mountain.

(4) My parents didn't allow me to go out at late hours.
→ I was not _____ go out at late hours.

(5) The teacher asked me the height of the Himalaya.
→ The height of the Himalaya was _____ me by the teacher.

20 다음 문장을 수동태 문장으로 바꾸시오.

(1) They think that he is a genius.
→ _____

(2) The boys were playing Monopoly.
→ _____

(3) Don't lose this letter.
→ _____

1 다음 글의 밑줄 친 부분 중 어법상 어색한 것을 고르시오.

A fire ① broke out last night in an office building in the downtown area. Four people ② died. The tragedy was not so bad because the fire ③ started after 9 p.m. on Saturday night. The second floor ④ thought to be where the fire ⑤ started.

2 다음 글의 밑줄 친 부분 중 어법상 어색한 것을 고르시오.

When an enemy gets near, a spitting cobra raises up its head. Then it seems to spit right at its enemy's eyes. The cobra's deadly poison ① is shot through two tiny holes in its teeth. If that venom reaches in the eyes, someone ② can be caused to go blind almost immediately by that venom. Oddly enough, the poison is completely harmless if it ③ is landed on the skin. Even more surprising is the cobra's aim. Spitting cobras ④ have been known to hit an enemy's eyes from as far away as six feet. If you come across that cobra, your eyes ⑤ will be closed fast by you.

3 다음 글을 읽고, 밑줄 친 ⓐ, ⓑ, ⓒ에 들어갈 말이 바르게 짝지어진 것을 고르시오.

Well, the rain was ⓐ poured / pouring and the wind was blowing hard. My wife, kids, and I were sitting in the dark because the electric wires ⓑ had blown / had been blown down. Suddenly the room started to fill up with water. We were surprised ⓒ at / for the sudden water.

	ⓐ	ⓑ	ⓒ
①	pouring	had blown	at
②	poured	had blown	for
③	pouring	had been blown	for
④	pouring	had been blown	at
⑤	poured	had been blown	at

1 다음 대화의 빈칸에 가장 알맞은 말을 고르시오.

A : I just heard the bad news about you.

B : Well, the company is automating the office, so a lot of people like me _____ .

① dismiss

② dismissed

③ to dismiss

④ have dismissed

⑤ have been dismissed

2 다음 대화에서 어법상 어색한 문장을 고르시오.

A : ① Long time no see.

B : ② How have you been?

A : ③ I've been doing just great. How about you?

B : Me, too. What brings you here?

A : It's because of Jane. ④ She had stomach cancer, so she has operated.

B : ⑤ Oh, I'm sorry to hear that.

3 다음 대화의 빈칸 ⓐ, ⓑ에 들어갈 말이 바르게 짝지어진 것을 고르시오.

A : Here's your room. I hope you are satisfied ___ⓐ___ everything.

B : Very good. Please send breakfast up to my room at 8 a.m.

A : I will arrange it. Is there anything else?

B : I have some laundry that needs to ___ⓑ___ .

     ⓐ   ⓑ

① by ········ do

② by ········ did

③ with ········ have done

④ with ········ be done

⑤ at ········ have been done

Use your eyes as if
tomorrow you would be stricken blind;
hear the music of voices, the song of a bird,
as if you would be stricken deaf tomorrow.
Touch each objects as if tomorrow your tactile
sense would fail. Smell the perfume of flowers,
taste with relish each morsel, as if tomorrow
you could never smell and taste again.
- Helen Keller

그대의 눈을 사용하라, 마치 내일이면 그대가 눈이 멀 것처럼.

달콤한 사람들의 목소리, 새들의 노래를 들어라.

마치 내일이면 그대가 귀가 멀 것처럼 물체를 하나 하나 만져 보라.

마치 내일이면 그대의 촉각이 말을 듣지 않게 될 것처럼. 꽃들의 향기를 맡고, 음식을 한입 한입 맛있게 먹어라.

마치 내일이면 그대가 냄새와 맛을 영원히 다시 경험할 수 없게 될 것처럼.

– 헬렌 켈러 (미국의 맹농아 여류 저술가)

stricken 시달리는　　blind 눈이 먼　　voice 목소리　　deaf 귀가 먼　　object 물체, 물건　　tactile 촉각의, 촉감의
sense 감각　　perfume 향기, 향수　　relish 맛, 풍미　　morsel 한 입

Chapter 7

뺑쟁이 가정법 정리하기

Grammar

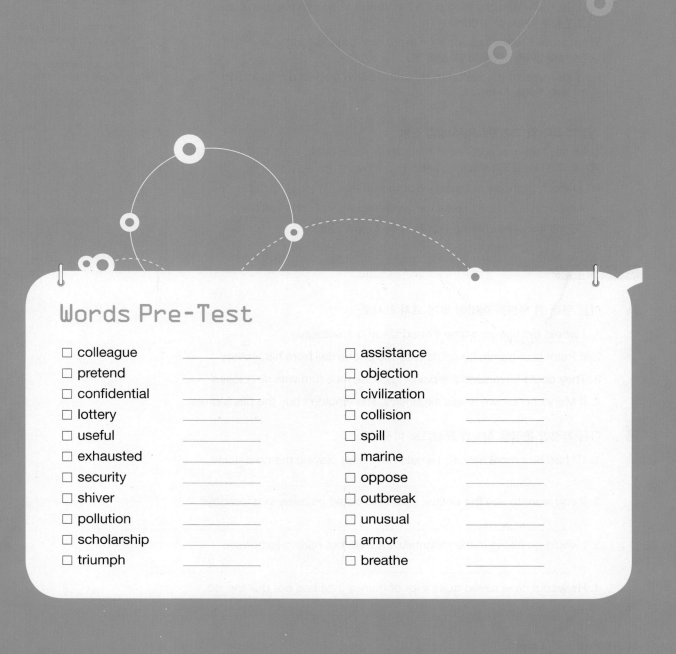

Words Pre-Test

- ☐ colleague _____
- ☐ pretend _____
- ☐ confidential _____
- ☐ lottery _____
- ☐ useful _____
- ☐ exhausted _____
- ☐ security _____
- ☐ shiver _____
- ☐ pollution _____
- ☐ scholarship _____
- ☐ triumph _____

- ☐ assistance _____
- ☐ objection _____
- ☐ civilization _____
- ☐ collision _____
- ☐ spill _____
- ☐ marine _____
- ☐ oppose _____
- ☐ outbreak _____
- ☐ unusual _____
- ☐ armor _____
- ☐ breathe _____

1 가정법 과거 vs 가정법 과거완료

1) 가정법 과거 : '현재' 사실에 반대되는 가정, 실현가능성이 희박한 '미래'

If George **hurried**, he **could arrive** at the airport on time.
(George는 서두르지 않아서 제시간에 공항에 도착하지 못한다.)

If her colleague **came** tomorrow, she **would have** a day off.
(그녀의 동료가 내일 올 확률은 거의 없기 때문에 그녀는 휴가를 얻을 수 없다.)

Were I you, I **would** never **see** him again.
– if의 생략, 주어와 동사의 도치

2) 가정법 과거완료 : '과거' 사실에 반대되는 가정

I **might have bought** the house if it **had** not **been** that expensive.
(그 집은 너무 비싸서 살 수 없었다.)

What **would have happened** if there **had been** enough time?
(시간이 충분했다면 어떤 일이 일어났을까?)

Had he **gone** to the seminar, he **could have gotten** useful information.
– if의 생략, 주어와 동사의 도치

2 가정법 과거와 과거완료의 직설법 전환

접속사 as, because, so를 사용해 가정법 과거는 직설법 현재로, 가정법 과거완료는 직설법 과거로 고친 다음 긍정과 부정을 서로 바꾼다.

If I **knew** her phone number, I **would call** her.

→ **As/Because** I don't know her phone number, I can't call her.

→ I don't know her phone number, **so** I can't call her.

> * 가정법 과거와 과거완료의 어순
> 1. 가정법 과거 :
> 「If 주어+동사의 과거형, 주어+조동사의 과거형+동사원형~」
>
> 2. 가정법 과거완료 :
> 「If 주어+had+p.p., 주어+조동사의 과거형+have+p.p.~」
>
> * 가정법 문장에서 if의 생략
> 1. if절의 (조)동사가 were, had, should인 경우 if를 생략하고 주어와 동사를 도치시켜 표현할 수 있다.
> If I were you, I wouldn't do it.
> → Were I you, I wouldn't do it.
>
> 2. If절의 동사가 일반동사의 형태일 경우는 보통 도치시키지 않는다.
> If I knew him, ~. (○)
> → Did I know him, ~. (×)

Check-up

A 다음 밑줄 친 부분을 어법에 맞게 고쳐 쓰시오.

1. I would get there on time if I had taken the subway.

2. If Peter is at home, he could take the phone call from his mother.

3. They could have seen the paintings if the museum was not closed.

4. If Mary had known it was expensive, she wouldn't buy the black dress.

B 다음 가정법 문장을 직설법 문장으로 바꾸시오.

1. If I had had more money, I would have kept playing the card game.

→ _____

2. If you went to see the doctor, your cold could go away in a few days.

→ _____

3. I would go hiking in the mountain if it were not raining tomorrow.

→ _____

4. He would have saved quite a lot of money if he had not quit the job.

→ _____

Unit 21 I wish, as if 가정법

1 I wish 가정법

현재나 과거의 이루어질 수 없는 소망을 나타내는 표현이다.

1) I wish+가정법 과거 문장 : ~라면 좋을 텐데

I wish she <u>listened</u> to me.
(= I am sorry she doesn't listen to me.)
I wish we <u>helped</u> her.
(= I am sorry we cannot help her.)

2) I wish+가정법 과거완료 문장 : ~였더라면 좋을 텐데

I wish I <u>had done</u> something about it.
(= I am sorry I couldn't do anything about it.)
I wish they <u>had come and seen</u> us yesterday.
(= I am sorry they didn't come and see us yesterday.)

2 as if 가정법

접속사 as if나 as though를 써서 현재나 과거 사실을 반대로 가정하는 구문이다.

1) as if/though+가정법 과거 : 마치 ~인 것처럼

He speaks **as if** he <u>knew</u> the secret. (= In fact he doesn't know the secret.)
She looks **as if** she <u>were</u> ill. (= In fact she isn't ill.)

2) as if/though+가정법 과거완료 : 마치 ~였던 것처럼

You look **as if** you <u>had seen</u> a ghost. (= In fact you didn't see a ghost.)
He pretends **as if** he <u>had been</u> ill. (= In fact he wasn't ill.)

---

* 미래의 실현하기 어려운 소원을 나타낼 경우 「I wish 주어+조동사의 과거형+동사원형」 사용한다.
I wish it would snow this Christmas.

* I wish와 유사한 가정법 표현
1. If only+가정법 과거/과거완료
2. I would rather+가정법 과거
3. Would that+가정법 과거

I wish you were with me.
= <u>If only</u> you were with me.
= <u>I would rather</u> you were with me.
= <u>Would that</u> you were with me.

「as if[though]+가정법 과거」는 주절의 시제와 같은 시점의 일을 가정한다.
「as if[though]+가정법 과거완료」는 주절보다 한 시제 앞서는 시점의 일을 가정한다.

Ron talked as if he were a doctor. (In fact, Ron wasn't a doctor.)
Ron talked as if he had been a doctor. (In fact, Ron hadn't been a doctor.)

Check-up

A 다음 두 문장이 같은 뜻이 되도록 빈칸에 알맞은 말을 쓰시오.

1. I wish I knew her cellphone number.
   → I am sorry I _____.

2. I am sorry I was not at home when you called.
   → I wish I _____.

3. I wish I didn't get bored very easily.
   → I am sorry I _____.

4. I am sorry he worked so slowly.
   → I wish he _____.

B 앞 문장과 의미가 자연스럽게 연결되도록 문장을 완성하시오.

1. He acts as if he had not seen the confidential file. In fact, he _____.
2. Tom agrees as though he understood all the details. In fact, he _____.
3. She pretends as if she had been a VIP at the hotel. In fact, she _____.
4. They talk as though they went to the museum. In fact, they _____.

Unit 22 without, but for 구문과 혼합 가정법

1 Without, But for 가정법

현재나 과거의 반대되는 사실을 가정해보는 구문이다.

1) Without[But for]+(동)명사, 주어+가정법 과거 : ~이 없다면, 아니라면
(= If it were not for ~, 주어+가정법 과거)
Without/But for water, no fish **could live**.
= If it were not for water, no fish could live.

2) Without[But for]+(동)명사, 주어+가정법 과거완료 : ~이 없었더라면, 아니었더라면
(= If it had not been for ~, 주어+가정법 과거완료)
But for/Without your help, I **would have failed**.
= If it had not been for your help, I would have failed.

2 혼합 가정법

if절에 가정법 과거완료, 주절에는 가정법 과거를 써서, 과거 사실의 결과가 현재에도 영향을 미치고 있음을 나타낸다.
「If 주어+had p.p. ~, 주어+조동사의 과거형+동사원형 ~.」

If you **had been** diligent then, I **would be** happier now.
= As you were not diligent then, I am not happier now.
If I **had eaten** something for lunch, I **wouldn't be** hungry now.
= As I didn't eat something for lunch, I am hungry now.
If I **had not drunk** much beer last night, I **wouldn't have** a headache.
= As I drank much beer, I have a headache now.

---

* 조건의 의미를 포함하는 구문

1. suppose[supposing] : 만일 ~라면
Suppose you were in jail, how would you spend your day?

2. provided[providing] : 만일 ~라면, ~라는 조건이라면
I will take the bus, provided the traffic is not heavy.

3. unless : ~하지 않으면 (= if ~ not)
Unless you finish eating your dinner, you can't go out and play.

4. otherwise : 그렇지 않으면
You must follow the rules, otherwise you will get a penalty.

5. in case : ~인 경우에
In case you are in a hurry, you'd better take a cab.

Check-up

A 다음 괄호 안에 알맞은 것을 고르시오.

1. If it (were not, had not been) for this car, I couldn't have come here.

2. (With, Without) his giving me a ride, I would have missed the train.

3. If it were not for music, life (would be, will be) less interesting.

4. (But for, But for not) the accident, he would have lived to be eighty.

5. If she had won the lottery, she (could be, could have been) a millionaire now.

B 다음 빈칸에 들어갈 알맞은 말을 〈보기〉에서 골라 쓰시오.

보기	unless	provided	otherwise	without	as

1. _____ I went to the party last night, I feel exhausted now.

2. I will take a trip to Japan _____ the schedule is not tight.

3. You are not allowed to go in _____ you have the security card.

4. _____ the professor's help, I could not have completed the project.

5. You should be careful with these plants, _____ they could die easily.

[1~3] 다음 빈칸에 가장 알맞은 것을 고르시오.

1

> If Tom _____ his voice at twenty, he could be a famous singer now.

① loses   ② not lost
③ were lost   ④ had lost
⑤ had not lost

2

> While I was making a presentation, I felt my legs shivering a little. It felt _____ I were walking in the air.

① before   ② while
③ as if   ④ because
⑤ but for

3

> A : Buying good meat is very difficult. Animals can't live because of pollution.
> B : I wish there _____ no pollution. I miss the good old days.

① is   ② was
③ were   ④ has been
⑤ had been

4 다음 문장을 직설법 구문으로 바꿀 때 빈칸 ⓐ, ⓑ에 들어갈 말을 쓰시오.

> If she had worked harder, she could have won first prize.
> = As she didn't work harder, she __ⓐ__ first prize.
> = She didn't work harder, __ⓑ__ she couldn't win first prize.

5 다음 문장에서 어법상 틀린 부분을 찾아 고쳐 쓰시오.

> I were in your place, I would not do such a foolish thing.

6 다음 밑줄 친 부분을 우리말로 해석한 것으로 알맞은 것은?

> She worked very hard; <u>otherwise</u> she would not have succeeded as a lawyer.

① 그래서   ② 왜냐하면
③ 그렇다면   ④ 그렇지 않으면
⑤ 그렇지 않았다면

7 다음 대화의 빈칸에 가장 알맞은 것은?

> A : Hello, Jane. This is Pete. It's such a nice day today that I thought we might go to the zoo.
> B : I wish you _____ me earlier. I've just made a plan to play tennis.

① call   ② called
③ calling   ④ has called
⑤ had called

[8~10] 다음 두 문장이 같은 뜻이 되도록 빈칸에 알맞은 말을 쓰시오.

8

> It is a pity that I couldn't buy it.
> = _____ I had bought it.

9

> If it had not been for the map, we might have got lost.
> = _____ the map, we might have got lost.

10

> If I had gone to the party last night, I would be tired now.
> = Because I didn't go to the party last night, I _____ now.

1 다음 빈칸에 가장 알맞은 것은?

> I hope we can exchange letters or see each other before unification. I wish you _____ hello to my grandparents before they pass away.

① say
② will say
③ said
④ had said
⑤ would have said

2 다음 우리말에 맞게 괄호 안의 단어들을 바르게 배열한 것은?

> 나의 남편은 충분히 잠을 잤다. 하지만 그는 아주 피곤한 것처럼 말했다.
> My husband had enough sleep. But he talked (he, as, were, if) very tired.

① if as he were
② if as were he
③ as if he were
④ as if were he
⑤ were as if he

3 다음 대화의 밑줄 친 부분 중 어법상 어색한 것은?

> A : Sue, would you like ① to come to my place for dinner tonight?
> B : I wish I ② could go, but I have to work part-time at a convenient store.
> A : Oh, is that for your tuition fee?
> B : That's right. If I ③ had studied harder, I ④ could get a scholarship. And I ⑤ don't have to do this part-time job.

4 다음 〈보기〉와 같이 문장을 바꿔 쓰시오.

> ─ 보기 ─
> She doesn't talk to Peter.
> → I wish she talked to Peter.

> They don't do their part.
> → _____

5 다음 우리말에 맞게 빈칸 ⓐ, ⓑ에 들어갈 말이 바르게 짝지어진 것은?

> 어제 당신이 나를 도와주지 않았더라면, 나는 지금 살아있지 않을 것이다.
> If you _____ⓐ_____ me yesterday, I _____ⓑ_____ alive now.

	ⓐ		ⓑ
①	didn't help	....	wouldn't be
②	didn't help	....	wouldn't have been
③	hadn't helped	....	would have been
④	hadn't helped	....	wouldn't be
⑤	hadn't helped	....	wouldn't have been

6 다음 밑줄 친 부분을 어법상 알맞게 바꾼 것은?

> The Brooklyn Bridge in New York City was a triumph of engineering and of courage at the time it was built. In fact, without the skill and decision of two men, a father and a son, the bridge would never exist now.

① were it not for the skill and decision of two men
② it had not been for the skill and decision of two men
③ if it were not for the skill and decision of two men
④ if it had not been for the skill and decision of two men
⑤ as if it were not for the skill and decision of two men

7 다음 두 문장이 같은 뜻이 되도록 빈칸에 알맞은 것은?

> If it had not rained, we could have gone on a picnic.
> = It rained, so we _____ on a picnic.

① can go
② cannot go
③ could go
④ could not go
⑤ couldn't have gone

8 다음 중 어법상 어색한 문장은?

① He speaks as if he were sick.
② I wish I had finished the course that year.
③ But for his assistance, I couldn't have passed the exam.
④ If you had stayed up late last night, you would be sleepy now.
⑤ Were it not for his car, we couldn't have traveled far away.

9 다음 중 문장 전환이 잘못된 것은?

① I am sorry I didn't do my best.
  → I wish I had done my best.
② As he helped me, I am here now.
  → If he hadn't helped me, I wouldn't be here now.
③ I couldn't climb the mountain without his help.
  → If it were not for his help, I couldn't climb the mountain.
④ The boy watches TV a lot.
  → I wish he didn't watch TV a lot.
⑤ He worked hard, otherwise he would not have entered the university.
  → If he did not work hard, he would not have entered the university.

10 다음 대화의 빈칸 ⓐ, ⓑ에 들어갈 말이 바르게 짝지어진 것은?

> A : Ann, what about a game of tennis after lunch?
> B : I wish I ____ⓐ____, but I have to study for the final exam.
> A : You are talking ____ⓑ____ you were a very good student.
> B : Well, I'm not the person who I used to be.

	ⓐ		ⓑ
①	can play	········	unless
②	can play	········	although
③	could play	········	as if
④	could play	········	unless
⑤	could have played	········	as if

[11~12] 다음 밑줄 친 부분 중 어법상 어색한 것을 고르시오.

11 ① Without the rain, we <u>could go</u> on a hike.
② <u>Were I</u> young, I would read a lot of books.
③ But for your help, I <u>couldn't have finished</u> my homework.
④ If I <u>had studied</u> hard then, I would take many good chances now.
⑤ You should write it down, otherwise you <u>won't forget</u> it.

12 ① I acted as if I <u>had seen</u> him.
② I wish I <u>met</u> her now.
③ If you <u>did not break</u> your leg, you would be skiing here now.
④ She talks as if she <u>had been</u> in London when she was a child.
⑤ The koala <u>could not live</u> without a special tree, the eucalyptus tree.

13 다음 밑줄 친 부분과 같은 의미를 지닌 것은?

> I miss her so much. I wish she were here now. <u>Without my parents' objection</u>, I would marry her. Then both she and I would live a happy life.

① If my parents don't object to us
② If my parents didn't object to us
③ If we don't object to my parents
④ If we didn't object to my parents
⑤ If it isn't for my parents' objection

[14~15] 다음 문장에서 어법상 틀린 부분을 바르게 고쳐 문장을 다시 쓰시오.

14

> He will be in trouble in the mountain if we find him.

→ _____

15

> I wished he does not mention my English grade.

→ _____

16 다음 문장과 의미가 같은 것은?

> Without air, human beings would have died long ago.

① If it were not for air, human beings would have died long ago.
② Because there was no air, human beings died long ago.
③ Because there is no air, human beings will live.
④ If it were not for air, human beings would die long ago.
⑤ If there had been no air, human beings would have died long ago.

17 다음 빈칸에 들어갈 말로 가장 알맞은 것은?

> He could not have gotten the job _____ for his friend's help.

① were it not   ② without
③ it were not   ④ if there had been
⑤ but

18 다음 중 문장 전환이 <u>잘못된</u> 것은?

① I am sorry that I don't have a house.
   → I wish I had a house.
② Your friend asked too many questions.
   → I wish your friend hadn't asked too many questions.
③ If it were not for water, we couldn't survive.
   → Without water, we couldn't survive.
④ He speaks like an American, but he is not an American.
   → He speaks as if he were an American.
⑤ He didn't help us very much.
   → I wish he helped us very much.

19 다음 우리말에 맞도록 빈칸에 알맞은 말을 쓰시오.

> 내가 그를 도와줄 방법을 알면 좋을 텐데.
> I _____ I _____ how to help him.

20 다음 두 문장이 같은 뜻이 되도록 빈칸에 알맞은 말을 쓰시오.

> We made too many mistakes in English composition.
> = I wish we _____ so many mistakes in English composition.

1 다음 글의 빈칸에 들어갈 가장 알맞은 것을 고르시오.

Dad brought Mom home early from work. Suddenly she went straight to her room without talking to anyone. Then he left. I wished I _____ what had happened to them.

① knew
② was known
③ have known
④ had known
⑤ would have known

2 다음 글의 밑줄 친 ⓐ, ⓑ, ⓒ에 들어갈 말이 바르게 짝지어진 것을 고르시오.

Oil is a benefit to mankind. ⓐ With / Without it, modern civilization could not be maintained. But oil causes great problems. Tanker collisions and recent storage-tank spills have shown the serious danger ⓑ marining / to marine life and human health. Oil refineries have caused much water pollution. But for the possibility of the outbreak of fire, people living around airports ⓒ would not oppose / would have not opposed the building of oil pipelines for fueling the airplanes.

	ⓐ	ⓑ	ⓒ
①	With	to marine	would not oppose
②	Without	to marine	would not oppose
③	Without	to marine	would have not opposed
④	Without	marining	would not oppose
⑤	With	marining	would have not opposed

3 다음 글의 밑줄 친 부분 중 어법상 어색한 것을 고르시오.

Last summer I ① visited my grandparents. I saw many new and interesting things but one of the most unusual things I saw ② was an armadillo. The animal had a pointed snout and rabbitlike ears, but strangest of all, it looked as if it ③ was covered in armor. Without its ears, I ④ would have taken it for a turtle. I wished my friends ⑤ could have seen armadillo.

1　다음 대화의 밑줄 친 부분 중 어법상 어색한 것을 고르시오.

> A : It's wonderful to get away from the city! I wish I ① live in here.
>   It's so much quieter and more peaceful than the city.
> B : But I wish there ② were some stores. And I wish some nightclubs ③ were.
> A : I know the countryside ④ isn't as exciting as the city, and I know it isn't as
>   convenient. But it's so much more relaxing here. It's much cleaner, too.
> B : I wish I ⑤ breathed this clean air in the city, too.

2　다음 대화의 빈칸에 들어갈 말로 가장 알맞은 것을 고르시오.

> A : Can you come with me?
> B : Sorry, I can't. I have an appointment with my friend.
> A : Oh, I wish you _____ with me!
> B : Maybe next time.

① come
② comes
③ came
④ has come
⑤ could have come

3　다음 대화의 밑줄 친 부분 중 어법상 어색한 것을 고르시오.

> A : How was your trip to Hawaii?
> B : It ① was perfect except for the plane ride back home.
> A : Why? Was there anything wrong with the flight?
> B : No, the flight was fine. But I wish the flight attendants ② were polite then.
>   They served as if they ③ were owners. And if they ④ had given me a good
>   service, I ⑤ would feel better now.

✌ ✌ ✌

We need to accept all chance – welcome or
unwelcome – with the understanding
that nothing comes to stay, but only to pass.
And because two things can never occupy
the same space at the same time,
one change makes way for the next,
giving us the opportunity to grow.

- Vivian Buchan

✌ ✌ ✌

변화는 이 우주에서 가장 변함없는 것이다.

우리는 반가워하든 그렇지 않든 간에 모든 변화를 받아들일 필요가 있다.

어떤 것도 우리에게 찾아와 머무르지 않고, '다만' 지나간다는 것을 믿으며,

그리고 두 가지 일들이 같은 시간 같은 공간에서 일어날 수는 없으므로,

하나의 변화는 다음 변화를 위해 길을 만들어 주고 우리에게는 성장할 기회를 준다.

— 비비언 부컨(미국의 저술가)

changeless 변하지 않는   universe 우주   unwelcome 환영하지 못하는, 인기 없는   occupy ~을 차지하다, 점령하다

space 공간   at the same time 동시에   opportunity 기회

길고 짧은 것은 대 봐야 아는 것

Grammar

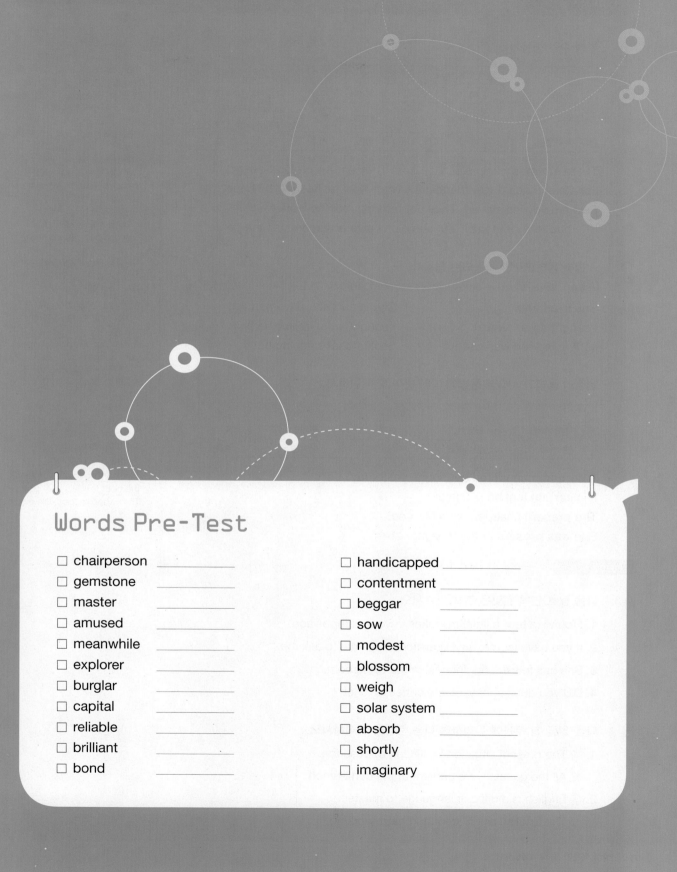

Words Pre-Test

- ☐ chairperson _____
- ☐ gemstone _____
- ☐ master _____
- ☐ amused _____
- ☐ meanwhile _____
- ☐ explorer _____
- ☐ burglar _____
- ☐ capital _____
- ☐ reliable _____
- ☐ brilliant _____
- ☐ bond _____

- ☐ handicapped _____
- ☐ contentment _____
- ☐ beggar _____
- ☐ sow _____
- ☐ modest _____
- ☐ blossom _____
- ☐ weigh _____
- ☐ solar system _____
- ☐ absorb _____
- ☐ shortly _____
- ☐ imaginary _____

Unit 23 중요한 형용사의 역할

1 부정 수량 형용사

	셀 수 있는 명사	셀 수 없는 명사	수 또는 양(모두)
많은	many	much	a lot of, lots of
몇몇의, 약간의	a few	a little	some(긍정문) any(부정문, 의문문, 조건문)
거의 없는	few	little	

There are **many** animals in the zoo. They eat **much** food everyday.
Jonathan made **a few** friends this year. Now he has **a little** hope.
Few employees stayed. They got **little** pay for the work.
She had **lots of** money. But she didn't give **any** money to the poor.

2 서술적 용법으로만 사용되는 형용사

asleep, alive, afraid, alone, aware, ashamed, alike 등 (주로 접두사 a-가 붙은 형용사)

She is **asleep**. (○)　　　　　 She is an **asleep** woman. (×)
I caught a lion **alive**. (○)　　　I caught an **alive** lion. (×)
cf. A <u>living</u> lion was caught.　Look at that <u>sleeping</u> baby.

3 한정적 용법과 서술적 용법에 따라 뜻이 다른 형용사

	sorry	certain	present	late
한정적(수식)	불쌍한	어떤	현재의	죽은
서술적(보어)	미안한, 유감인	확실한	출석한	늦은

A **certain** man visited her house yesterday.
It is **certain** that he is a thief.
The **present** chairperson is Mr. Lee.
She was **present** at the meeting.

> * several과 enough
> several : a few보다는 많고 many보다는 적은 수를 나타낼 때
> enough : 형용사 일 때 명사의 앞, 뒤 둘 다 올 수 있고, 부사일 때는 형용사/동사/부사의 뒤에서 수식
>
> * 의문문에서 some과 긍정문에서 any
> – 의문문에서 some : 긍정의 대답을 예상할 수 있는 권유의문문
> Would you take some advice?
> – 긍정문에서 any : '어떤 ～도'의 의미로 사용되는 경우
> You can call me any time.
>
> * 서술적 용법으로만 쓰이는 형용사가 명사를 수식할 경우는 명사 뒤에서 수식한다.
> All fish asleep stay still.
> (잠자는 물고기는 모두 가만히 있는다.)
> A few people <u>alive</u> suffered from hunger.
> (살아남은 몇몇 사람들은 굶주림으로 고통받았다.)
>
> * the+형용사 = 복수 보통명사
> the dead (= dead people)
> the poor
> the homeless
> the handicapped
> <u>The rich</u> should not ignore <u>the poor</u>.
> The young <u>respect</u> the old.

Check-up

A 다음 괄호 안에 알맞은 것을 고르시오.

1. I found (a few, a little) mistakes in your composition.

2. If you have (some, any) questions, feel free to ask me.

3. She has few (friend, friends) in her classroom.

4. Did you drink (many, much) coffee at lunch?

B 다음 밑줄 친 부분에 유의하여 다음 문장을 해석하시오.

1. ⓐ The <u>present</u> situation is difficult to describe.

   ⓑ All the guests were <u>present</u> at the conference.

2. ⓐ <u>English</u> is a difficult language to master.

   ⓑ <u>The English</u> are diligent and hard-working.

Unit 24 중요한 부사의 역할

1 already, yet, still

already	[긍정문] 이미, 벌써	[의문문] (놀람) 벌써
yet	[의문문] 이미, 벌써	[부정문] 아직
still	[긍정문, 부정문, 의문문] 아직도, 여전히	

I've **already** finished doing my homework.
He is not ready to sing a song **yet**.
Jeremy is **still** at work.　　　　Is it **still** raining outside?

2 ago, before, since

ago	～전에	앞에 기간이 있고, 과거 시제와 함께
before	～전에	앞에 기간이 있을 경우 과거완료 시제와 함께
		앞에 기간이 없을 경우 현재완료, 과거, 과거완료 시제와 함께
since	～이래로 계속	주로 현재완료 시제와 함께

I met my boyfriend a few hours **ago**.
She had eaten her lunch an hour **before**.
I think I have seen the guy **before**.
We haven't seen each other **since** last year.

3 so, such

so	매우	주로 명사가 없는 형용사 또는 부사를 강조
such	매우	명사와 함께 쓰이는 형용사를 강조 〈such+a(n)+형용사+명사〉

This car is **so expensive**.　　　　It is **such an expensive** car.

주의: 현대 영어에서 〈so+형용사+a(n)+명사〉의 어순은 쓰지 않는다.
It is so expensive a car. (×)

---

* -ly가 붙어 뜻이 달라지는 부사

형용사	부사
hard 어려운	hardly 거의 ～않다
near 가까운	nearly 거의, 대략
late 늦은	lately 요즈음
high 높은	highly 매우
short 짧은	shortly 곧, 이윽고
most 가장 많은	mostly 대개는

* 형용사와 부사의 형태가 같은 단어
: early, fast, high, late, long, low, near, right, wrong 등
He runs <u>fast</u>. (부사)
He is a <u>fast</u> runner. (형용사)

* 주의해야 할 단어 well
: 부사일 경우 '잘, 훌륭하게'의 뜻이고, 형용사일 경우 '건강한'의 뜻
Police dogs are <u>well</u> trained.
Obviously, the panda does not feel <u>well</u>.

Check-up

A 다음 괄호 안에 알맞은 것을 고르시오.

1. He has (already, still, yet) solved the problems.

2. He went to his shop an hour (since, ago, before).

3. She had (so, such) a good time yesterday.

4. She said that she had seen him three days (ago, before).

B 다음 빈칸에 들어갈 알맞은 단어를 〈보기〉에서 골라 쓰시오.

보기	hardly	lately	mostly	highly

1. He has _____ any sense of humor.

2. To see him play, I was _____ amused.

3. _____, I've had terrible nightmares.

4. The readers of this book are _____ students.

1 다음 괄호 안에 알맞은 것을 고르시오.

(1) He walked home (slow, slowly).
(2) James seems (sure, surely) that he is right.
(3) Walk (quick, quickly) to the nearest door.
(4) The child has a (bad, badly) cold.
(5) Science is a (real, really) interesting subject.

[2~3] 다음 우리말에 맞도록 빈칸에 알맞은 말을 쓰시오.

2
태권도가 미국에서 그렇게 인기있는 것에 놀랐다.
I'm surprised that taekwondo is _____
popular in America.

3
나는 6년 전에 한국에 왔다.
I came to Korea six years _____.

4 다음 우리말에 맞도록 괄호 안의 단어들을 배열하시오.

그 아이는 자기 집 근처에 있는 학교에 갔다.
(near, to, his house, went, school).
The child _____.

5 다음 대화의 빈칸에 공통으로 들어갈 말로 가장 알맞은 것은?

A : Winter vacation is coming soon. Do
   you have _____ special plans?
B : So far I don't have _____ plans.

① much   ② little
③ a little   ④ some
⑤ any

6 다음 빈칸 ⓐ, ⓑ에 들어갈 말이 바르게 짝지어진 것은?

• She married in her ___ⓐ___ thirties.
• He didn't come for a ___ⓑ___ reason.

ⓐ	ⓑ	ⓐ	ⓑ
① late ┈┈ little		② lately ┈┈ little	
③ late ┈┈ certain		④ lately ┈┈ certain	
⑤ late ┈┈ few			

7 다음 글의 밑줄 친 부분을 해석하시오.

Most Americans seldom take a bath. They
wash under the shower. Meanwhile, the
English usually take a bath.

8 다음 밑줄 친 부분 중 어법상 어색한 것은?

① Let's meet near the big statue in the park.
② He is so fat that he can't run fast.
③ The young respects the old in Korea.
④ Simon can lift anything. He is very strong.
⑤ I'm not ready. Can you wait a few minutes?

[9~10] 다음 빈칸에 가장 알맞은 것을 고르시오.

9
Lauren doesn't have _____ clothes.

① much   ② many
③ no   ④ some
⑤ little

10
Nick's apartment is almost empty. He has
very _____ furniture.

① a few   ② many
③ few   ④ little
⑤ any

Unit 25 원급, 비교급을 사용한 다양한 비교 표현

1 배수사를 이용한 비교

A 배수사+as 원급 as B : A는 B의 ~배로 …하다
= A 배수사+비교급 than B : A는 B보다 ~배 더 …하다

This box is four times **bigger than** that one.
= This box is four times **as big as** that one.

> * 배수사에는 half, twice, double, 기수, ~ times 등이 있다.

2 비교급 앞에 **the**가 붙는 경우

1) the+비교급 ~, the+비교급 … : ~하면 할수록, 더욱 …하다
The harder I study English, **the more difficult** it becomes.

2) 비교급 앞 혹은 뒤에 of the two, A and B가 있을 때
Of the two, he chose **the more expensive** one.
Of gold and silver, the former is **the more precious**.

3) (all) the 비교급+for/because ~ : ~ 때문에 더욱 더 …한
I like him **all the better** because of his frankness.
She didn't lose popularity **none the less** for her faults.

> * 라틴어 형용사(superior, inferior, prior, junior 등)의 다음에는 than 대신 to를 쓴다.
> Wooden bridges are inferior to concrete bridges.

3 혼동하기 쉬운 비교 표현

1) more B than A = B rather than A = not so much A as B
: A라기 보다는 오히려 B이다
He is **more intelligent than clever**.
= He is **rather intelligent than clever**.
= He is **not so much clever as intelligent**.

2) no longer/more ~ = not ~ any longer/more : 더 이상 ~않는
I **no longer** trust him. = I do **not** trust him **any longer**.

3) A is no more ~ than B is (~) : A가 ~가 아닌 것은 B가 ~가 아닌 것과 같다
A whale is **no more** a fish **than** a horse is.

> * 원급을 사용한 기타 관용표현
> 1. as long as : ~하는 한, ~하는 동안
> 2. as far as : ~하는 한
> 3. as 원급 as possible
>   = as 원급 as one can
>   : 가능한 한 ~하게

> * 비교급을 사용한 기타 관용표현
> 1. no more than : 불과, 겨우 (= only)
> 2. no less than : ~만큼이나 (= as many[much] as)
> 3. not more than : 기껏해야 (= at most)
> 4. not less than : 적어도 (= at least)
> 5. no better than : ~나 다름없는 (= as good as)
> 6. 비교급+비교급 : 점점 더, 더욱 더

Check-up

A 다음 괄호 안에 알맞은 것을 고르시오.

1. The darker it grew, (more, the) colder it became.
2. I feel all (better, the better) for a hot bath.
3. This street is half (as, so) broad as that one.
4. He is (younger, the younger) of the two.
5. She is junior (to, than) me by five years.

B 다음 두 문장이 같은 뜻이 되도록 빈칸에 알맞은 말을 쓰시오.

1. Petrol is not a cheap fuel any longer. = Petrol is _____ a cheap fuel.
2. Your bag is three times as heavy as mine. = Your bag is three times _____ mine.
3. He is more an explorer than a traveler. = He is not so much _____ as _____.
4. The burglar ran away as fast as possible. = The burglar ran away as fast as _____.

Unit 26 다양한 최상급 표현

1 최상급을 이용한 다양한 표현

1) one of the+**최상급**+**복수명사**(+**단수동사**) : 가장 ~한 … 중에 하나
This is **one of the oldest buildings** in Korea.

2) the+**최상급**+**명사**+(that)+**주어**+**현재완료** : 지금까지 ~한 중에서 가장 …한
She is **the most beautiful woman that I have ever seen**.

3) the+**서수**+**최상급** : ~번째로 가장 …한
That apartment is **the second oldest** in Seoul.
= That apartment is **the oldest but one** in Seoul.

2 원급과 비교급을 사용한 최상급의 의미

1) **부정주어** ~ as[so] **원급** as : 어떤 사물[사람]도 ~만큼 …하지 않다
No other city in Korea is **as[so] large as** Seoul.

2) as **원급** as any+**명사** : 어느 ~에도 못지않게 …한
He runs **as fast as any boy** in his class.

3) **부정주어** ~ **비교급** than : 어떤 사물[사람]도 ~보다 더 …하지 않다
Nobody can repair cars **better than** my father.

4) **비교급** than any other+**단수명사** : 다른 어떤 ~보다 더 …한
Bill Gates is **richer than any other man** in the world.

5) **비교급** than all the (other)+**복수명사** : 다른 모든 ~보다 더 …한
Diamonds are **more valuable than all the (other) gemstones**.

6) **비교급** than anything/anyone else : 다른 무엇[누구]보다 더 ~한
To me, my family is **more precious than anything else**.

> * 원급 강조 부사 : very (매우)
> 비교급 강조 부사 : much, even, far, still, a lot 등 (훨씬)
> 최상급 강조 부사 : much, by far, the very 등 (정말)
> He is very funny.
> He is a lot funnier than she is.
> He is by far the funniest man.
>
> * 부정주어로는 no+단수명사, nothing, nobody 등이 올 수 있다.
>
> * 최상급 관용표현
> at last : 마침내, 결국
> at (the) best : 기껏해야
> at (the) most : 많아야
> at (the) least : 적어도

Check-up

A 다음 괄호 안에 알맞은 것을 고르시오.

1. No other boy is as careful (as, so) Peter.

2. Nothing cures a headache (faster, the faster) than aspirin.

3. Moscow is colder than any other (capital, capitals) in Europe.

4. She works as hard as any (employee, employees) in her company.

B 다음 괄호 안의 주어진 말을 사용하여 빈칸에 알맞은 말을 쓰시오.

1. 부산은 한국에서 두 번째로 가장 큰 도시이다. (large)
   Busan is the second _____ city in Korea.

2. 그는 내가 만난 사람들 중에서 가장 부자다. (rich)
   He is _____ man that I have ever seen.

3. 그녀는 자기 나라에서 다른 어떤 여자보다도 더 아름답다. (beautiful)
   She is _____ any other woman in her country.

1 다음 빈칸에 가장 알맞은 것은?

> I have never made such a bad mistake.
> It's _____ mistake I've ever made.

① bad   ② worse
③ the worse   ④ a worst
⑤ the worst

2 다음 우리말에 맞도록 대화의 빈칸에 알맞은 말을 쓰시오.

> A : Do you like science, don't you?
> B : Of course, I do. But there is nothing I
>   like _____ than music.
>   (하지만, 음악보다 더 좋아하는 것은 없어.)
> A : That's surprising.

[3~4] 다음 우리말에 맞도록 틀린 부분을 찾아 바르게 고쳐 쓰시오.

3

> 그는 적어도 90마리의 개를 가지고 있다.
> He has not more than ninety dogs.

_____ → _____

4

> 그녀는 겨우 5달러밖에 없다.
> She has no less than 5 dollars.

_____ → _____

5 다음 두 문장의 뜻이 같도록 빈칸에 알맞은 말을 쓰시오.

> Oscar is the most reliable person in his company.
> = No (other) person in his company is _____ Oscar is.

6 다음 중 어법상 어색한 문장은?

① I think Betty is the prettier of the two.
② She is one of the greatest architect in the world.
③ No boy in his class is taller than him.
④ His snowman was twice as tall as mine.
⑤ The faster they tried to finish it, the more mistakes they made.

7 다음 두 문장의 뜻이 같도록 빈칸에 들어갈 말로 가장 알맞은 것은?

> He saved as much as ten thousand dollars.
> = He saved _____ ten thousand dollars.

① not more than   ② not less than
③ no more than   ④ no less than
⑤ no better than

[8~9] 다음 우리말에 맞도록 빈칸에 알맞은 말을 쓰시오.

8

> 나는 보통 내 남편보다 세 배나 더 바쁘다.
> I am usually _____ than my husband is.

9

> 그 소년은 가능한 한 높이 점프를 했다.
> The boy jumped _____.

10 다음 우리말에 맞도록 괄호 안에 주어진 단어들을 알맞게 배열해 다시 쓰시오.

> 사랑은 다른 어떤 것보다도 더 중요하다.
> (than, anything, important, love, else, more, is).

→ _____

1 다음 우리말과 같은 뜻이 되도록 빈칸에 들어갈 알맞은 것은?

> 이 로봇은 여러 가지 움직임에서 다른 로봇들보다 우수하다.
> This robot is _____ other robots in several movements.

① inferior to   ② superior to
③ more inferior to   ④ more superior to
⑤ more superior than

2 우리말과 같은 뜻이 되도록 괄호 안의 단어를 활용하여 빈칸에 알맞은 말을 쓰시오.

> George Winston은 뉴에이지 장르에서 아주 훌륭한 피아니스트이다. (such, brilliant)
> → George Winston is _____
> in the new age genre.

3 다음 밑줄 친 문장과 의미가 <u>다른</u> 것은?

> The parent-child bond is holy, and every effort should be made to respect and help that tie. Parents are best to care for their own children, especially very young children. <u>Time with parents is the best system.</u>

① Time with parents is as good as any system.
② No other system is better than time with parents.
③ No other system is so good as time with parents.
④ Time with parents is better than any other systems.
⑤ Time with parents is better than all the other systems.

4 다음 중 어법상 올바른 문장은?

① He prefers TV and movie than books.
② I want a box twice as large than this.
③ The calmer you are, the better you can act.
④ This ship is the three times larger than that one.
⑤ Mt. Kilimanjaro is one of the highest mountain in the world.

[5~6] 다음 대화의 밑줄 친 부분 중 어법상 <u>어색한</u> 것을 고르시오.

5

> A : I should get an alarm clock. Look here. It's a miniature car clock.
> B : That clock is for kids. I think that round clock is ① better.
> A : But that alarm clock comes with a radio. I don't need a radio.
> B : Hey! Look at this one. It's ② decorated with flowers. It's so cute. Buy this one.
> A : This ③ melon-shaped clock? Wow! It's really expensive. I want a clock, not a ④ decorative piece.
> B : OK. I think you should buy this square clock. It's ⑤ very cheaper.

6

> A : Hello, may I help you?
> B : Oh, please. Do you ① carry mobile phones?
> A : We ② sure do. It's our ③ hottest item right now. Which brand do you prefer?
> B : I don't really care, ④ such long as it's inexpensive. And are you ⑤ having a sale right now?

7 다음 중 어법상 어색한 문장은?

① Could you show me very smaller clothes?
② You're not half as clever as you think you are.
③ This is the most moving music I've ever heard.
④ The more I tried to lose weight, the more weight I put on.
⑤ He kicks, and the ball flies farther than anyone has kicked it.

8 다음 우리말을 영어로 옮길 때 어법상 어색한 것은?

> Michael은 우리 반에서 가장 키가 크다.

① Michael is the tallest student in our class.
② Michael is as taller as any student in our class.
③ No other student is as tall as Michael in our class.
④ Michael is taller than any other student in our class.
⑤ Michael is taller than all the other students in our class.

9 다음 두 문장을 밑줄 친 부분에 유의하여 해석하시오.

> (1) My <u>late</u> grandfather was very fond of his pet dogs.
> → _____
>
> (2) She needs a <u>certain</u> amount of sugar with her coffee.
> → _____

10 다음 문장에서 틀린 부분을 찾아 어법에 맞게 고쳐 쓰시오.

> In many places, the handicapped gets discounted prices.

_____ → _____

11 다음 두 문장의 뜻이 같도록 빈칸에 알맞은 것은?

> Happiness lies not so much in richness as in contentment.
> = Happiness lies in contentment _____ than in richness.

① more   ② still
③ less   ④ rather
⑤ better

[12~13] 다음 글의 밑줄 친 부분 중 어법상 어색한 것을 고르시오.

12

> The early summer days on a farm are the happiest ① <u>day</u> of the year. Lilacs bloom and ② <u>make</u> the air sweet, and then ③ <u>fade</u>. Apple blossoms come ④ <u>with the lilacs</u>, and the bees visit ⑤ <u>around</u> among the apple trees.

13

> Many people believe ① <u>that</u> the elephant has a long life. They think that ② <u>the larger</u> the animal is, ③ <u>the more long</u> its life span is. But other people ④ <u>believe</u> that the turtle lives twice longer ⑤ <u>than</u> the elephant.

14 다음 주어진 우리말에 맞도록 괄호 안에 주어진 단어들을 바르게 배열한 것은?

그 산을 오르는 것은 예상했던 것보다 훨씬 더 어려웠다.
Climbing the mountain was (than, more, expected, difficult, still).

① still than expected more difficult
② still more difficult than expected
③ than difficult still more expected
④ still more expected than difficult
⑤ still difficult more than expected

15 다음 중 문장 전환이 잘못된 것은?

① She is the prettiest girl in her school.
  → She is prettier than any other girls in her school.
② This ocean is bigger than all the other oceans in the world.
  → No other ocean in the world as big as this ocean.
③ As we have more, we want to have more.
  → The more we have, the more we want to have.
④ The man at the desk was no longer a human being.
  → The man at the desk was not a human being any longer.
⑤ The boy is no better than a beggar.
  → The boy is as good as a beggar.

16 다음 주어진 우리말에 맞도록 빈칸에 공통으로 들어갈 말을 쓰시오.

우리가 씨를 적게 뿌리면 뿌릴수록, 더 적은 식물을 얻게 될 것이다.
_____ seeds we sow, _____ plants we will get.

17 다음 중 어법상 올바른 문장은?

① Please take bigger of these two pieces of pie.
② My mother works harder than all the other person I know.
③ The more learned a man is, the more modest he usually is.
④ During a game, our coach screamed more louder than anyone else.
⑤ She was superior than the other students in her class.

[18~19] 우리말과 참조하여 다음에서 틀린 부분을 바르게 고쳐 문장을 다시 쓰시오.

18

비행기가 높이 날수록, 우리는 더 넓게 볼 수 있다.
Higher the plane flies, wider we can see.

→ _____

19

점점 더 많은 사람들이 그 대회에 모여들고 있다.
More and most people are gathering at the contest.

→ _____

20 다음 우리말에 맞도록 빈칸에 알맞은 말을 쓰시오.

나는 아직 이 책을 다 읽지 못했다.
I have _____ finished reading this book _____.

1 다음 우리말에 맞도록 빈칸에 들어갈 가장 알맞은 것을 고르시오.

Because our main dish is rice, Koreans eat rice for almost every meal. Some of my friends like western foods, but I like rice _____. (다른 어떤 음식보다 밥을 더 좋아한다.) It's much better for my health, and most of all, it tastes good!

① best any of food
② the best some foods
③ the best than other food
④ better than any other food
⑤ better than any other foods

2 다음 글의 밑줄 친 ⓐ, ⓑ, ⓒ에 들어갈 말이 바르게 짝지어진 것을 고르시오.

There are only two animals that have larger brains than human beings: the whale and the elephant. Yet, in proportion to body size, ⓐ any brain / no brain is larger than a person's brain. An average human brain weighs about 1.4 kilograms, and the weight of the whole body is only about 40 times ⓑ the most / more than that of his brain. The whale's body, on the other hand, is thousands of times heavier than its brain, while the elephant's body is about 500 times ⓒ as heavy as / much heavier its brain.

	ⓐ	ⓑ	ⓒ
①	any brain	more than	as heavy as
②	no brain	more than	much heavier
③	no brain	the most	as heavy as
④	no brain	more than	as heavy as
⑤	any brain	the most	much heavier

3 다음 글의 밑줄 친 부분 중 어법상 어색한 것을 고르시오.

Venus is the goddess of love and beauty. The planet is so named probably because it is ① the brightest of the planets known to the ancients. Venus is ② the second-closest planet to the Sun, and it is one of ③ the hottest planet in the solar system. Because it is surrounded by thick layers of clouds, it absorbs ④ twice as much of the Sun's light as Earth. It is ⑤ the brightest natural object in the night sky, except for the Moon. Venus reaches its maximum brightness shortly before sunrise or shortly after sunset, for which reason it is often called the *Morning Star* or the *Evening Star*.

1 다음 대화의 빈칸에 들어갈 말로 가장 알맞은 것을 고르시오.

> A : Do you think Mars is larger than Earth?
> B : Yes, I think so.
> A : You're wrong. The Earth is twice _____ Mars.

① as large as
② so large as
③ the largest
④ more large than
⑤ much larger to

2 다음 대화의 밑줄 친 부분 중 어법상 어색한 것을 고르시오.

> A : Have you ever heard of Paul Bunyan?
> B : Paul Bunyan? Isn't it the mythological giant man in American folk tale?
> A : That's right. Can you tell me ① more about him?
> B : Well, it has been said that ② no one was bigger and stronger ③ as him.
>   He could cut down ④ more trees than 100 men could.
> A : That's unbelievable. Anyway, he's just an ⑤ imaginary person.

3 다음 대화의 빈칸에 들어갈 말로 가장 알맞은 것을 고르시오.

> A : Your habit is _____ mine. You can't sit still, either.
>   Your eyes are always moving. Your hands keep moving, too.
> B : Well, that's true. I'm not denying it, but I can easily stop it, I swear.

① not more than
② not less than
③ no more than
④ no less than
⑤ no better than

Don't keep forever on the public road,
going only where others have gone.
Leave the beaten track occasionally and dive into
the woods. You will be certain to find something
you have never seen before.
It will be a little thing, but do not ignore it.
Follow it up, explore all around it;
one discovery will lead to another,
and before you know it
You will have something worth thinking about.

-Alexander Graham Bell

언제나 공로에 머무르며, 남들이 간 곳만 가지 마라.

가끔 사람들이 많이 다닌 길을 떠나 숲속으로 뛰어들어가 보라.

그러면 틀림없이 전에 한 번도 본 적이 없는 무엇을 발견할 것이다.

그것이 작은 것일지라도 무시하지 말라.

끝까지 그것을 따라가서, 그 주위에 있는 모든 것을 자세히 살펴보라.

한 가지 발견은 또 하나의 발견을 가져올 테고,

자기도 모르는 사이에 생각해 볼 만한 가치가 있는 무엇을 갖게 될 것이다.

―알렉산더 그레이엄 벨(미국의 전화 발명자)

beaten 밟아 다져진, 잘 알고 있는   track 선로, 길   occasionally 때때로   dive into ~에 뛰어들다   woods 숲, 삼림
ignore 무시하다   follow up ~을 끝까지 좇다   explore 탐험하다   discovery 발견   worth ~ing ~할 가치가 있는

Chapter 9

수와 시제 일치와
남의 말을 전달하는 방법

Grammar

Words Pre-Test

- [ ] sabbatical _____
- [ ] surface _____
- [ ] automobile _____
- [ ] boil _____
- [ ] consult _____
- [ ] electricity _____
- [ ] dull _____
- [ ] recycle _____
- [ ] evaporate _____
- [ ] decrease _____
- [ ] maintain _____

- [ ] formerly _____
- [ ] waste _____
- [ ] difference _____
- [ ] valuable _____
- [ ] absent _____
- [ ] vet _____
- [ ] approach _____
- [ ] permit _____
- [ ] scrub _____
- [ ] shove _____
- [ ] vibration _____

Unit 27 수의 일치

1 등위접속사 and로 연결된 경우

1) 여러 개의 개념일 경우 복수동사

He and I **sing** together.

Both she and I **were** in the theater.

2) 하나(한 가지 물건, 동일인)의 개념일 경우 단수동사

Curry and rice **is** my favorite dish.

The great scholar and critic **is** having his sabbatical term.

2 동사와 가까운 명사에 수를 일치시키는 경우

Tom or I **have** to tell her about it.

Either you or he **has** to go there.

Neither he nor I **am** in danger.

It is not you but he that **is** in the wrong.

Not only you but (also) he **is** afraid of the dog.

= He as well as you **is** afraid of the dog.

3 〈부분사 of 명사〉의 경우 : of 뒤의 명사에 동사의 수 일치

부분사: 분수, 서수, all, part, portion, percent, most, half, the rest 등

Two-thirds of my books **are** novels.

Three-fourths of the earth's surface **is** water.

4 무조건 단수 취급하는 경우 : every, each가 수식하는 경우, a total of 명사

Every boy and girl **is** to study hard.

A total of 500 boys **is** in the school.

---

* a number of 복수명사+복수동사
the number of 복수명사+단수동사
A number of cars <u>are</u> made in this factory.
The number of used cars <u>is</u> increasing.

* 기타 주의해야 할 수의 일치
1. 추상적인 개념을 and로 연결한 경우에는 단수동사를 쓴다.
To know English and to teach English <u>is</u> quite different.
2. 관계대명사절의 수식을 받는 경우 선행사가 무엇인지 파악해야 한다.
She is one of the greatest scholars that <u>are</u> living in Korea.
3. 〈the+형용사〉(~한 사람들)는 복수 취급한다.
The homeless <u>suffer</u> from the heat in summer.

* -s로 끝나는 학과명 physics, politics, economics, ethics, mathematics 등은 단수 취급한다.

Check-up

A 다음 괄호 안에 알맞은 것을 고르시오.

1. He and I (am, are) very much of an age.

2. Not only you but also I (am, are) a student.

3. You or Jack (is, are) to write to the teacher.

4. Neither you nor he (is, are) responsible for this error.

5. A black and white cat (is, are) running after a brown dog.

6. A third of the houses of the town (was, were) burnt down.

7. Usually the English (is, are) humorous and kindly people.

8. To go to bed early and to get up early (make, makes) you healthy.

9. One of three automobile accidents (is, are) caused by teenage drivers.

10. The number of people who have participated (has, have) decreased dramatically.

Unit 28 시제의 일치

1 **주절의 동사가 현재일 때 :** 종속절의 시제는 현재/과거/미래/현재완료

I think that this picture **is / was / will be** very good.
They know that he **lives / lived / will live** in China.

2 **주절의 동사가 과거일 때 :** 종속절의 시제는 과거/과거완료

I thought that James **loved / had loved / would love** her.
She said that she **loved / had loved / would love** me.

주의 : 주절의 동사가 현재에서 과거로 바뀌면 종속절의 현재는 과거로, 과거는 과거완료로,
현재완료는 과거완료로 바뀐다.

I hear that you **will go** to Italy.
→ I heard that you **would go** to Italy.
I hear that you **have been** to Italy.
→ I heard that you **had been** to Italy.

3 **시제 일치의 예외**

1) 현재의 습관이나 반복적인 동작 : 주절의 시제와 관계없이 항상 현재 시제

She said that she **drinks** a glass of cold water every morning.

2) 불변의 진리나 격언 : 주절의 시제와 관계없이 항상 현재 시제

We believed that time **is** money.

3) 역사적 사실 : 주절의 시제와 관계없이 항상 과거 시제

Yesterday we were taught that the World War II **ended** in 1945.

4) 가정법 문장 : 주절 동사의 영향을 받지 않는다.

He said he **would write** to her if he **knew** her address.

> * 시간, 조건 부사절에서는 미래 시제는 현재 시제로 표현해야 한다. (단, 의미는 미래 의미이다.)
> If it rains tomorrow, we will put off our picnic.
>
> * 과거의 상태가 현재까지 지속되는 경우 종속절의 시제로 현재와 과거 모두 가능하다.
> - 현재도 요리사인 경우
> He said that he is a cook.
> He said that he was a cook.

Check-up

A 다음 괄호 안에 알맞은 것을 고르시오.

1. I was taught that water (boils, boiled) at 100℃.

2. He says that he (went, goes) to church on Sundays.

3. History teacher told us that Adolf Hitler (died, had died) in 1945.

4. Tom said that he would come here if he (has, had) time.

B 다음 문장을 〈보기〉와 같이 시제를 바꿔 쓰시오.

> 보기   I know that he is busy. → I knew that he was busy.

1. He says that he is very smart.   → He said that _____.

2. I think that she has been to London.   → I thought that _____.

3. My uncle says that time and tide waits for no man. → My uncle said that _____.

2. We believe that they will make a huge difference. → We believed that _____.

1 **직접화법** : 남이나 자신이 한 말을 인용부호를 이용해서 그대로 전달하는 방법

2 **간접화법** : 남이나 자신이 한 말을 인용부호 없이 말하는 사람의 입장에서 인칭과 시제를 바꾸어서 전달하는 방법

〈직접화법 → 간접화법 전환 규칙〉

	전달 동사	주절과 종속절의 연결	공통 요소
평서문	• say → say • say to → tell	• 접속사 that 사용 (생략 가능)	
의문문	• say (to) → ask	• 의문사 있는 경우 　→ 그대로 사용 • 의문사 없는 경우 　→ whether/if 사용 • 피전달문은 주어+동사 어순	• 인칭 : 전달자 입장에 맞춰 변경 • 시제 : 시제 일치의 규칙 따름 　(시제 일치의 예외 적용)
명령문	• 충고 → advise • 부탁, 요청 → ask • 명령 → order • 지시 → tell	• 긍정명령문 → to부정사 • 부정명령문 → not to부정사	

He said to Jane, "I am going to call you tomorrow."
→ He **told** Jane (**that**) he **was** going to call her the next day.
The policeman said to the girls, "Is this car yours?"
→ The policeman **asked** the girls if that car **was** theirs.
The doctor said to him, "Don't smoke."
→ The doctor **advised** him **not to** smoke.

* 직접화법에서 피전달문이 Let's로 시작하는 명령문인 경우에는 〈suggest/propose that we (should) 동사원형〉로 바꾼다.
He said, "Let's play soccer after school."
→ He suggested that we (should) play soccer after school.

* 직접화법에서 간접화법으로 전환할 때 바뀌는 단어/구문
this[these] → that[those]
now → then
here → there
ago → before
today → that day
tomorrow → the next day
yesterday → the day before
next → the following
last → the previous

Check-up

A 다음 직접화법 문장을 〈보기〉의 단어를 이용해 간접화법 문장으로 바꿔 쓰시오.

보기	say	tell	ask	advise

1. "I don't want to play soccer," said James. → _____

2. Nick said to me, "I want to play tennis." → _____

3. Jane said to us, "I had a great birthday party." → _____

4. Monica said to me, "You should go to the dentist." → _____

5. Mary said, "Will you come to my concert?" → _____

B 다음 간법화법 문장을 직접화법 문장으로 바꾸시오.

1. They asked when they could expect a reply. → _____

2. Mike told me that he liked sci-fi movies. → _____

3. He told me that I should consult the doctor that day. → _____

4. She advised her younger brother not to be late for school. → _____

5. George suggested that we should go back to school then. → _____

1 다음 두 문장의 뜻이 같도록 빈칸에 들어갈 말로 가장 알맞은 것은?

> Peter said, "Did I pass the exam?"
> = Peter asked whether he _____ the exam.

① pass
② passed
③ passing
④ have passed
⑤ had passed

2 다음 중 "Can I borrow your pen?" she said. 를 바르게 화법 전환한 것은?

① She told whether I could borrow your pen.
② She told whether she could borrow your pen.
③ She asked if she could borrow my pen.
④ She asked if I could borrow my pen.
⑤ She asked if she could borrow your pen.

3 다음 두 문장의 뜻이 같도록 빈칸에 알맞은 말을 쓰시오.

> "Who are you and what do you want?" he asked.
> = He asked _____ and _____.

[4~5] 다음 문장에서 어법상 틀린 것을 바르게 고쳐 쓰시오.

4

> One of the most effective ways to lose weight are to exercise as much as possible.

_____ → _____

5

> What is important in the world are to keep his promise.

_____ → _____

6 다음 밑줄 친 부분을 바르게 고친 것은?

> People believe that Columbus <u>find</u> the New World.

① finds
② found
③ will find
④ have found
⑤ had found

7 다음 중 어법상 어색한 것은?

① He wondered what he could do for her.
② A number of soldiers is entering our town.
③ She thought she would meet the man.
④ My teacher said that the sun rises in the east.
⑤ He or they have to come to help us.

8 다음 직접화법의 문장을 간접화법으로 바꿀 때, 빈칸에 들어갈 말을 쓰시오.

> Mom said to me, "Don't go near the stove."
> → Mom told _____ near the stove.

9 다음 우리말과 같은 뜻이 되도록 괄호 안에 주어진 단어를 배열하시오.

> 공부만 하고 놀지 않으면 바보가 된다.
> (a dull boy, makes, no play, and, Jack, all work).

→ _____

10 다음 문장의 화법을 바꾸어 쓰시오.

> The teacher said to us, "Do you think it is all right?"

→ _____

1 다음 두 문장의 뜻이 같도록 빈칸에 들어갈 말로 가장 알맞은 것은?

> She said to me, "Are you fond of traveling?"
> = She asked me _____.

① I was fond of traveling
② was I fond of traveling
③ if I was fond of traveling
④ if was I fond of traveling
⑤ if you were fond of traveling

[2~3] 다음 글의 빈칸 ⓐ, ⓑ에 들어갈 말이 바르게 짝지어진 것을 고르시오.

2

> What should we do to save our forests? I think that one of the best _____ⓐ_____ _____ⓑ_____ to recycle.

	ⓐ	ⓑ		ⓐ	ⓑ
①	way	is	②	ways	is
③	way	are	④	ways	are
⑤	way	was			

3

> Most of the earth's water _____ⓐ_____ salt water. In fact, only three percent of the earth's water _____ⓑ_____ fresh.

	ⓐ	ⓑ		ⓐ	ⓑ
①	is	is	②	is	are
③	are	is	④	are	are
⑤	was	was			

4 다음 중 어법상 올바른 문장은?

① These days the young is more interested in dancing.
② There is a black and white cat lying on the sofa.
③ Two third of the water in the cup have evaporated.
④ Galileo maintained that the earth moved around the sun.
⑤ The number of books in the library are decreasing every year.

5 다음에서 어법상 틀린 부분을 찾아 바르게 고쳐 쓰시오.

> Not you but I are making mistakes.

_____ → _____

6 다음 대화의 빈칸에 들어갈 말로 가장 알맞은 것은?

> A : Mom, there _____ a parking space over there.
> B : Yes. Thank you.

① is   ② are
③ have   ④ has
⑤ had

7 다음 밑줄 친 부분 중 어법상 어색한 것은?

> We ① have a student in class. Her name is Hana. She ② cannot hear well, ③ so someone ④ have to help her ⑤ at school.

8 다음 중 어법상 <u>어색한</u> 문장은?

① Either she or I am should go there.

② Half of the oranges sent by them were bad.

③ Nick said that he takes breakfast at 7 every morning.

④ The number of overweight children are increasing every year.

⑤ Formerly it was generally believed that the earth was flat.

9 다음 중 화법 전환이 <u>잘못된</u> 것은?

① I said to him, "What is in the safe?"
   → I asked him what was in the safe.

② She said to him, "Don't worry."
   → She told him not to worry.

③ He said to me, "Have you met my teacher?"
   → He asked me if I have met his teacher.

④ Emily said, "I am so tired."
   → Emily said that she was so tired.

⑤ She said to me, "How can I get to the bank?"
   → She asked me how she could get to the bank.

10 다음 중 어법상 올바른 문장은?

① She as well as I are busy now.

② We learned that Shakespeare had died in 1616.

③ Two-thirds of the students is present in class.

④ Lots of money has been wasted on this experiment.

⑤ Every students study hard to pass the entrance exam.

11 다음 두 문장이 같은 뜻이 되도록 빈칸 ⓐ, ⓑ, ⓒ에 들어갈 말이 바르게 짝지어진 것은?

> My mom said to me, "I will pick you up at seven."
> = My mom _____ ⓐ _____ me that _____ ⓑ _____ pick _____ ⓒ _____ up at seven.

	ⓐ	ⓑ	ⓒ
①	said	I would	you
②	said	she will	me
③	said	she would	me
④	told	I will	you
⑤	told	she would	me

[12~13] 다음 우리말에 맞도록 빈칸에 들어갈 알맞은 것을 고르시오.

12

> 지금은 그가 집을 떠난 지 10년이 지났다.
> Now ten years _____ since he left home.

① passed
② was passed
③ has passed
④ have passed
⑤ has been passed

13

> 우리는 한국전쟁이 1950년에 일어났다고 배웠다.
> We learned that Korean War _____ place in 1950.

① takes
② took
③ was taken
④ was taking
⑤ had taken

14 다음 두 문장이 같은 뜻이 되도록 빈칸 ⓐ, ⓑ에 들어갈 말이 바르게 짝지어진 것은?

> The boss said to me, "Don't get to work late."
> = The boss _____ⓐ_____ me _____ⓑ_____ get to work late.

	ⓐ		ⓑ
①	said to	········	not
②	said	········	not to
③	ordered to	········	not
④	ordered	········	not to
⑤	ordered	········	you don't

15 다음 글의 괄호 안에 알맞은 것을 고르시오.

> Being friends (do, does, did) not mean that you always must agree with each other. Honesty is important in a friendship. Good friends respect each others. They are able to accept differences. Lasting friendships (is, are, was, were) difficult but valuable.

16 다음 직접화법 문장을 간접화법 문장으로 바꿀 때, 빈칸에 가장 알맞은 것은?

> The teacher said to me, "Why were you absent yesterday?"
> → The teacher asked me _____.

① why you had been absent yesterday
② why you were absent the day before yesterday
③ why you had been absent the day before
④ why I was absent the day before yesterday
⑤ why I had been absent the day before

17 다음 두 문장이 같은 뜻이 되도록 빈칸에 가장 알맞은 것은?

> "Would you like to meet my friends?" he asked.
> = He asked if I _____ like to meet his friends.

① will   ② would
③ have will   ④ have would
⑤ had would

18 다음 직접화법 문장을 간접화법 문장으로 바꿀 때, 빈칸에 가장 알맞은 것은?

> Orson Wells, a famous American movie director and actor, said to the public, "I'm very sorry."
> → Orson Wells, a famous American movie director and actor, told the public that _____ very sorry.

① I am   ② I was
③ he is   ④ he was
⑤ he had been

[19~20] 다음 글의 밑줄 친 부분 중 어법상 어색한 것을 고르시오.

19

> If pets ① get sick, we have to take ② them to a vet. ③ For these ④ reasons, having no pets ⑤ are better.

20

> Nobody ① is perfect. Everybody ② have ③ some problems sometimes. It is glad ④ to give advice on your problem ⑤ to you.

Reading

1 다음 글의 밑줄 친 부분을 간접화법으로 알맞게 바꾼 것을 고르시오.

Last Friday Mr. Bean decided to take the afternoon off so he could get a haircut. He was walking down Main Street, in the direction of the barbershop, when a dirty, little man approached him. He said to Mr. Bean, "Will you give me some money?"

① He said to Mr. Bean that he will give him any money.
② He told Mr. Bean that he would give himself some money.
③ He asked Mr. Bean that he would give himself any money.
④ He asked to Mr. Bean if he would give him some money.
⑤ He said to Mr. Bean if he will give himself some money.

2 다음 글의 밑줄 친 ⓐ, ⓑ, ⓒ에 들어갈 말이 바르게 짝지어진 것을 고르시오.

I wanted to borrow a certain book from a friend of mine, Amy. However, she told me that she ⓐ always permits / never permits anyone to take her books from her house. And she said that If I ⓑ want / wanted to use this book, I was perfectly welcome to do so, but I had to use it only in her house. She then said, "I'm sorry, but it ⓒ is / was our house rule."

	ⓐ	ⓑ	ⓒ
①	never permits	wanted	is
②	always permits	wanted	is
③	always permits	want	was
④	never permits	wanted	was
⑤	always permits	want	is

3 다음 글의 밑줄 친 부분 중 어법상 어색한 것을 고르시오.

① Dad said that he was going to take the day off that day so he could take care of the housework. ② Mom said that she would take my baby brother for more checkups at the hospital. ③ I asked Dad if I could stay off so he could help. ④ Dad said smiling, "Yes, stay here, and you can take the old man's toilet out and scrub the floor around it." ⑤ I said, "I'll just go to school." And I shoved my lunch into my bag and headed out for school.

1 다음 대화의 밑줄 친 부분 중 어법상 어색한 것을 고르시오.

A : Wow! There ① is a lot of people here.
B : Yeah. Let's go in.
A : ② Aren't those waves too high?
B : No. Look at those people over there. They ③ are having fun with the waves.
A : Uh, let's go somewhere else.
B : What's wrong? ④ Is the water too cold for you?
A : No. Look at that ⑤ garbage. It is too dirty. I can't swim in this water.

2 다음 대화의 밑줄 친 부분 중 어법상 어색한 것을 고르시오.

A : Did you see our teacher's face? He ① was so upset.
B : I ② told you not to leave your cell phone on in class.
A : I didn't know he ③ will get that angry. Gee!
B : Then you'd better put your phone on vibration or ④ have it on silent mode.
A : I think I ⑤ should.

3 다음 대화의 밑줄 친 ⓐ, ⓑ에 들어갈 말이 바르게 짝지어진 것을 고르시오.

A : Hello? Is this the Missing Children Center?
B : Yes. What can I do for you?
A : I ⓐ lose / lost / had lost my son in the amusement park this afternoon.
B : OK. How old is he and what is he wearing?
A : He is a six-year-old boy.
   He is wearing a blue-striped yellow suit.
B : I see. When we ⓑ find / will find / found that boy, we will call you.
A : Thanks a lot.

	ⓐ		ⓑ
①	lose	....	find
②	had lost	....	found
③	lost	....	will find
④	had lost	....	will find
⑤	lost	....	find

One of the best ways to make something
happen is to predict it. Pooh-poohed for
some twenty years by the medical establishment,
the placebo effect — the fact
that about one-fourth to one-third of patients
will show improvement
if they merely believe
they are taking an effective medicine
even if the pill they are taking has no active
ingredient — has now been accepted
as genuine by most of the profession.

- Bernie S. Siegel

어떤 것을 일어나게 만들기 위한 최선의 방법 가운데 하나는 그것을 예언하는 것이다.

약 20년 동안 의학계로부터 배척당했으나, 플라시보 효과로 약 4분의 1 내지 3분의 1의 환자들이 호전을 보였다.

비록 그들이 복용하는 약에는 아무런 치료 성분이 없어도 자기들이 효험 있는 약을 복용하고 있다고 믿기만 하면 말이다.

플라시보 효과는 이제 의학계 전반에서 진실로 받아들여지고 있다.

– 버니 S. 시걸

predict ~을 예언하다   pooh-pooh ~을 멸시하다, 업신여기다   medical 의학적인   establishment 시설, 단체, 기관
improvement 개선, 향상   merely 단지, 그저   effective 효험이 있는   pill 알약   active 유효한, 효력 있는
ingredient 성분, 요소   genuine 진짜의   profession 직업, 전문직

Chapter 10

골칫거리 문제아 관계사
확실하게 파악하기

Grammar

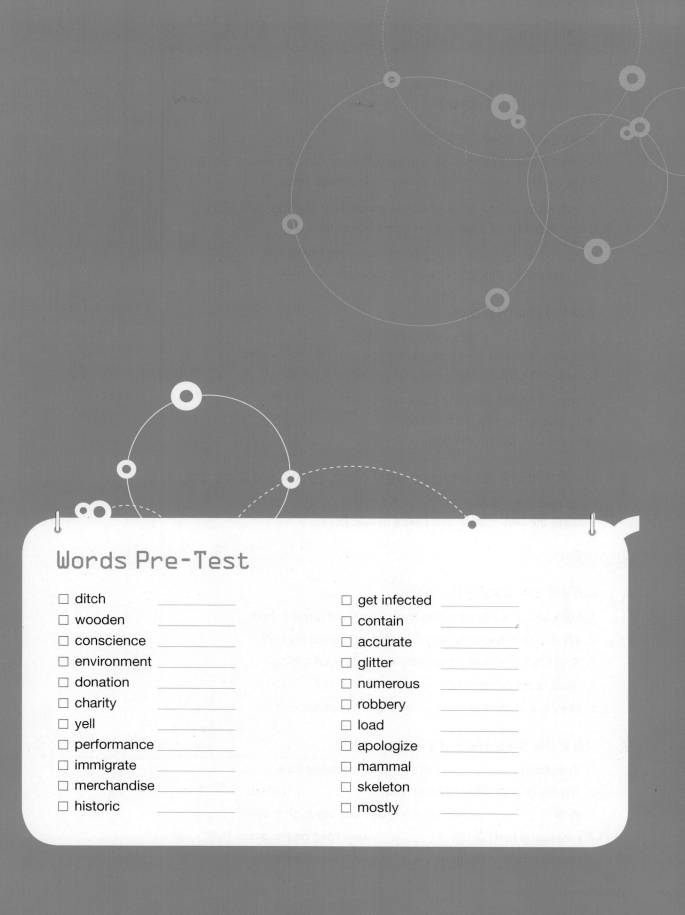

Words Pre-Test

- ☐ ditch _____
- ☐ wooden _____
- ☐ conscience _____
- ☐ environment _____
- ☐ donation _____
- ☐ charity _____
- ☐ yell _____
- ☐ performance _____
- ☐ immigrate _____
- ☐ merchandise _____
- ☐ historic _____

- ☐ get infected _____
- ☐ contain _____
- ☐ accurate _____
- ☐ glitter _____
- ☐ numerous _____
- ☐ robbery _____
- ☐ load _____
- ☐ apologize _____
- ☐ mammal _____
- ☐ skeleton _____
- ☐ mostly _____

관계대명사 that은 선행사가 사람, 사물, 동물인 경우 모두 사용할 수 있으며, 주격과 목적격의 형태는 같고 소유격은 없다.

* 관계대명사 that은 관계대명사 who나 which의 주격 또는 목적격의 대용으로 쓰이며, 주로 구어체에서 사용된다.

1 관계대명사 that을 주로 쓰는 경우

1) 선행사에 the 최상급, the 서수, the very, the only, the same 등이 있는 경우
He is the only person **that** I can rely on in difficult times.

2) 선행사에 all, every, no, any, some, much, little 등이 있는 경우
Every student **that** attended the seminar was tired.

3) 선행사가 -thing, -one, -body 등으로 끝나는 부정대명사일 경우
She bought something **that** was necessary for her hiking.

2 관계대명사 that만 쓰는 경우

1) 선행사가 〈사람+사물〉 혹은 〈사람+동물〉인 경우
This picture shows Janet and her bicycle **that** fell into the ditch.
Do you see a man and his dog **that** are walking the street?

2) 선행사가 의문사인 경우 (동일 발음을 피하기 위해)
Who who knows him will believe it? (×)
Who **that** knows him will believe it? (○)

* 선행사가 지시대명사 this, that인 경우는 관계대명사 which를 쓴다.
Look at that which is glittering in the sun.

3 관계대명사 that은 계속적 용법으로 사용할 수 없고, 전치사 다음에 올 수도 없다.

He looked like a doctor, that he was not. (×)
You are the very man to that I want to talk. (×)

Check-up

A 다음 괄호 안에 알맞은 것을 고르시오.

1. Look at the boy and his dog (that, which) are running there.

2. We don't like her, (who, that) is selfish and small-minded.

3. Who (that, who) has conscience could do such a thing?

4. What is that (which, that) is swinging in the air?

5. Mary is a student of (that, whom) I am very proud.

B 다음 빈칸에 들어갈 알맞은 관계대명사를 쓰시오.

1. Everything _____ I'm saying is absolutely true.

2. A glass of cold water is the only thing _____ I need.

3. Who _____ understands music can say such a word?

4. I saw Jane and her cat _____ were lying on the grass.

5. She didn't clean her room, _____ made her mother angry.

Unit 31 소유격 관계대명사, 전치사와 관계대명사

1 소유격 관계대명사 whose

who와 which의 소유격으로 whose 뒤에는 명사가 온다.

Mr. McCarthy is a coach **whose** football team is well known.

The house **whose** <u>wall</u> you can see over there needs repairing.

2 관계대명사가 전치사의 목적어일 경우

1) 전치사+관계대명사 : 관계대명사 생략 불가

The man **to whom** I was talking was my father.

= The man **who(m)** I was talking **to** was my father.

2) 관계대명사 ~ 전치사 : 관계대명사 생략 가능

This is the house **(which)** my grandparents live **in**.

= This is the house **in which** my grandparents live.

= This is the house **where** my grandparents live.

3) 〈all, both, some, many, one, most 등 부분을 나타내는 단어+of〉는 반드시 관계대명사 앞에 와야 한다.

I've been to many great cities in Europe, **one of which** was Paris.

= I've been to many great cities in Europe. + Paris was <u>one of them</u>.

3 관계대명사 that은 전치사 다음에 올 수 없다.

This is the radio <u>for that</u> I am looking. (×)

This is the radio **that** I am looking **for**. (○)

This is the girl <u>about that</u> I told you yesterday. (×)

This is the girl **that** I told you **about** yesterday. (○)

---

* whose+사물 명사
= the 명사+of which
= of which the+명사

This is the book whose cover is yellow.
= This is the book the cover of which is yellow.
= This is the book of which the cover is yellow.

* 관계사절에서 전치사가 분리되어 쓰이지 않는 동사구
be proud of ~
be afraid of ~
be fond of ~
look for ~
ask for ~
look forward to ~
laugh at ~
think of ~

He came up with a brilliant answer which I could hardly <u>think of</u>. (○)
He came up with a brilliant answer <u>of which</u> I could hardly <u>think</u>. (×)

Check-up

A 다음 밑줄 친 부분을 바르게 고치시오.

1. The house <u>which</u> roof is red is his.

2. Are these the glasses for <u>that</u> you were looking?

3. I met the woman <u>who</u> name is the same as my younger sister's.

4. This is the swimming pool to <u>that</u> he used to go.

B 다음 빈칸에 들어갈 알맞은 말을 〈보기〉에서 골라 쓰시오.

보기	at	of	on	for

1. I need a chair which I can sit _____.

2. She is the daughter whom her parents are proud _____.

3. You will find all the information that you are looking _____.

4. Did you hear the news that everyone was surprised _____?

[1~2] 다음 빈칸에 가장 알맞은 것을 고르시오.

1

> This is one of my favorite web sites from _____ I can get new information about sports games.

① who
② whom
③ which
④ whose
⑤ that

2

> This book describes the environment _____ wild animals live in.

① who
② which
③ whom
④ when
⑤ where

3 다음 두 문장을 한 문장으로 만들 때, 빈칸에 들어갈 알맞은 말을 쓰시오.

> Look at the lady. + Her dog is following her.
> → Look at the lady _____ dog is following her.

4 다음에서 어법상 <u>틀린</u> 부분을 바르게 고쳐 쓰시오.

> She is the strongest woman whose I've ever seen.

_____ → _____

5 다음 우리말에 맞도록 빈칸에 들어갈 알맞은 것은?

> 일요일은 그녀에게 훨씬 더 바쁜 날이다.
> Sunday is the day _____ she is much busier.

① who
② on which
③ which
④ for whom
⑤ to which

6 다음 빈칸 ⓐ, ⓑ에 들어갈 말이 바르게 짝지어진 것은?

> • He was with a girl ___ⓐ___ hair was blonde.
> • This is the first book ___ⓑ___ she wrote.

	ⓐ		ⓑ		ⓐ		ⓑ
①	which	········	that	②	whose	········	which
③	whose	········	that	④	that	········	which
⑤	that	········	that				

[7~9] 다음 빈칸에 들어갈 알맞은 말을 〈보기〉에서 골라 쓰시오.

보기	of whom	for which	that

7

> Daren brought his girlfriend and his dog to the party _____ I have seen before.

8

> The company _____ he works is famous for its huge donation to charity.

9

> They were talking about the housekeeper _____ I have never heard.

10 다음 우리말에 맞도록 괄호 안에 주어진 단어들을 알맞게 배열하시오.

> 그녀는 내가 입곤 했던 바지와 똑같은 바지를 샀다.
> She bought (used to, pants, wear, the same, I, that).
> → _____

Unit 32 관계부사

1 관계부사의 역할

문장과 문장을 연결하는 접속사의 역할을 하면서 관계부사절 내에서는 선행사를 대신하는 부사 역할을 한다.

This is the place. + I first met my boyfriend there.

→ This is the place **where** I first met my boyfriend.

2 관계부사의 종류

관계부사	선행사	전치사+관계대명사
when	시간 (the time)	at/in/on/during which
where	장소 (the place)	at/in/on/to which
why	이유 (the reason)	for which
how	방법 (the way)	in which

Do you remember the year **when[in which]** you entered high school?

After he got a job, he left the city **where[in which]** he was born.

Tell me the reason **why [for which]** you had to quit the job.

I told my son **how** I made this wooden box.

3 관계대명사와 관계부사의 차이점

관계대명사와 관계부사 모두 선행사를 수식한다는 점에서 형용사절의 역할을 하지만, 관계대명사가 관계대명사절 내에서 대명사 역할을 하는데 반해, 관계부사는 관계부사절 내에서 부사 역할을 한다.

This is the restaurant **that** I like best. 관계대명사 : like의 목적어, 대명사 역할

This is the restaurant **where** I eat lunch. 관계부사 : 부사 역할(= in the restaurant)

> * 제한적 용법의 관계부사는 '전치사+관계대명사'로 바꾸어 쓸 수 있다.
>
> This is the house <u>where</u> my father was born.
> = This is the house <u>in which</u> my father was born.

> * 관계부사 how의 경우에는 선행사 the way와 함께 쓰이지 않는다. 선행사 the way나 관계부사 how 중 하나만을 사용해야 한다.
>
> You must tell me <u>the way how</u> you cheated in the exam. (×)
> You must tell me <u>the way</u> you cheated in the exam. (○)
> You must tell me <u>how</u> you cheated in the exam. (○)
> You must tell me <u>the way in which</u> you cheated in the exam. (○)

Check-up

A 다음 빈칸에 알맞은 관계부사를 쓰시오.

1. He taught me _____ I can make friends with foreign students.

2. It was in 1978 _____ my parents immigrated to Germany.

3. I went to the place _____ I lost my purse a few days ago.

4. Kevin refused to tell me the reason _____ he had to stop smoking.

B 다음 두 문장을 관계부사를 사용해 한 문장으로 만드시오.

1. We talked about last summer. He and I first met last summer.

   → _____

2. Nobody knows the reason. Jane is yelling at her son for that reason.

   → _____

3. Do you know the park? He saw some performances in the park.

   → _____

1 관계사의 용법

1) 제한적 용법 : 관계대명사와 관계부사 앞에 콤마(,)가 없는 경우로, 앞의 선행사를 수식한다.

<u>The girl</u> **who** was very sick is now in the hospital.

1945 is <u>the year</u> **when** World War II ended.

2) 계속적 용법 : 관계대명사와 관계부사 앞에 콤마(,)가 있는 경우로, 이미 알고 있는 선행사에 대한 보충 설명을 한다.

I really like <u>my car</u>, **which** is brand-new. (= and it)

Wait here <u>until nine</u>, **when** she will be back. (= and then)

We went <u>to the lake</u>, **where** we spent the whole afternoon. (= and there)

2 관계사의 생략

1) 관계대명사의 생략
타동사의 목적격 관계대명사는 생략 가능

<u>The students</u> **(that)** I know were very friendly.

전치사의 목적격 관계대명사는 전치사가 뒤에 있을 경우 생략 가능

I know <u>a girl</u> **(whom)** Nick fell in love with.

2) 관계부사의 생략
선행사로 시간, 장소, 이유, 방법의 명사가 올 경우는 관계부사 생략 가능

<u>The reason</u> **(why)** I didn't write to you was that I didn't know your address.

주의 : 선행사가 일반적인 시간, 장소, 이유, 방법의 명사일 경우는 관계부사를 남겨 두고 선행사를 생략해도 된다.

This is **where** we first met.

That is **why** people go to museums.

> * 계속적 용법의 관계사절은 선행사에 대한 보충 설명을 하므로 〈접속사+대명사/부사〉의 의미로 바꿔 앞에서 부터 차례로 해석한다.

> * 계속적 용법의 관계대명사 which는 앞 문장 일부나 전체를 선행사로 가질 수 있다.
> She said she had finished it, <u>which</u> proved to be a lie.
> (= ~, but it proved to be a lie.)

> * 관계대명사 what :
> 선행사를 포함하는 관계대명사로 the thing that[which]의 의미를 가지며 다른 관계대명사는 선행사를 수식하는 형용사절을 이끌지만 what은 명사절을 이끌어 문장에서 주어, 목적어, 보어 역할을 한다.
> His phone number is <u>what</u> I want to know.

Check-up

A 다음 밑줄 친 부분을 한 단어로 바꿔 쓰시오.

1. Will you visit the city <u>in which</u> she lives?

2. That was the year <u>in which</u> he got married.

3. I waited there until midnight, <u>and then</u> he came back.

4. He got an A in physics, <u>and it</u> made his parents delighted.

5. The man was shown into her house, <u>and there</u> she lay dead.

B 다음 문장에서 생략된 관계사를 쓰시오.

1. Will you bring me the book I left on the desk?

2. This is the way we came to know each other.

3. That is the person I sat with on the train.

4. We don't know the reason Julie can't come with us.

5. Do you still remember the day they got married?

1 다음 밑줄 친 부분을 두 단어로 바꾸어 쓰시오.

We ate pasta yesterday, <u>which</u> is a kind of noodle made from wheat.

→ _____

[2~3] 다음 두 문장이 같은 뜻이 되도록 빈칸에 알맞은 말을 쓰시오.

2

I like spring, and I can see plenty of flowers then.
= I like spring, _____ I can see plenty of flowers.

3

We like Sara, for she has kept her promise.
= We like Sara, _____ has kept her promise.

4 다음 문장의 빈칸에 가장 알맞은 것은?

She told me the way _____ I could play the piano well.

① who   ② which
③ that   ④ where
⑤ how

5 다음 우리말에 맞도록 괄호 안에 주어진 단어들을 알맞게 배열하시오.

그는 그 교수에게 화학을 전공하기로 결정한 이유를 설명했다.
He explained to the professor (chemistry, major in, he, why, decided to, the reason).

→ _____

6 다음 빈칸 ⓐ, ⓑ에 들어갈 말이 바르게 짝지어진 것은?

- The store manager showed me ___ⓐ___ I could get a refund of the merchandise.
- Our house, ___ⓑ___ is very old, is strongly built.

    ⓐ   ⓑ   ⓐ   ⓑ
① what ········ which   ② where ········ that
③ when ········ that   ④ how ········ which
⑤ how ········ in which

[7~9] 다음 두 문장을 관계대명사나 관계부사를 사용해 한 문장으로 만드시오.

7

I will go to a zoo with my kids.
The zoo is 20 miles away from my house.

→ _____

8

There is a house on the hill.
My elder sister and I grew up in this house.

→ _____

9

I will tell you the reason.
I broke up with my boyfriend for this reason.

→ _____

10 다음에서 어법상 틀린 부분을 바르게 고쳐 쓰시오.

Daniel works for a consulting company which building is in downtown Boston.

_____ → _____

1 다음 우리말에 맞도록 빈칸에 들어갈 알맞은 말을 쓰시오.

> 우리는 로마에 갔는데, 거기에서 우리는 많은 역사적인 장소들을 방문했다.
> We went to Rome, _____ we visited lots of historic places.

2 다음 밑줄 친 부분 중 생략할 수 있는 것은?

① Is this the kid for <u>which</u> you are looking?
② He gave a beggar all the money <u>that</u> he had.
③ Do you remember <u>where</u> we had the first kiss?
④ Once there lived a farmer <u>whose</u> wife was beautiful.
⑤ You can create almost anything of <u>which</u> you can think.

[3~4] 다음 빈칸에 가장 알맞은 것을 고르시오.

3

> What is the major reason _____ many teenagers are leaving their homes?

① which   ② whom
③ how   ④ why
⑤ when

4

> There are many people _____ names are the same in Korea.

① who   ② whom
③ which   ④ whose
⑤ that

5 다음 두 문장을 한 문장으로 만들 때, 빈칸에 들어갈 가장 알맞은 것은?

> • He has a tool.
> • I don't know the use of the tool.
> → He has a tool _____ use I don't know.

① which   ② where
③ whose   ④ what
⑤ that

6 다음 중 어법상 <u>어색한</u> 문장은?

① What you need most at the moment is sleep.
② James has a cat, that is getting fatter and fatter.
③ Tell me the reason why you are late for school today.
④ This is one of the most powerful storms that we've experienced.
⑤ The romantic comedy movie that we saw yesterday was very boring.

7 다음 글의 빈칸 ⓐ, ⓑ에 들어갈 말이 바르게 짝지어진 것은?

> Those ___ⓐ___ handle some objects and rub their own noses or eyes can get infected. So, to avoid catching a cold, washing your hands is the most important thing ___ⓑ___ you can do.

	ⓐ	ⓑ		ⓐ	ⓑ
①	which	······· that	②	who	······· that
③	whose	······· which	④	that	······· whom
⑤	that	······· what			

8 다음 밑줄 친 부분 중 나머지와 용법이 다른 하나는?

① Here is a girl <u>that</u> he loved.

② This is the way <u>that</u> I love her.

③ Try to achieve all <u>that</u> you are capable of.

④ The boy <u>that</u> is carrying a big bag is my brother.

⑤ Newspapers often contain information <u>that</u> is not accurate.

9 다음 밑줄 친 부분 중 어법상 어색한 것은?

① All <u>that</u> glitters is not gold.

② You are the most honest man <u>that</u> I've ever met.

③ Do you know that man <u>whom</u> Julia is running with?

④ John is the boy <u>whose</u> hobby is collecting miniature cars.

⑤ The people and dogs <u>which</u> walked in the park were very numerous.

[10~11] 다음 빈칸에 가장 알맞은 것을 고르시오.

10
Abraham Lincoln came from a family _____ ancestors probably lived in the town of Lincoln, England.

① who   ② whose

③ whom   ④ what

⑤ that

11
This is the village in _____ my grandfather used to live.

① who   ② whom

③ which   ④ when

⑤ where

12 다음 우리말에 맞도록 괄호 안에 주어진 단어를 알맞게 배열한 것은?

이곳은 그녀가 근무하는 회사이다.
(is, for, which, the company, this) she works.

① For this which the company is

② For the company this is which

③ This is the company which for

④ This is for which the company

⑤ This is the company for which

13 다음 밑줄 친 부분 중 어법상 어색한 것은?

There ① <u>was</u> a twenty-five thousand dollar robbery on Elm Street yesterday. The thieves threw a rock through the window of ② <u>Jason's</u> and ③ <u>stole</u> rings and watches. The police ④ <u>are</u> looking for three men. They drove away in a stolen car, ⑤ <u>that</u> has not been found yet.

14 다음 우리말에 맞도록 괄호 안에 주어진 단어를 알맞게 배열하시오.

나는 그녀가 그 집을 떠난 시간을 알 수 없다.
I don't know (left, the house, she, when, the time).

→ _____

15 다음 빈칸에 들어갈 알맞은 관계사를 쓰시오.

On the evening of his birthday, there is a big party _____ people eat traditional food and drink Scotch whisky.

16 다음 대화의 밑줄 친 부분 중 어법상 <u>어색한</u> 것은?

> A : Let's do something together.
> B : How about ① <u>going</u> fishing?
> A : Oh, fishing is so ② <u>boring</u>. What about going to a museum?
> B : I don't enjoy looking at old things in ③ <u>closed</u> rooms. I prefer being outside and breathing fresh air.
> A : Alright. Then let's have a picnic by the lake. I'll pack some sandwiches.
> B : That's the very thing ④ <u>whose</u> I wanted. I'll stop ⑤ <u>playing</u> the game right now.

17 다음 대화의 밑줄 친 ⓐ, ⓑ, ⓒ를 어법에 맞게 고쳐 쓰시오.

> A : ⓐ <u>The reason which</u> I'm calling you is to invite you to my birthday party.
> B : Really? What day is the party?
> A : It's this Saturday. Would you like to come?
> B : I wish I could, but I have to study for the final exam, ⓑ <u>that</u> is very important to me.
> A : I understand. If you change your mind, come to Jack's Restaurant ⓒ <u>which</u> we ate dinner the other day.
> B : I see. Anyway, I'll give you a call.

ⓐ : _____

ⓑ : _____

ⓒ : _____

18 다음 두 문장을 한 문장으로 만들 때 빈칸에 들어갈 가장 알맞은 것은?

> • New York is the city that never sleeps.
> • There life moves faster than anywhere else in the U.S.
> → New York is the city that never sleeps, _____ life moves faster than anywhere else in the U.S.

① where   ② when
③ which   ④ that
⑤ what

19 다음 대화의 빈칸에 들어갈 말로 가장 알맞은 것은?

> A : I'm thinking of a restaurant _____ I can have great ice cream.
> B : That must be the Sweet Restaurant.
> A : That's right.

① what   ② which
③ whom   ④ when
⑤ where

20 다음 밑줄 친 부분 중 어법상 <u>어색한</u> 것은?

① In the situation <u>when</u> people speak ill of others, just do not say anything.
② Dessert will be *gelato*, <u>which</u> is Italian ice cream.
③ James, <u>who</u> enjoys winter sports, bought cross-country skis.
④ This is the tallest building <u>that</u> I've ever seen.
⑤ Can you tell me <u>how</u> you passed the exam?

1 다음 글의 빈칸에 들어갈 말로 가장 알맞은 것을 고르시오.

> If you are interested in ghost stories, you may have heard about Halloween. On Halloween, _____ is October 31, many children dress up as ghosts and monsters.

① who
② which
③ what
④ that
⑤ when

2 다음 글의 밑줄 친 부분 중 어법상 어색한 것을 고르시오.

> Bats are mammals ① that fly. They are able to fly because their wings ② are shaped in a way ③ how gives them lift. A bat's extremely long fingers form a supporting skeleton for its wings, ④ which helps a bat fly powerfully. Bats, ⑤ which feed at night, eat mostly fruits, flowers, and insect.

3 다음 글의 밑줄 친 ⓐ, ⓑ, ⓒ에 들어갈 말이 바르게 짝지어진 것을 고르시오.

> During lunch hour at the dry-cleaning plant ⓐ for which / in where I worked, Mary was left by herself while the rest of us were on our break. She was busy in the back, filling the wash drum with a load of clothes, ⓑ which / when she thought she heard the bell at the front desk. She told me late she decided to finish ⓒ that / what she was doing before answering. The bell tinkled once more before she walked to the front desk and greeted the customer with a bright smile. "I'm sorry I kept you waiting," she apologized, "but I didn't hear you the first time."
>
> * tinkle 딸랑거리다

	ⓐ	ⓑ	ⓒ
①	in where	which	that
②	for which	when	what
③	for which	which	what
④	for which	when	that
⑤	in where	which	what

1 다음 대화의 빈칸에 들어갈 말로 가장 알맞은 것을 고르시오.

> A : Could you say your last name again, please?
> B : Smith.
> A : You know what? I have a friend _____ last name is also Smith.

① that
② what
③ where
④ when
⑤ whose

2 다음 대화의 밑줄 친 부분 중 어법상 어색한 것을 고르시오.

> A : Today's class was very ① interesting, teacher.
>   I liked the way ② which you explained ③ what history is.
> B : I'm glad you liked it. Will you do me a favor?
> A : Sure. ④ What is it, teacher?
> B : Please take the recorder, ⑤ which I put on the table, to the teachers' room.

3 다음 대화의 밑줄 친 ⓐ, ⓑ, ⓒ, ⓓ에 들어갈 알맞은 말을 고르시오.

> A : Where are you going this vacation?
> B : I don't like the place ⓐ where / which it is hot, so I want to go Swiss.
> A : Really? Would you tell me the date ⓑ on which / for which you will leave for Swiss?
> B : Well, it's winter in Swiss now, so I am thinking that I will go in 15 days.
> A : Where will you stay?
> B : I have an uncle ⓒ who / whose ranch is not too far from the ski resort, ⓓ which / that has many nice slopes. I'll be staying there with him.

ⓐ : _____   ⓑ : _____
ⓒ : _____   ⓓ : _____

Why do smart people fail?

They can fail for many reasons.
But failure is not the point –
the best of people experience that.
It is learning from failure that is special.

The distinguishing characteristic about
really smart people?
They learn.

- Carole Hyatt & Linda Gottlieb

왜 영리한 사람들이 실패할까?

그들은 여러 가지 이유 때문에 실패할 수 있다.

그러나 실패는 중요하지 않다. 가장 훌륭한 사람들도 실패한다.

실패로부터 배운다는 것이 중요하다.

정말로 영리한 사람들을 구별해 주는 특징은?

그들은 배운다는 것이다.

– 캐롤 하이얏 & 린다 갓립

fail 실패하다　　failure 실패　　point 요점, 핵심　　experience ~을 경험[체험]하다
distinguishing 남과 구분하는, (뚜렷이) 구별 짓는　　characteristic 특성, 특징

Chapter 11

영어의 접착제 접속사와
뒤죽박죽 특수 구문

Grammar

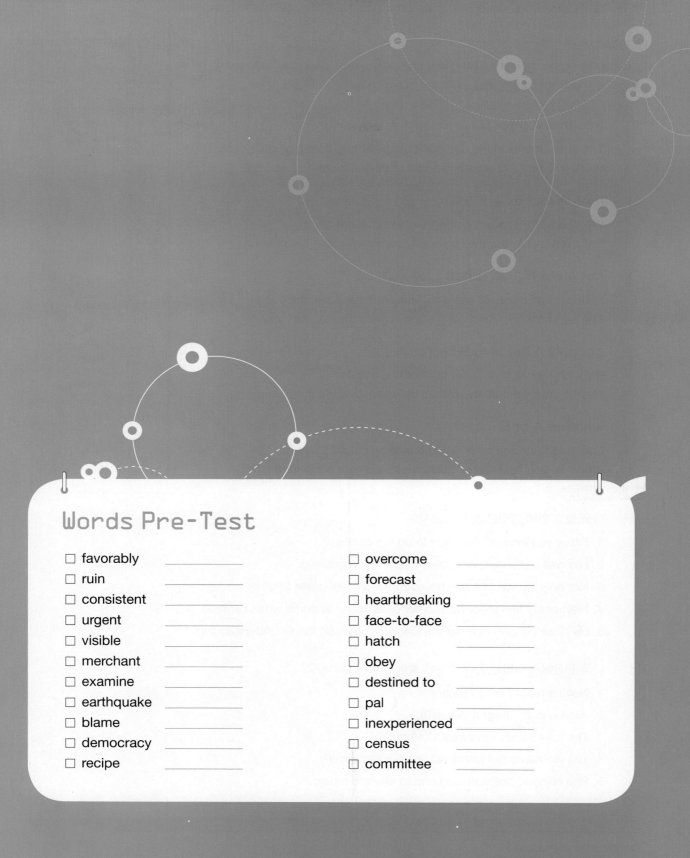

Words Pre-Test

- ☐ favorably _____
- ☐ ruin _____
- ☐ consistent _____
- ☐ urgent _____
- ☐ visible _____
- ☐ merchant _____
- ☐ examine _____
- ☐ earthquake _____
- ☐ blame _____
- ☐ democracy _____
- ☐ recipe _____

- ☐ overcome _____
- ☐ forecast _____
- ☐ heartbreaking _____
- ☐ face-to-face _____
- ☐ hatch _____
- ☐ obey _____
- ☐ destined to _____
- ☐ pal _____
- ☐ inexperienced _____
- ☐ census _____
- ☐ committee _____

상관접속사란?

등위접속사로 연결된 구문으로 항상 다른 말과 함께 어울려 쓰이는 접속사이며, 상관접속사로 연결되는 A와 B에는 항상 동일한 품사나 문법 요소가 와야 한다.

1 [n]either A [n]or B : A거나 B거나, A, B 둘 다 ~아닌

The latest movie of the director must be **either** boring **or** dull.
Neither Tessa **nor** James wanted to be first in the line-up.

2 both A and B : A, B 둘 다

We saw **both** Sharon **and** Mary in the jazz dance.
Both readers **and** critics favorably comment about the novel.

3 not A but B (= B, not A) : A가 아니라 B

I like her **not** because she's beautiful **but** because she's shy.
The person who ruined our party was your brother, **not** you.

4 not only A but also B : A뿐 아니라 B도

Not only she **but also** her brother is a doctor.
He **not only** washed the dishes **but also** cleaned the house.

5 whether A or B : A나 B

Lora had to decide **whether** to dance **or** to study piano.
Whether you succeed **or** fail depends on your consistent effort.

> * 상관접속사로 연결된 주어일 경우 동사의 수 일치에 주의해야 한다.
>
> 1. B에 일치시키는 경우 :
> not A but B
> either A or B
> neither A nor B
> not only A but also B
>
> 2. 항상 복수 동사를 쓰는 경우 :
> both A and B

> * not only A but also B
> = B as well as A
> Not only you but your husband is responsible for your marriage problems.
> = Your husband as well as you is responsible for your marriage problems.

Check-up

A 다음 괄호 안에 알맞은 것을 고르시오.

1. Either you (or, nor) Jane has to do the dishes.

2. I as well as he (am, is) to be present at the meeting.

3. Not only his son but also his daughter (is, are) polite to others.

4. Neither my father nor my mother (was, were) at home when I arrived.

5. He is well known both for his kindness (and, or) for his understanding.

B 다음 문장에서 어법상 틀린 부분을 찾아 바르게 고치시오.

1. Neither he or I am a teacher.

2. Jane is both smart and health.

3. The rose smells not sweet but badly.

4. The woman is not only beautiful but also nicely.

5. She enjoyed both cooking and to listen to music.

Unit 35 주의해야 할 접속사

1 명사절을 이끄는 접속사

1) that : that절은 문장에서 주어, 목적어, 보어 역할을 한다.

That he was in big trouble was beyond doubt.

I believe **(that)** no one can play the piano better than me.

The point is **that** she hasn't arrived yet.

2) whether(=if) : whether(=if)절은 간접의문문을 이끈다.

I don't know **whether** she is married or not.

3) 의문사: 의문사절은 문장에서 주어, 목적어, 보어 역할을 하며, 간접의문문을 이끈다.

What you must do in London is to go to many museums.

I don't know **how** they got to the place without any money.

The most urgent issue is **when** we should begin our show.

2 기타 주의해야 할 접속사

1) as : ~함에 따라, ~처럼/듯이

As she grew older, she became more beautiful.

He did it **as** he had been told by his teacher.

2) as far as : ~하는 한

As far as I know, he is rude and impolite.

As far as law is concerned, he is best of all.

3) whenever : ~할 때마다(= every time/each time/any time)

Whenever I met her, she reminded me of my mother.

---

* if와 whether의 구별
whether or not (○)
if or not (×)

I don't care <u>whether or not</u> you'll come.
= I don't care <u>whether</u> you'll come <u>or not</u>.
= I don't care <u>if</u> you'll come.
= I don't care <u>if</u> you'll come <u>or not</u>.

* whether절은 문장 내에서 주절이 될 수 있으나 if절은 주절이 될 수 없다.
<u>Whether</u> she is kind (or not) doesn't matter. (○)
<u>If</u> she is kind doesn't matter. (×)

* as soon as ~
= the moment[the instant] ~
= no sooner ~ than

<u>As soon as</u> I got up, I rushed to the bathroom.
= <u>The moment</u> I got up, I rushed to the bathroom.
= <u>No sooner</u> had I got up <u>than</u> I rushed to the bathroom.

Check-up

A 다음 괄호 안에 알맞은 것을 고르시오.

1. What I mean is (whether, that) she is wrong.

2. I'll tell you how (did he treat, he treated) his employees.

3. As far (as, so) he remains idle, he will make no progress.

4. As far as literature is (concerning, concerned), she is the best.

5. (If, Whether) or not he comes is not important in this situation.

6. (As soon as, As far as) she got home, she checked her e-mails.

B 다음 빈칸에 들어갈 알맞은 말을 〈보기〉에서 골라 쓰시오.

보기	as	whether	that	whenever

1. Do you believe _____ God exists?

2. Computers don't really think _____ we think.

3. The question is _____ or not he will accept my offer.

4. I fall asleep _____ I listen to the professor's lecture.

1 다음 대화의 빈칸에 가장 알맞은 것은?

> A : Did you find out who messed up your front yard?
> B : Yes, I did. It was not a boy next door _____ our own son!

① and
② or
③ but
④ both
⑤ as well as

[2~4] 다음 빈칸에 가장 알맞은 것을 고르시오.

2

> We were not sure _____ there was enough room for both of us or not.

① that
② as far as
③ as
④ so
⑤ whether

3

> One problem is _____ Harry is lazy and slow. He always gets up late.

① what
② whether
③ that
④ if
⑤ but

4

> The couple are _____ a king and a queen, but a merchant and his wife.

① that
② only
③ whether
④ not
⑤ also

5 다음 밑줄 친 부분을 문맥에 맞게 해석하시오.

> As our world is getting smaller, people from all over the world are coming closer.

→ _____

6 다음 두 문장이 같은 뜻이 되도록 빈칸에 가장 알맞은 것은?

> Not only students but also teachers enjoyed the music festival.
> = Teachers _____ students enjoyed the music festival.

① and
② as well as
③ as far as
④ also
⑤ as well

7 다음 중 어법상 어색한 문장은?

① That she will come is certain.
② Not only you but also he is happy.
③ The hotel is neither clean or comfortable.
④ Whether you believe it or not, it is a true story.
⑤ He told her not his phone number but his address.

[8~10] 다음 빈칸에 들어갈 알맞은 말을 〈보기〉에서 골라 쓰시오.

> 보기   but   both   whether

8

> Every year, two groups of women made cloth for the autumn contest. After the contest, _____ the winners and the losers enjoyed a great party.

9

> The doctor examined Nick's leg and decided to take X-rays. He wanted to know _____ or not Nick had a broken bone.

10

> Scientists can predict earthquakes and save many people's lives. Earthquakes do not happen everywhere, _____ happen only in some places.

Unit 36 강조 구문과 도치

1 강조 구문

1) 〈It be동사 ~ that〉 강조 구문

It is **you** that are wrong.   It was **yesterday** that I met her.

2) 강조의 do : 긍정 평서문과 긍정 명령문에서 동사를 강조하기 위해 사용한다.

I **do** remember it.   **Do** read the sentence loudly.

3) 부정어 강조 : 부정어 다음에 at all, in the least, whatever 등을 쓴다.

Now I cannot see anything **at all** again.

> * that은 강조하는 내용에 따라, who, whom, which 등으로 바꿔 쓸 수 있다.

> * 의문사 다음에 on earth 혹은 in the world를 써서 강조할 수 있다.
> How **on earth** was she able to do that?
> What **in the world** are you looking for?

2 도치 : 강조하고자 하는 부분을 문장 앞으로 이동시키는 방법

1) 보어의 도치 : 「보어+동사+주어」, 「보어+주어(인칭대명사)+동사」

Sweet smell the red roses.   **Correct** it is.

2) 목적어의 도치 : 「목적어+주어+동사」

His name I remember.

3) 장소, 방향 부사(구)의 도치 : 「부사(구)+동사+주어」, 「부사(구)+주어(인칭대명사)+동사」

On the hill was a tree.   **At my place** she stayed.

4) 부정어(구, 절)의 도치 : 「부정어(구, 절)+조동사/be/do+주어+동사」

Never did she attend the class.

5) 관용적 도치 : 「Neither[So]+조동사/be/do+주어(+동사)」, 「There[Here]+동사+주어」

They haven't gone out this week. **Neither** have I.
Johnnie missed the bus. **So** did Anne.
There lived an old man in the house.

> * 관용적 도치에서 앞에 and가 올 경우 neither는 사용 가능하지만, nor는 사용이 불가능하다.
> She doesn't like swimming, and nor do I. (×)
> → and neither do I. (○)

Check-up

A 다음 빈칸에 들어갈 알맞은 말을 쓰시오.

1. It was his secretary _____ was to blame.

2. We all _____ hope you'll get well soon.

3. He didn't eat his lunch. _____ did she.

4. It _____ the skirt that she bought yesterday.

5. Nick reads the New York Times. So _____ Jane.

B 다음 밑줄 친 부분을 강조하는 문장으로 고쳐 쓰시오.

1. An old castle stood <u>on the hill</u>.   → _____

2. My mother <u>never</u> wears blue jeans.   → _____

3. He remembers <u>what he has once said</u>.   → _____

4. She was <u>so angry</u> that she did not say a word.   → _____

Unit 37 부정 구문과 동격, 삽입 구문

1 부정 구문

1) 부정어 : not, no, never

No man is free from faults.   She never gets up early.

2) 준부정어 : seldom, hardly, scarcely, rarely, barely, few, little 등

My son seldom complains.   The mountain is barely visible.

3) 이중 부정 : 두 개의 부정어를 사용해 긍정의 의미를 나타낸다.

I never see the photo without remembering my happy school days.
(= I always see the photo remembering my happy school days.)

4) 부분 부정 : 〈전체, 전부, 절대, 완전〉의 의미를 지닌 단어 앞에 not이 올 경우

(all, both, every, always, quite, necessarily, altogether, completely, entirely 등)

I do not like all of his songs.
The rich are not necessariiy happy.

2 동격 : of, that, to부정사, 콜론(:), 콤마(,)를 써서 나타낼 수 있다.

There is a great possibility of his succeeding.
The news that the president died is true.
I have a hope to make lots of money.
E-mail messages usually come in two parts: the heading and the body.
Tom, a friend of mine, called on me in my absence.

3 삽입 구문 : 주로 콤마(,)를 사용해 문장 중간에 구문을 삽입한다.

You may, if you like it, take it.
He is my best friend, so to speak, my second self.

> * 하나의 절 안에서 부정어와 준부정어는 2개를 쓸 수 없다.
> (이중 부정 불가능 경우)
> That is not hardly true. (×)
> That is hardly true. (○)
>
> * 부정어 강조 표현인 not at ~ all은 never 또는 anything but으로 바꿔 쓸 수 있다.
>
> * 아무런 부호 없이 문장 중간에 구문이 삽입되는 경우도 있다.
> This trend I think will continue for six months.

Check-up

A 다음 두 문장이 같은 뜻이 되도록 빈칸에 알맞은 말을 쓰시오.

1. She wasn't happy at all.

   = She was _____ but happy.

2. I only want one of these two hats.

   = I don't want _____ of these hats.

3. _____ all of the students are diligent.

   = Some of the students are diligent but others are not.

B 다음 밑줄 친 부분과 동격 관계인 부분에 괄호로 표시하시오.

1. There was no hope of her entering the university.

2. The news came through that he reached the top of the mountain.

3. Democracy is based on the belief that we are created equal.

Unit 36~37

1 다음 문장의 밑줄 친 부분을 강조할 때, 빈칸에 들어갈 말을 쓰시오.

> I little thought that she was a famous actress.
> → Little _____ I think that she was a famous actress.

[2~3] 다음 밑줄 친 부분 중 어법상 어색한 것을 고르시오.

2

> A great many people ① are killed or hurt in traffic accidents every ② year. Among these ③ is a large number of ④ children. Two-thirds of them ⑤ are under seven years of age.

3

> I ① lost my sight when I was three ② years old. So I don't remember ③ anything about my childhood. Of course, I ④ do had some memories ⑤ about my family.

4 다음에서 어법상 틀린 부분을 찾아 고쳐 쓰시오.

> I didn't realize how serious Tom's accident was and his wife did neither.

_____ → _____

5 다음 빈칸에 들어갈 수 있는 것을 모두 고르시오.

> My name is Tom. I'm in the ninth grade. It was my grandfather _____ settled down in L.A.

① who　　　　② whom
③ which　　　④ what
⑤ that

[6~7] 다음 빈칸에 들어갈 알맞은 것을 고르시오.

6

> There are many ways _____ reducing waste. Recycling is one of the best and easiest ways.

① to　　　　② of
③ for　　　　④ in
⑤ by

7

> I don't like to get up early, and _____ Fred.

① nor do　　　② nor likes
③ neither does　④ neither likes
⑤ nor do like

8 다음 빈칸 ⓐ, ⓑ에 들어갈 말이 바르게 짝지어진 것은?

> • We can do a better job. ⓐ can they.
> • He won't be home until next Saturday. Neither ⓑ I.

	ⓐ	ⓑ		ⓐ	ⓑ
①	So	will	②	So	am
③	So	won't	④	Neither	will
⑤	Neither	won't		

9 다음 밑줄 친 부분을 어법에 맞게 고쳐 쓰시오.

> Fires have I seen before, but nothing like this.

10 다음 우리말에 맞도록 괄호 안에 주어진 단어들을 배열하시오.

> 여기에 그녀의 요리법들 중 하나가 있다.
> (one, recipes, here, of, her, is).

→ _____

[1~3] 다음 빈칸에 들어갈 가장 알맞은 것을 고르시오.

1

They have _____ explored the earth but also have begun to explore the moon and the planets.

① as well as   ② both
③ neither   ④ either
⑤ not only

2

We can protect a lot of trees this way. Recycling is a good way _____ protect the Earth.

① to   ② of
③ by   ④ in
⑤ without

3

We are all your blood kin. It is heartbreaking _____ our families cannot meet face-to-face.

① for   ② to
③ that   ④ if
⑤ what

4 다음 대화의 밑줄 친 부분 중 어법상 어색한 것은?

A : Let's ① go to a concert this Saturday.
B : Well, I'd like ② to, but I'm planning ③ to go to Mary's birthday party.
A : But her birthday party is not this weekend ④ but also next Saturday.
B : Really? Then ⑤ I'll go to the concert.

5 다음 밑줄 친 부분 중 쓰임이 다른 하나는?

① I did my homework very hard.
② The child did break the vase.
③ The man did work happily.
④ Some foreigners do hate a raw fish.
⑤ Do try to overcome your difficulties.

6 다음 밑줄 친 부분 중 어법상 어색한 것은?

Uncle Tom said to us, "① Who can swim across this river ② without stopping in the middle?" I said to ③ myself, "Shall I try? I'm not sure ④ what I can do it or not. But I'm the best swimmer among us." Then I immediately ⑤ jumped into the river.

7 다음 대화에서 우리말에 맞도록 괄호 안에 주어진 단어를 배열하시오.

A : Today's weather forecast is for more rain.
B : (tomorrow's, is, so).
내일의 날씨도 역시 그래.

→ _____

8 다음 두 문장에서 동격 관계인 부분에 각각 밑줄 치시오.

(1) People who drink too much alcohol increase their chances of dying from cancer.
(2) Norah Jones, a famous jazz singer, is going to visit Korea on July 16th.

9 다음 대화의 빈칸에 가장 알맞은 것은?

> A : Do you know who attended the conference held in Denver? Either Herny _____ Sam attended it, didn't he?
> B : Not that I know of. I was told that neither of them would go.
> A : Who on earth went there?

① but　　　　② or
③ so　　　　④ and
⑤ nor

[10~11] 다음 중 어법상 어색한 문장을 고르시오.

10
① Neither her mother nor she likes him.
② He won't get paid this week. Either will she.
③ Both my mother and her mother didn't agree our marriage.
④ Before leaving, please make sure that you have not left any items behind.
⑤ She, one of the greatest singers of the time, was not allowed to perform there.

11
① I do worry about her.
② They're always late. So you are.
③ He has a good chance of succeeding.
④ I learned a good lesson: teamwork is always very important.
⑤ He knew that the earth is round and that the river flows to the ocean.

12 다음에서 어법상 틀린 부분을 바르게 고쳐 쓰시오.

> Here some muffins and cupcakes are. Help yourselves until the class begins.

→ _____

13 다음 밑줄 친 부분을 강조하는 구문으로 알맞게 바꾼 것은?

> The goose eggs hatched <u>on a day in early summer</u>.

① The goose eggs did hatch on a day in early summer.
② Did the goose eggs hatch on a day in early summer.
③ On a day in early summer do the goose eggs hatch.
④ It was on a day in early summer that the goose eggs hatched.
⑤ It was on a day in early summer did that the goose eggs hatch.

14 다음 밑줄 친 부분 중 쓰임이 다른 하나는?

① It was strange <u>that</u> she got angry.
② It was true <u>that</u> he couldn't meet her.
③ It was yesterday <u>that</u> they attended the meeting.
④ It is certain <u>that</u> she will pass the entrance exam.
⑤ It is important <u>that</u> we should obey our parents.

15 다음 밑줄 친 부분을 어법에 맞게 변형시킨 것은?

> Elizabeth likes both taking a bath and <u>climb</u> the mountain.

① climb　　　　② climbs
③ climbed　　　④ climbing
⑤ to climb

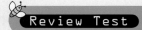

16 다음 밑줄 친 부분 중 어법상 어색한 것은?

① I do know what he announced.

② Little did he dream what would happen.

③ He finally found the fact that she told a lie.

④ My girlfriend, I am sure, is very intelligent and generous.

⑤ It was his dog what came to help him in trouble.

17 다음 중 어법상 어색한 문장은?

① She lives on a quiet street. So lives he.

② Seoul, the capital of Korea, is a beautiful city.

③ My mother said that sharks sounded like interesting creatures.

④ Why don't you go to see if your parents are happy with your present?

⑤ Painters painted the hospital walls in bright colors - bright orange.

18 다음 빈칸에 들어갈 말로 가장 알맞은 것은?

Nazca lines in Peru are made up of different animal shapes, complex patterns, and perfectly straight lines. What amazes us is the fact _____ they are so big that they can only be viewed from the air.

① who   ② why

③ how   ④ that

⑤ which

19 다음 밑줄 친 부분을 강조하는 구문으로 알맞게 바꾼 것은?

He little expected his boss to visit his house.

① Little he expected his boss to visit his house.

② Did little he expect his boss to visit his house.

③ Little did he expect his boss to visit his house.

④ It was little that he expected his boss to visit his house.

⑤ It was did little that he expected his boss to visit his house.

20 다음 대화의 빈칸 ⓐ, ⓑ, ⓒ에 들어갈 말이 바르게 짝지어진 것은?

A : Peter, I heard it was you ⓐ_____ ate my bread.

B : What _____ⓑ_____ are you talking about? I didn't eat your bread.

A : James told me that he saw you go into the kitchen last night.

B : You know I _____ⓒ_____ eat at night. Don't you trust me?

A : Then, who ate my bread?

	ⓐ	ⓑ	ⓒ
①	that	in the world	always
②	who	on earth	never
③	that	in the world	do
④	what	on earth	never
⑤	what	on earth	do

1 다음 글의 밑줄 친 부분을 어법에 맞게 고친 것을 고르시오.

The hummingbird is the world's smallest bird. The hummingbird is both colorfully or fast. Spanish explorers called these rainbowlike birds *Joyas voladoras*. The Spanish words Joyas voladoras mean "flying jewels."

① either colorful nor fast
② both colorful and fast
③ either colorfully and fastly
④ both colorfully or fastly
⑤ neither colorful nor fast

2 다음 글의 밑줄 친 부분 중 어법상 어색한 것을 고르시오.

Charles ① lives in California. He is Mark's friend. Mark and his wife ② have just heard the TV news ③ of there was a big earthquake in California. They wonder ④ if Charles is all right. Though they wanted ⑤ to call him at that moment, they decided to wait until five o'clock. They thought the rates would go down then.

3 다음 글의 밑줄 친 ⓐ, ⓑ, ⓒ에 들어갈 말이 바르게 짝지어진 것을 고르시오.

ⓐ It / That was Kate that was the only person who could understand what was happening. I have known her since she was 16. She was the cute younger sister of my college friend Tim Duncan. I was then a classic example of Roman Catholic boy: product of an all-male high school, student at the then all-male University of Nortre Dame, soon destined to become an officer in the U. S. Navy. Like most of my pals, I was not only inexperienced, ⓑ and / but totally unexposed to women. Looking back, I think most of us ⓒ was / were scared at women.

	ⓐ		ⓑ		ⓒ
①	That	········	but	········	were
②	It	········	but	········	were
③	It	········	and	········	were
④	It	········	but	········	was
⑤	That	········	and	········	was

1 다음 대화의 빈칸에 들어갈 수 없는 것을 고르시오.

> A : How are you?
> B : Not so good. I'm very upset. My brother _____ listens to me.
> A : That's too bad.

① seldom   ② never
③ hardly   ④ scarcely
⑤ carefully

2 다음 대화의 밑줄 친 ⓐ, ⓑ, ⓒ에 들어갈 말이 바르게 짝지어진 것을 고르시오.

> A : Good morning. I'm from the Census Committee and I wonder ⓐ if / though
>   you'd mind answering a few questions. It won't take long, I promise.
> B : What kind of questions?
> A : Oh, I ⓑ do / did ask some questions about your family.
> B : Well, all right, as long as it doesn't take too long.
> A : This will take only a few minutes.
> B : OK. Why ⓒ do / don't you sit down over here?
> A : Thank you.

	ⓐ		ⓑ		ⓒ
①	if	········	did	········	don't
②	though	········	did	········	do
③	if	········	do	········	do
④	if	········	do	········	don't
⑤	though	········	do	········	don't

3 다음 대화에서 밑줄 친 부분 중 어법상 어색한 것을 고르시오.

> A : What are you doing this Sunday?
> B : I will either go fishing ① or clean our house.
> A : What does it mean?
> B : If it's a nice day, I'll go fishing.
> A : What ② if it rains?
> B : If so, I must stay home and ③ do clean our house.
> A : ④ Was it Jane that asked you to clean your house?
> B : That's right. Yesterday she asked me ⑤ that I could clean our house or not.

Slowly I began to understand that
when I was depressed or angry
at a particular circumstance, it was because
I had chosen to adopt that attitude.
In other words, I made the choice.
I believe that we each enact our own
personal dramas in life
according to what we want to experience.
- Shirley MacLaine

나는 서서히 깨닫기 시작했다.
내가 어떤 특정한 상황에서 우울하거나 화가 났을 때,
그것은 내가 그런 태도를 취하기로 '선택했기' 때문이라는 것을.
다시 말해서, 바로 '나' 자신이 그런 선택을 한 것이다.
내가 생각하기에 우리는 각자 자신의 개인적인 인생 드라마를
우리가 '진실로' 경험하고 싶어하는 것에 따라서 연출하는 것 같다.
– 셜리 맥클레인 (미국의 여배우)

depressed 낙담한, 우울한   particular 특별한   circumstance 상황, 환경
attitude 태도   choice 선택   enact ～의 역을 맡아 하다   experience ～을 경험하다

1 다음 우리말과 같은 뜻이 되도록 빈칸에 들어갈 알맞은 것은?

> Richter는 지진을 예측하는 방법들을 찾아내려고 평생을 보냈다.
> Richter has spent his whole life trying to find the ways _____ the earthquakes.

① predict
② predicted
③ predicting
④ to predict
⑤ was predicted

2 다음 빈칸 ⓐ, ⓑ에 들어갈 말이 바르게 짝지어진 것은?

> • Professor Hopkins is known ⓐ a walking dictionary.
> • My brother is known ⓑ everyone in our town.

	ⓐ	ⓑ		ⓐ	ⓑ
①	for	by	②	by	to
③	to	by	④	in	for
⑤	as	to			

3 다음 밑줄 친 that의 쓰임이 같은 것을 2개 고르면?

① This is the house that he was born in.
② No one can deny the fact that he did his best.
③ I am sure that the voice was that of a woman.
④ There are many ways that hair can be helpful to animals.
⑤ Avoiding eye contact is usually a sign that the person is not interested.

4 다음 중 어법상 어색한 문장은?

① Reading books he likes most among his hobbies.
② She always seems to be sad.
③ The furniture was covered by dust.
④ I will be waiting for your phone call in two weeks.
⑤ The secret is not to avoid stress but to do your own thing.

5 다음 빈칸에 들어갈 말을 주어진 단어를 이용해 쓰시오.

> Friendship is one of the most _____ things in the world. (satisfy)

[6~7] 다음 글의 밑줄 친 부분 중 어법상 어색한 것을 고르시오.

6

> Most of the streets ① were paved. The sidewalks were ② higher than the streets. Each houseowner ③ cannot have paved ④ his own piece of sidewalk, because the sidewalks were ⑤ not all the same.

7

> People have always ① been interested in bees. This interest ② may have begun with the honey ③ that bees make. In fact, archaeologists have found the evidence ④ what people ⑤ have been eating honey for many thousands of years.

8 다음 중 어법상 올바른 문장은?

① I do see my parents occasionally.

② Her teeth is not natural but artificially.

③ He ran as if he was running for his life.

④ My advice turned out being wrong as it happened.

⑤ If there are exceptions, a rule cannot take as being universally true.

9 다음 중 어법상 <u>어색한</u> 문장은?

① I found to leave home inconvenient.

② They could not solve all of the problems in the math exam.

③ This was one of the most controversial television shows.

④ We look forward to seeing you again as soon as possible.

⑤ It is not the low prices but their quality for which we buy the goods.

10 다음 중 문장 전환이 <u>잘못된</u> 것은?

① But for quarrel, we would feel happy each other.

= If it were not for quarrel, we would feel happy each other.

② On seeing me, he took to his heels.

= As soon as he saw me, he took to his heels.

③ She is the most beautiful girl that has ever lived.

= She is more beautiful than any other girls in the world.

④ He asked me, "Do you like meat?"

= He asked me whether I liked meat.

⑤ The population of Beijing is three times as large as that of Seoul.

= The population of Beijing is three times larger than that of Seoul.

11 다음 우리말과 같은 뜻이 되도록 주어진 단어를 이용해 빈칸에 알맞은 말을 쓰시오.

(1) 그녀는 깨진 창문을 가리키며 울음을 터뜨렸다.

She burst into tears, _____ to the broken window. (point)

(2) 내일 비가 온다면 우리는 현장 견학을 연기할 것이다.

If it _____ tomorrow, we will put off the field trip. (rain)

12 다음 글의 밑줄 친 부분 중 어법상 <u>어색한</u> 것은?

I was ① already late for work. When I dashed out of the subway, I was planning ② to transfer to a bus. I felt as if I ③ had had a minor heart attack. But then the bus ④ was just pulling away, ⑤ so I had to run instead.

13 다음 우리말과 같은 뜻이 되도록 빈칸에 들어갈 알맞은 것은?

만일 네가 그 영화를 한 번 더 보게 된다면 너는 몇 번을 보게 되는 셈이니?

How many times _____ the movie if you see it once more?

① do you see   ② did you see

③ have you seen   ④ will you see

⑤ will you have seen

14 다음 문장의 뜻이 같도록 빈칸에 들어갈 알맞은 것은?

People believe that this was the first step in the development of circus.
= This _____ the first step in the development of circus.

① is believed to be
② was believed to be
③ believes to be
④ is believed to have been
⑤ was believed to have been

15 다음 글의 빈칸 ⓐ, ⓑ에 들어갈 말이 바르게 짝지어진 것은?

A lake is a body of water. A lake is found _____ⓐ_____ water collects in a hole in the earth. Holes in the earth ____ⓑ____ become lakes form in different ways.

	ⓐ		ⓑ
①	where	········	which
②	which	········	which
③	where	········	when
④	which	········	that
⑤	that	········	that

16 다음 중 어법상 올바른 문장은?

① I like you all better for your faults.
② The committee insisted that all decisions was postponed.
③ Not accepting blame would be seen as irresponsible.
④ They received a report that someone has been killed.
⑤ I didn't like their music, most of that was meaningless.

17 다음 중 어법상 어색한 문장은?

① I was eating dinner when the phone rang.
② Never before I saw such a large balloon.
③ He had visited all his relatives before he left for the U.S.
④ He advised me not to drink water before having meals.
⑤ Had you walked a few feet more, you could have gone over the cliff.

[18~19] 다음 우리말과 같은 뜻이 되도록 빈칸 ⓐ, ⓑ에 들어갈 말이 바르게 짝지어진 것을 고르시오.

18

이 영화는 너무 폭력적이어서 나의 아이들이 보게 할 수 없다.
This movie is ____ⓐ____ violent for me ____ⓑ____ let my kids see it.

	ⓐ		ⓑ
①	so	········	to
②	too	········	to
③	very	········	that
④	too	········	that
⑤	so	········	can't

19

제자들도 교장도 그 콘서트에 초대 받지 못했다.
Neither the pupils ____ⓐ____ the principal _____ⓑ_____ invited to the concert.

	ⓐ		ⓑ
①	nor	········	were
②	now	········	were
③	or	········	was
④	nor	········	was
⑤	and	········	was

20 다음 세 문장의 뜻이 같도록 빈칸 ⓐ, ⓑ에 들어갈 알맞은 말을 쓰시오.

> Kim is the most flattering person in the company.
> = Kim is _____ⓐ_____ flattering than any other person in the company.
> = _____ⓑ_____ other person in the company is as flattering as Kim.

ⓐ : _____   ⓑ : _____

[21~22] 다음 글을 읽고 물음에 답하시오.

> (A) This was started in Britain in 1969. It allows people ① who do not have the opportunity to be ordinary 'students' to study for a degree. Its courses ② are taught through television, radio and specially written coursebooks. Its students work with tutors, ③ that they send their written work to and with whom they then discuss it, either ④ at meetings or through letters. In the summer, they have to ⑤ attend short courses of about a week.

21 위 글의 밑줄 친 (A) This가 가리키는 것으로 적절한 것은?

① 기술 대학   ② 개방 대학
③ 야간 대학   ④ 신학 대학
⑤ 전문 대학

22 위 글의 밑줄 친 부분 중 어법상 어색한 것을 골라 바르게 고쳐 쓰시오.

_____

[23~24] 다음 글을 읽고 물음에 답하시오.

> One summer day, my mother, sister-in-law and I ① were commenting on the new style of driver's license ② that our state was using. We all agreed ③ that we actually even liked the pictures ④ which appeared on our licenses and got them out for a look. On passing mine to my sister-in-law, she exclaimed, "⑤ That is a good picture, Linda! (A) It doesn't look like you at all."

23 위 글의 밑줄 친 (A)의 의미로 적절한 것은?

① 사진을 다시 찍어야겠다.
② 사진의 초점이 맞지 않는다.
③ 운전사처럼 보이지 않는다.
④ 사진이 실물보다 잘 나왔다.
⑤ 다른 사람의 사진이 붙어 있다.

24 위 글의 밑줄 친 부분 중 생략이 가능한 것을 2개 고르시오.

25 다음 글의 빈칸에 들어갈 말로 적절한 것은?

> For some time after Nick's death, Jane was very unhappy. She missed the little brother to whom she had given so much loving care, and _____ she had spent so many hours of every day. She tried to fill her time by working for her mother in the house.

① what   ② which
③ that   ④ with whom
⑤ with which

1 다음 두 문장이 같은 뜻이 되도록 빈칸에 들어갈 알맞은 말을 쓰시오.

They said, "We will come here tomorrow again."
= They said that _____
_____ again.

2 다음 글의 빈칸에 가장 알맞은 것은?

There seemed to have no choice but _____ people to use public transport by making oil more expensive.

① force
② forced
③ forcing
④ to force
⑤ to forcing

3 다음 두 문장의 뜻이 같도록 빈칸에 들어갈 알맞은 말을 쓰시오.

We could not get out of the building until I found the exit.
= Not until I found the exit _____
_____.

4 다음에서 어법상 틀린 부분을 찾아 바르게 고쳐 쓰시오.

The road was muddy, as it rained the previous day.

_____ → _____

5 다음 글의 밑줄 친 부분을 어법에 맞게 고쳐 쓰시오.

If praise is never given, a worker might feel that his hard work is not appreciated. He might stop <u>work</u> so hard, or even quit.

6 다음 중 어법상 어색한 문장은?

① The kid must have broken the window.
② I had no idea that he went to America.
③ He made me help his son against my will.
④ She demanded that I should attend the party.
⑤ Twenty miles is a good distance of him to walk in a day.

7 다음 우리말과 같은 뜻이 되도록 주어진 단어를 이용해 빈칸에 알맞은 말을 쓰시오.

그는 그녀가 말한 것에 대해 생각하지 않으려고 애썼다.
He struggled not to think about what she _____. (say)

8 다음 중 의미가 다른 하나는?

① No other boy in our class is more talkative than Oscar.
② No other boy in our class is as talkative as Oscar.
③ Oscar is more talkative than any other boy in our class.
④ Oscar is as talkative as all the other boys in our class.
⑤ Oscar is more talkative than anyone else in our class.

9 다음 중 어법상 올바른 문장은?

① What is this flower calling in English?

② It is very kind for him to help the poor.

③ She must have eaten the remains of thirty lunches.

④ He wasn't exactly a stranger: I met him once before.

⑤ The number of congress member declined from 500 to 400.

10 다음 중 어법상 <u>어색한</u> 문장은?

① I wished I had gone there with her.

② She stood there with her arms folded.

③ Wounded in the legs, he could not walk.

④ We only have to accept what we see and hear.

⑤ The majority of the bread have been eaten by the children.

11 다음 중 문장 전환이 <u>잘못된</u> 것은?

① They say that TV is a third teacher.

　= TV is said to have been a third teacher.

② We could not live without water.

　= If it were not for water, we could not live.

③ I was not so much shocked as astonished.

　= I was more astonished than shocked.

④ A huge fire broke out last night, destroying about ten houses.

　= A huge fire broke out last night, and destroyed about ten houses.

⑤ Jupiter is the biggest planet in the solar system.

　= Jupiter is bigger than any other planet in the solar system.

12 다음 두 문장이 같은 뜻이 되도록 빈칸에 들어갈 가장 알맞은 것은?

You _____ rude to him.
= I am sorry you were rude to him.

① must have been

② mustn't have been

③ should have been

④ shouldn't have been

⑤ needn't have been

13 다음 빈칸에 가장 알맞은 것은?

After a hard work, my friend and I knew that we _____ the work at the same time.

① finish　　　　　② are finished

③ has finished　　④ has been finished

⑤ had finished

14 다음 두 문장을 분사구문으로 바꿀 때 빈칸에 들어갈 알맞은 말을 쓰시오.

(1) When I arrived in Paris, I headed out for the Eiffel Tower.

→ _____, I headed out for the Eiffel Tower.

(2) Since we had studied very hard, we got good marks.

→ _____, we got good marks.

15 다음 빈칸 ⓐ, ⓑ에 들어갈 말이 바르게 짝지어진 것은?

A man _____ⓐ_____ beside me took pity on a beggar and gave him all the money _____ⓑ_____ he had.

	ⓐ		ⓑ		ⓐ		ⓑ
①	sat	········	that	②	sitting	········	that
③	to sit	········	what	④	sitting	········	what
⑤	to sit	········	which				

[16~17] 다음 중 어법상 <u>어색한</u> 문장을 고르시오.

16
① My friend Debbie suddenly insisted that her wedding be cancelled.
② I felt ashamed that nobody, not even the teachers, was listening to me.
③ The police couldn't find out who the real criminal was.
④ It is not until this morning that I realized my mistakes.
⑤ As long as you remain uncooperative, you won't get any benefit from it.

17
① Not all of the participants could cross the finish line.
② The doctor warned me to stop smoking.
③ It is these books that Peter has written.
④ My father used to tell me that the early bird catched the worm.
⑤ He seemed to be quite satisfied with the results of the test.

18 다음 두 문장이 같은 뜻이 되도록 빈칸 ⓐ, ⓑ에 들어갈 알맞은 말을 쓰시오.

(1) Jane asked me, "Would you like to go to the movies tomorrow?"
= Jane asked me _____ⓐ_____ I would like to go to the movies the next day.
(2) The doctor said to me, "Don't eat too much fast food.
= The doctor advised me _____ⓑ_____ too much fast food.

ⓐ : _____   ⓑ : _____

19 다음 대화의 빈칸 ⓐ, ⓑ에 들어갈 말이 바르게 짝지어진 것은?

A : Greg, thank you for lending me your books. _____ⓐ_____ the books, I could not have finished my final report.
B : You're welcome. I'm glad that those books were helpful to your work.
A : They sure were. Where do you want me to put these books on?
B : Just put them on the table, _____ⓑ_____ is next to the closet.
A : I got it.

	ⓐ		ⓑ
①	With	········	which
②	But for	········	that
③	Without	········	which
④	With	········	that
⑤	Without	·········	that

20 다음에서 어법상 어색한 것을 골라 바르게 고쳐 쓰시오.

> Girls are inside that house, often help with housework or playing with dolls.

_____ → _____

[21~22] 다음 글을 읽고 물음에 답하시오.

> ① While working as police officers in a small town, my father and his partner received a report that someone ② had been shooting out windows. Checking, they found a 12-year-old boy with (A) this. The woman ③ that windows had been broken wanted the boy ④ arrested, but my father's partner argued that the kid ⑤ could not have done it because this was not powerful enough. To prove his point, my father's partner took this, aimed at a side window of the patrol car and fired. The window shattered.

21 위 글의 밑줄 친 (A) this가 가리키는 것으로 적절한 것은?

① roller skate　　　② walking stick
③ toy gun　　　　　④ rubber ballon
⑤ remote control

22 위 글의 밑줄 친 부분 중 어법상 어색한 것을 골라 바르게 고쳐 쓰시오.

_____ → _____

[23~24] 다음 글을 읽고 물음에 답하시오.

> My husband is ① very generous when it comes to my experimentation in the kitchen. Over the years I ② had some failures, and he has ③ always accepted these meals with good grace. He has even congratulated me for my sense of adventure. One night, I tried ④ another new and different dish. It was a disaster. "This is ⑤ the worst meal I have ever made," I said. "(A) No, it's not." was his instant reply.

23 위 글의 밑줄 친 (A)의 의미로 적절한 것은?

① 당신이 만든 요리일 리가 없다.
② 요리는 아무나 하는 것이 아니다.
③ 형편없는 요리를 한 적은 없다.
④ 요리를 하다 보면 실수를 할 수도 있다.
⑤ 이것보다 형편없는 요리를 한 적이 있다.

24 위 글의 밑줄 친 부분 중 어법상 어색한 것을 골라 바르게 고쳐 쓰시오.

_____ → _____

25 다음 글의 밑줄 친 부분 중 어법상 어색한 것은?

> We ① attended the recently held International Dental Fair in Los Angeles and ② were greatly impressed by the high quality and reasonable prices of your dental chairs. If you don't have an agent here, we should ③ be interested in acting as your sole agent. We believe ④ what we are the right agents for your products in Korea, and we ⑤ look forward to your reply soon.

1 다음 글의 빈칸 ⓐ, ⓑ에 들어갈 말이 바르게 짝지어 진 것은?

> The best way _____ⓐ_____ finding the meaning you want is to look for the definition that fits the context in _____ⓑ_____ you originally encountered the word.

	ⓐ		ⓑ			ⓐ		ⓑ
①	of	……	that		②	to	……	what
③	of	……	which		④	to	……	which
⑤	of	……	what					

2 다음 두 문장이 같은 뜻이 되도록 빈칸에 들어갈 알 맞은 말을 쓰시오.

> It seemed that he had been ill for a long time.
> = He seemed _____ for a long time.

3 다음 우리말과 같은 뜻이 되도록 밑줄 친 단어를 어 법에 맞게 고쳐 쓰시오.

> 그는 자기 딸이 인형을 훔치지 않았다고 주장했다.
> He insisted that his daughter steal the doll.

4 다음 빈칸에 들어갈 말로 알맞은 것은?

> Why is he looking at me as if he _____ me? I've never seen him before in my life.

① know   ② knows
③ knew   ④ has known
⑤ had known

5 다음 글의 밑줄 친 부분 중 어법상 어색한 것은?

> The reason ① stopping technical progress is ② that many inventions ③ which were developed for good purposes ④ are now used for powerful weapons or ⑤ have serious side effects.

6 다음 능동태 문장을 수동태 문장으로 고쳐 쓰시오.

> Many people saw him steal things from the grocery store.
> → _____

[7~8] 다음 중 어법상 어색한 문장을 고르시오.

7
① I couldn't afford to run a car on my small salary.
② She had no choice but abandoning her campaign.
③ I will visit the village in which my husband was born.
④ I was very confused not to know which route to take.
⑤ Teaching young children is difficult both mentally and physically.

8
① You should have seen the movie.
② The leaves are beginning to turn yellow and red.
③ It is important to not abuse your position as a president.
④ He was standing in front of the hotel with his pipe in his mouth.
⑤ There is a close relationship between the two companies.

9 다음 중 어법상 올바른 문장은?

① Down the river did the canoe float.

② I remember to go to the amusement park last year.

③ After we finish the project, we felt proud of ourselves.

④ It is my laptop computer who I can't live without wherever I go.

⑤ I don't like him not because he is poor but because he is mean.

10 다음 두 문장을 우리말로 해석하시오.

(1) I cannot help you wash the dishes.

→ _____

(2) I cannot help eating your delicious cookies.

→ _____

11 다음 중 문장 전환이 <u>잘못된</u> 것은?

① I wish I knew Sue's telephone number.

= I am sorry that I didn't know Sue's telephone number.

② He was an inventor rather than a scientist.

= He was not so much a scientist as an inventor.

③ Holding our breath, we watched the rescue of the drowning child.

= While we held our breath, we watched the rescue of the drowning child.

④ She looks almost as though she were drunk.

= In fact she isn't drunk.

⑤ People say that tortoises live longer than elephants.

= Tortoises are said to live longer than elephants.

12 다음 글의 빈칸 ⓐ, ⓑ에 들어갈 말이 바르게 짝지어진 것은?

All animals which are known ____ⓐ____ mammals have hair. Each single hair has its own separate place on the skin ____ⓑ____ it grows.

	ⓐ	ⓑ		ⓐ	ⓑ
①	by	where	②	for	that
③	to	which	④	in	which
⑤	as	where			

13 다음 밑줄 친 단어를 어법에 맞게 고쳐 쓰시오.

I was reading a book when my father <u>call</u> me.

14 다음 빈칸 ⓐ, ⓑ에 들어갈 말이 바르게 짝지어진 것은?

• About one-fifth of the immigrants adapted ____ⓐ____ to the culture.

• Although wolves ____ⓑ____ attack livestock, they tend to avoid humans.

	ⓐ	ⓑ
①	themselves	does
②	himself	do
③	themselves	do
④	himself	did
⑤	themself	did

15 다음 글의 밑줄 친 부분 중 어법상 어색한 것은?

> This team is ① friendly with each other on and off the job and ② has been working with each other ③ for a number of ④ years. They ⑤ are appeared to trust each other.

[16~17] 다음 중 어법상 어색한 문장을 고르시오.

16
① Bill is taller of the two boys.
② He must have been late for school.
③ She said so, taking another look in the mirror.
④ It is impossible that we can live without water.
⑤ His new book is much more interesting than his last one.

17
① It is said that he is a great scientist.
② On the table were my grocery list and the note.
③ I want to get through with it as soon as possible.
④ The puppy made it for her to talk almost impossible.
⑤ The insect is waiting for a smaller insect to come by.

18 다음 빈칸에 공통으로 들어갈 말로 알맞은 것은?

> • A number of people _____ are left-handed are more apt to be accident-prone.
> • The group insisted _____ pollutants should be reduced to safe levels.

① who　　　　　② which
③ what　　　　　④ whose
⑤ that

19 다음 중 어법상 옳은 문장은?

① He was pleased by his new home.
② It is the woman that cleans the house.
③ Jenny is studying German since 2002.
④ My husband and I don't always spend time to watch television.
⑤ It was impossible of me to get my father's permission.

20 다음 빈칸에 들어갈 말로 알맞은 것은?

> I _____ about studying electrical engineering, but I decided to study electronics instead.

① think　　　　　② am thinking
③ was thought　　④ was thinking
⑤ will think

James looks closely at Lauren ① for a few minutes. At first, Lauren sits rather stiffly, but then she starts ② to relax a bit. James thinks to himself that now she looks more ③ natural. James looks at her face until he understands its shape. He studies ④ the way that the light plays on her skin, making patterns of lights and shadows. He studies the color of her hair, her eyes, and her skin. Only then ⑤ turns he to pick up a brush and dip it into the oil paints.

21 위 글에 등장하는 **James**의 직업으로 알맞은 것은?

① actor ② artist
③ teacher ④ doctor
⑤ photographer

22 위 글의 밑줄 친 부분 중 어법상 어색한 것을 골라 바르게 고쳐 쓰시오.

[23~24] 다음 글을 읽고, 물음에 답하시오.

Although the powers of most young people ① are the envy of ② the old, serious health problems are present at ages 15-24, including alcoholism and drug abuse. Moreover, a large number of young people ③ are making themselves highly vulnerable to future health problems through cigarette smoking, poor diet, and inadequate exercise. One of ④ the most disturbing trends ⑤ are rising suicide among youth at a time when suicide rates at all other ages are declining rapidly.

* alcoholism 알코올 중독   vulnerable 노출된   suicide 자살

23 위 글의 주제로 적절한 것은?

① Rapid Changes in People's Life
② Physical Strength of Young People
③ Racial Differences in Youth Problems
④ Young People's Self-destructive Behaviors
⑤ Main Causes of Young People's Misbehaviors

24 위 글의 밑줄 친 부분 중 어법상 어색한 것을 골라 바르게 고쳐 쓰시오.

25 다음 글의 밑줄 친 부분 중 어법상 어색한 것은?

Mother took great pains with the dress, and the first time I ① put it on, Father said I looked like a picture. ② Being pleased and happy, I went off to school. But my classmates did not react to my new dress ③ as my family did. One of ④ the girls gave me a hard blow, ⑤ called it an ugly dress. The morning passed for me in misery.

Words Pre-Test Answers

Chapter 1

운동
떨리다, 떨다
경험
현재의
손자, 손녀
~와 싸우다
전쟁터
~을 인지하다
(~와) 의사를 전달하다
인간
~을 식민지로 하다
정도, 범위
가벼운
~(권리를) 주장하다
범죄자
~을 발견하다
온실
~을 닮다
굶주림, 기아
여전히 ~하다
~을 거절하다
배달

Chapter 2

장애
잔인한
처벌하다
부주의한
환경
복잡한
어두운, 우울한
이기적인
공손한, 예의바른
~을 찾다
정보
사치스러운
사려 깊은, 신중한
자장가
노력
~을 제거하다
불가능한
결심, 결정
과체중의
약
~을 대신하다
~를 바꾸다, 돌리다

Chapter 3

외로운
~을 주장하다
부끄러워하는
~을 연기하다
~을 단념하다, 포기하다
~을 무시하다
동료, 한패
편안한
~을 금지하다
편지를 보내다
치료
주의
수술
가구
무한한
종교
(발목·손목 따위를) 삐다
이의를 제기하다, 반대하다
~을 발표하다
~에 집중하다
액체
~을 금하다

Chapter 4

~을 비교하다
사라지다
논평하다
솔직히
인사하다
~을 종결하다, 끝내다
외모, 풍채
폭풍우의
농업
과학적인
~을 가리키다
엄격히, 엄밀히
피곤함
백만장자
대규모의
거리, 간격
말문이 막힌
독특한, 특유의
코를 골다
조상, 선조
움직임, 이동
변하기 쉬운

Chapter 5

~을 추천하다
~을 요구하다
~을 요청하다
~을 …에게 명령하다
당연한, 자연스러운
합리적인
이상한
~을 제안하다
~을 줄이다, 감소시키다
걱정, 근심
아주 재미있는
~에게 전화를 걸다
~을 속이다
아름다움, 미
~을 작곡하다
~을 생산하다
출발
시간을 지키는
무력한
~으로 승진시키다
완벽하게
속담

Chapter 6

익명의
지침, 가이드라인
청중, 관중
~을 기억하다, 암기하다
시골, 지방
기뻐하는, 즐거워하는
만족한, 흡족한
실험
차도
지원자, 자원 봉사자
영향력
행위
도덕
~에 영향을 미치다
영향력이 있는, 강력한
~을 선출하다
등장인물, 배역
치명적인
독
해롭지 않은
~을 해고하다
(~의) 수술을 하다

Chapter 7

동료
~인 체하다
기밀의
복권
유용한
지친
보안
떨다
오염
장학금
승리
도움, 원조
반대
문명, 문화
충돌
(액체 따위의) 유출
바다의
~에 반대하다
발발, 발생
별난, 이상한
갑옷
숨쉬다, 호흡하다

Chapter 8

의장, 회장
보석의 원석
~에 정통하다
재미있어 하는
한편
탐험가
강도
수도
믿을 만한
훌륭한
유대 관계
신체적 장애가 있는
만족
거지
(씨를) 뿌리다
겸손한
[집합적] 꽃
무게가 ~이다
태양계
~을 흡수하다
곧, 얼마 안 있어
상상의

Chapter 9

안식일의
표면
자동차
끓다
~에게 상담하다
전기
우둔한
재활용하다
증발하다
감소하다, 줄다
~을 지속[유지]하다
이전에는
낭비하다
차이, 다름
가치 있는
부재의; 결석한
수의사
~에 다가가다
허락하다
~을 문질러 닦아내다
~을 집어[밀어] 넣다
진동

Chapter 10

도랑, 수로
나무로 만든
양심
환경
기부(금)
자선 (단체)
고함치다
연주, 연기
~로 이주하다
상품, 제품
역사적인
감염되다
포함하다
정확한
반짝이다
수많은
강도짓
(무거운) 짐
사과하다
포유류
골격, 해골
대개

Chapter 11

호의적으로
~을 파괴하다
일관된, 한결같은
긴급한, 절박한
(눈에) 보이는
상인
조사하다
지진
비난하다
민주주의
요리법
극복하다
예보
가슴이 찢어질 듯한
마주보고, 직접
부화하다
복종하다, ~에 따르다
~할 운명인
동료, 친구
경험이 없는, 미숙한
인구 조사
위원회

영문법 한 방에 끝낸다!

After School Grammar 시리즈

▶ 실제 내신 문제를 철저하게 분석하여 시험에 나오는 문법사항을 완벽 정리

▶ 단계별 연습문제와 다양한 유형의 서술형 문제 수록

▶ 문법과 말하기를 동시에 학습할 수 있는 대화 수록

▶ 문맥을 통해 문법을 확인하고 응용해 볼 수 있도록 독해 지문 수록

After School Grammar

After School Grammar 시리즈

Level 1   넥서스영어교육연구소 지음 | 205X265 | 134쪽 | 8,000원
Level 2   넥서스영어교육연구소 지음 | 205X265 | 130쪽 | 8,000원
Level 3   넥서스영어교육연구소 지음 | 205X265 | 132쪽 | 8,000원

www.nexusEDU.kr **NEXUS Edu**
t.02-330-5500 f.02-330-5555

영어듣기 한 방에 끝낸다!

After School Listening 시리즈

▶ 시·도 교육청 공동 주관 중학교 영어듣기능력평가 기출 문제 완전 분석

▶ 최신 듣기평가 기출 유형이 100% 반영된 모의고사 16회분과 실전 영어듣기평가 2회분

▶ 잘 들리지 않았던 부분을 확실히 확인할 수 있는 Dictation Test

▶ 기출 문제 유형 분석과 각종 핵심 표현을 총정리한 Mini Book

After School Listening

After School Listening 시리즈

Level 1 안천구, 넥서스영어교육연구소 지음 | 210×280 | 144쪽 | 11,000원(MP3 CD 1장 포함)
Level 2 안천구, 넥서스영어교육연구소 지음 | 210×280 | 144쪽 | 11,000원(MP3 CD 1장 포함)
Level 3 안천구, 넥서스영어교육연구소 지음 | 210×280 | 144쪽 | 11,000원(MP3 CD 1장 포함)

상위 5%를 위한

중학 영문법

뽀개기

정답 및 해설

중등교과서 완전 분석·정리
중간·기말 고사 완벽 대비 문제
독해와 회화로 이어지는 통합형 문법학습

3
LEVEL

김대영, 박수진 지음

Grammar

NEXUS Edu

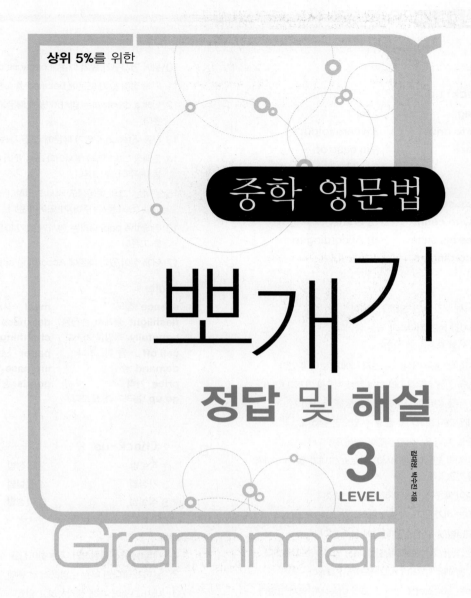

상위 5%를 위한

중학 영문법

뽀개기

정답 및 해설

3 LEVEL

김대영, 박수진 지음

Grammar

NEXUS Edu

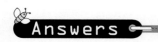

:: 권두부록

A

1 during	2 for
3 how to drive	4 where to put
5 in case	6 in case of
7 by	8 until
9 until	10 Because of
11 because	12 because of
13 how to count	14 is she
15 does his sister	16 According to
17 According as	

해석

1 그는 식사 시간 동안 침묵을 지켰다.

2 그는 3시간 동안 기다리고 있는 중이다.

3 그녀는 차를 운전할 줄 몰랐다.

4 그는 자신의 총을 어디에 두는지 나에게 보여 주었다.

5 나는 길을 잃는 경우를 대비하여 항상 지도를 가지고 다닌다.

6 그는 어두울 경우를 대비하여 손전등을 가져왔다.

7 내가 내일까지 보고서를 끝낼 수 있으면 좋겠다.

8 나는 오늘 저녁 8시까지 직장에 있을 것이다.

9 나는 마지막 만남이 되어서야 비로소 그녀가 얼마나 매력적인지 깨달았다.

10 그의 나이 때문에 그는 빨리 달릴 수 없었다.

11 그 경기는 비가 왔기 때문에 취소되었다.

12 나는 지난밤에 꾸었던 꿈 때문에 울고 있다.

13 나의 선생님은 우리에게 숫자를 세는 법을 가르쳐주셨다.

14 그 노인은 매우 부자이다. 그녀도 역시 그렇다.

15 James는 프랑스어를 말하고, 그의 여동생도 역시 그렇다.

16 신문에 따르면, 그는 어제 전쟁에서 전사했다.

17 수요가 증가하는 것에 따라 상품의 가격은 올라간다.

⇨ 문제해결

1 the meal은 특정 기간이기 때문에 during을 고른다.

2 뒤에 〈숫자+기간〉이 왔기 때문에 for를 고른다.

3, 4 앞에 타동사 know, show가 있기 때문에 〈의문사+to 부정사〉를 고른다.

5 뒤에 절이 왔기 때문에 in case를 고른다.

6 뒤에 명사가 있으므로 in case of를 고른다.

7 내일까지 보고서가 완료되는 것 즉, finish는 일회성 동사 이기 때문에 by를 쓴다.

8, 9 그 시간까지 동작이 계속될 가능성이 있는 동사 즉, 지속성 동사 stay와 be가 왔으므로 until을 고른다.

10 뒤에 명사구가 왔기 때문에 because of를 고른다.

11 뒤에 절이 왔기 때문에 because를 고른다.

12 뒤에 a dream라는 명사가 있기 때문에 because of를 고른다.

13 타동사 teach가 있기 때문에 〈의문사+to부정사〉를 고른다.

14 문맥상 '그녀 역시 부자이다'라는 뜻이 되어야 하므로 〈So 동사+주어〉를 고른다.

15 문맥상 '그의 여동생도 역시 그러하다'라는 뜻이 되어야 하므로 〈So+동사+주어〉가 되어야 한다.

16 뒤에 the papers라는 명사가 왔기 때문에 According to 를 고른다.

17 뒤에 절이 왔기 때문에 According as를 고른다.

◎ 어휘

silence 침묵	**meal** 식사
flashlight 플래시, 손전등	**darkness** 어둠
hopefully 희망을 가지고	**charming** 매력적인
call off ~을 취소하다	**paper** 신문
demand 수요	**increase** 증가하다
price 가격	**goods** 상품
go up 올라가다, 오르다	

B

1 직설법	2 가정법
3 가정법	4 직설법
5 직설법	6 가정법

해석

1 내일 날씨가 화창하면 나는 하이킹을 갈 것이다.

2 날씨가 좋다면 나는 수영하러 갈 텐데.

3 내가 그것에 대해 생각하려고 멈췄더라면 나는 그런 식으로 반응하지 않았을 텐데.

4 당신이 피부를 햇빛에 많이 노출시키면 화상을 입는 결과를 낳는다.

5 그녀가 오늘 오후에 한가하면 너에게 들를 거야.

6 그가 바쁘지 않다면 그는 자신의 두 아들과 좀 더 많은 시간을 보낼 텐데.

⇨ 문제해결

1 실현 가능성이 있기 때문에 직설법 미래로 표현한 것이며, 직설법 if절에서 미래 시제는 현재로 표현해야 한다.

2 실현 가능성이 없기 때문에 주절에 〈would+동사원형〉을 사용하여 가정법으로 표현하고 있다.

3 주절에 〈would have p.p.〉가 있으므로 가정법 과거완료임을 알 수 있다.

4 실현 가능성이 있는 내용으로 직설법 현재이다.

5 실현 가능성이 있기 때문에 직설법으로 표현한 것이며, 직설법 if절에서 미래 시제는 현재로 표현해야 한다.

6 실현 가능성이 없기 때문에 종속절은 동사의 과거형을, 주절에는 〈could+동사원형〉을 사용하여 가정법으로 표현하고 있다.

◎ 어휘

react 반응하다   **skin** 피부
expose ～을 노출시키다   **sunlight** 햇빛
result in (～결과로) 되다, 끝나다
burn 화상, 햇빛에 타기   **drop by** ～에 들르다

C   Check-up

1 Do you know where
2 Where do you think
3 On hearing the music
4 In meeting the man

⇒ 문제해결

1 yes/no의 대답을 요구하는 의문문이므로 의문사가 앞으로 이동하지 않는다.

2 yes/no의 대답을 요구하지 않는 의문문이므로 의문사가 앞으로 이동한다.

3 내용상 '～하자마자'라는 의미의 On ～ing를 쓴다.

4 내용상 '～할 때'라는 의미의 In ～ing를 쓴다.

◎ 어휘

had better+동사원형 ～하는 편이 낫다

D   Check-up

1 내가 찾고 있던 것
2 그녀가 지금 무엇을 원하는지
3 진실을 말했던 사람은 바로 나였다.
4 그녀가 런던에 갔다 온 것은 사실이다.

해석

1 이것이 바로 내가 찾고 있던 것이다.
2 나는 그녀가 지금 무엇을 원하는지 모르겠다.
3 진실을 말했던 사람은 바로 나였다.
4 그녀가 런던에 갔다 온 것은 사실이다.

⇒ 문제해결

1 이 문장에서 what은 관계대명사로 '～하는 것'으로 해석한다.

2 이 문장에서 what은 know의 목적어로 사용된 의문대명사이므로 '무엇'으로 해석한다.

---

3 It+be동사와 that 사이에 형용사나 감정 명사 이외의 것이 있으므로 강조 구문이다.

4 It+be동사 다음에 형용사 true가 있기 때문에 가주어, 진주어 구문이다.

◎ 어휘

look for ～을 찾다
have been to ～에 갔다 왔다

E   Check-up

1 until next Friday
2 in case she calls/rings
3 for a few days next week
4 On hearing the news

⇒ 문제해결

1 일회성 동사가 아니라 지속성 동사이기 때문에 until을 쓴다.

2 '～의 경우에 대비하여'의 뜻으로 〈주어+동사〉와 함께 쓰이는 표현은 in case이다.

3 '～하는 동안'의 뜻으로 〈숫자+기간〉과 함께 쓰이는 전치사는 for이다.

4 '～ 하자마자'의 뜻을 가진 표현인 〈On+동명사〉를 고른다.

Chapter | 3
Unit 01   p.20

A   Check-up

1 do   2 arrives
3 are trembling   4 begins
5 complaining

해석

1 나는 매일 아침 식사 전에 운동을 한다.
2 그녀가 도착하자마자 나에게 전화주세요.
3 저것 봐! 나뭇잎들이 바람에 흔들리고 있어.
4 겨울 방학은 다음 주 금요일에 시작된다.
5 그는 항상 자기 아내에 대해 불평을 한다.

⇒ 문제해결

1 현재의 습관, 반복적인 동작을 나타내므로 현재 시제가 되어야 한다.

2 시간 부사절에서는 미래 시제를 현재 시제로 표현한다.

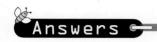

3 지금 나뭇잎이 흔들리고 있는 것을 보라고 하는 것이므로 현재진행이 되어야 한다.

4 공식적으로 정해진 계획인 경우에는 미래 시제를 현재 시제로 나타낼 수 있다.

5 반복적인 행위는 현재진행으로 표현한다.

◎ 어휘

tremble 떨리다, 흔들리다

complain ~에 대해 불평하다

B
◗ Check-up ◖

1 was → is

2 traveled → are traveling

3 is belonging → belongs

4 are wanting → want

5 prepares → is preparing

6 will be → are

7 left → leaves

8 stood → stands

해석

1 2 더하기 2는 4이다.

2 현재 나의 부모님은 캐나다에서 여행 중이시다.

3 그 집은 나의 어머니 소유이다.

4 그들은 자신들의 손자들을 보고 싶어 한다.

5 그녀는 지금 어머니와 저녁을 준비하고 있다.

6 네가 늦지 않으면 너는 그녀를 만날 것이다.

7 첫 기차는 매일 6시 10분에 출발한다.

8 자유의 여신상은 뉴욕에 있다.

⇨ 문제해결

1, 7, 8 불변의 진리나 현재의 반복적인 습관은 현재 시제로 표현한다.

2, 5 현재의 진행 상태를 나타내므로 현재진행이 적절하다.

3, 4 belong과 want는 진행형으로 쓸 수 없다.

6 조건 부사절에서는 미래 시제를 현재 시제로 표현해야 한다.

◎ 어휘

at present 현재는, 지금은

belong to ~에 속하다

Unit 02
p.21

A
◗ Check-up ◖

1 was doing   2 was wounded

3 had seen   4 was waiting

5 didn't have

해석

1 Amy는 내가 집에 왔을 때 숙제를 하고 있었다.

2 그는 지난달 전쟁터에서 부상을 당했다.

3 나는 그녀를 전에 본 적이 있었기 때문에 즉시 그녀를 알아보았다.

4 내가 역에 도착했을 때 아버지가 나를 기다리고 계셨다.

5 비록 그는 많은 경험이 없었지만, 자신의 차를 수리할 수 있었다.

⇨ 문제해결

1 집에 온 것은 과거이고, 그 때 숙제를 하고 있는 중이었으므로 과거진행이 적절하다.

2 last month라는 과거 시점이 명시되어 있고, 부상을 당한 것이므로 과거 수동태가 되어야 한다.

3 종속절의 시제가 주절보다 앞서기 때문에 과거완료 시제가 되어야 한다.

4 도착한 시제가 과거이고 그때 기다리고 있었던 것이므로 과거진행이 적절하다.

5 주절의 시제가 과거이고 양보절이므로 과거 부정문이 적절하다.

◎ 어휘

wound ~을 상처 입히다   **battlefield** 전쟁터

recognize ~을 인식하다   **at once** 즉시

experience 경험   **repair** ~을 수리하다

B
◗ Check-up ◖

1 have you been → did you go

2 have → had

3 bought → had bought

4 lies → lay

5 works → was working

6 happens → happened

7 can → could

해석

1 너는 언제 파리에 갔니?

2 네가 들어오기 전에 나는 그 일을 끝냈다.

3 나는 그 전날 내가 구입한 책을 그에게 빌려주었다.

4 어제 그는 공원의 잔디 위에 누웠다.

5 그는 어제 4시에 사무실에서 일을 하고 있었다.

6 2001년에 9·11이 일어났을 때 기분이 어땠습니까?

7 만약 내가 스페인어를 배운다면 그들과 대화할 수 있을 텐데.

⇨ 문제해결

1 시간을 묻는 의문사 when(언제)은 과거의 한 시점에서 현재까지의 상태나 동작을 나타내는 현재완료 시제와 같이 쓸 수 없다.

2 들어오기 전에 일을 한 것이므로 과거완료가 적절하다.

3 빌려주기 전에 구입한 것이므로 과거완료가 적절하다.

4 과거를 나타내는 명확한 부사(yesterday)가 있으므로 과거 시제가 되어야 한다.

5 과거의 4시에 일을 하고 있었던 것이므로 과거진행이 되어야 한다.

6 2001년이라는 과거 시점이 명시되어 있기 때문에 과거 시제를 써야 한다.

7 조건절의 동사가 learned로 가정법 과거 문장이다. 따라서 can을 과거 시제로 써야 한다.

Unit 03
p.22

A

◦ Check-up ◦

1 will have learned/learnt　**2** will have heard

3 had been　　　　　　　**4** had lost

5 had been

해석

1 내년이 되면 나는 9년 동안 영어를 공부하게 되는 셈이다.

2 만일 내가 그 노래를 다시 듣는다면 열 번 듣게 되는 셈이다.

3 내가 그 남자를 다시 만났을 때 그는 1주일 동안 아팠다.

4 그녀는 오래된 모자를 잃어버렸기 때문에 새 모자를 샀다.

5 어머니가 돌아왔을 때 나는 5시간 동안 자고 있었다.

⇨ 문제해결

1 기준이 되는 시점이 next year이므로 미래완료가 적절하다.

2 다시 듣게 된다면 이라고 미래의 시점을 가정하는 것이므로 미래완료가 적절하다.

3 만나기 이전부터 아팠던 것이므로 과거완료가 적절하다.

4 새 모자를 구입한 시점이 과거이고, 잃어버린 것은 그 이전이므로 과거완료가 적절하다.

5 어머니가 돌아오기 이전부터 잠을 잔 것이므로 과거완료가 적절하다.

◎ 어휘

asleep 잠든

B

◦ Check-up ◦

1 hadn't/had not locked

2 will have lived

3 arrived, had lost

4 will have finished

⇨ 문제해결

1 도착한 시간과 잃어버린 사실을 안 시간이 같고, 돈을 잃어버린 것은 그 시점 이전의 일이므로 과거완료 시제를 사용한다.

2 기준이 되는 시점이 미래, next year이므로 미래완료 시제를 사용한다.

3 기억한 시제가 과거이고, 문을 잠그지 않은 것은 그 이전에 일어난 일이므로 과거완료 시제를 사용한다.

4 미래의 기준이 되는 시점이 by the time he is thirty-five 이므로 미래완료 시제를 사용한다.

개념확인문제
p.23

1 ③　　　　**2** ⑤　　　**3** ⑤　　　**4** ①

5 am belonging → belong　　**6** ③

7 had left / left　　**8** will have painted

9 (1) freezes　(2) found

10 is teaching

1-3

해석

1 며칠 전에 그녀가 전화했을 때 나는 그녀를 생각하고 있었다.

2 우리가 집에 도착할 때쯤이면 우리는 10일 동안 밖에 있게 되는 것이다.

3 지금으로부터 50년 후에 인간은 달을 식민지화할 것이다.

⇨ 문제해결

1 전화했을 당시에 생각하고 있었으므로 과거진행 시제가 적절하다.

2 아직 도착하지 않은 미래의 시점이 기준이 되기 때문에 미래완료 시제가 되어야 한다.

3 기준이 되는 시점이 미래 50년 후이기 때문에 미래완료 시제가 되어야 한다.

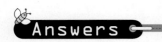

◎ 어휘

the other day 일전에, 며칠 전에
by the time ~쯤에　　**human** 인간
colonize ~을 식민지로 만들다

4 해석

① 너는 달이 지구 주위를 돈다는 것을 어떻게 알았니?
② 그들은 내일 아침에 Auckland로 떠날 것이다.
③ 너는 하루 종일 컴퓨터 게임을 하고 있었니?
④ 그 작가는 내년 봄이 되면 100권의 소설을 쓰게 되는 셈이다.
⑤ Jim은 항상 자기 자신에 대해서 말했다.

⇨ 문제해결

① 불변의 진리는 현재 시제로 나타낸다.

◎ 어휘

author 작가　　　　**novel** 소설

5 해석

우리는 동아리에 가입할 수 있다. 나는 야구를 좋아해서 학교 야구팀에 속해 있다.

⇨ 문제해결

belong to는 진행형이 불가능한 동사구이다.

◎ 어휘

take part in ~에 참여[참가]하다

6 해석

• 그가 다시 Disney Land에 간다면 그는 거기에 두 번을 가게 되는 셈이다.
• Woods 여사는 지난주에 초콜릿 케이크를 만들었다.

⇨ 문제해결

ⓐ 조건을 나타내는 부사절로 미래 시제 대신 현재 시제로 쓰였고, 문맥상 과거의 한 시점에서 미래까지 이어지는 내용이 되어야 하므로 미래완료 시제를 고른다.
ⓑ lastweek라는 과거의 시점이 명시되어 있기 때문에 과거 시제를 고른다.

◎ 어휘

twice 두 번, 2회

7-8 해석

7 Joanna가 커피숍을 떠나고 Matthew가 도착했다. 그래서 그들은 서로 만나지 못했다.
　→ Matthew가 도착하기 전에 Joanna는 커피숍을 떠났다.
8 David는 그가 5살 때부터 그림을 그리기 시작했고, 14점의 그림을 그렸다. 그는 새 그림을 그리기 시작해 6월에 그

그림을 마칠 것이다.
　→ 이번 6월까지 David는 15점의 그림을 그리게 되는 셈이다.

⇨ 문제해결

7 Joanna는 Matthew가 도착하기 전에 떠난 것이기 때문에 떠난 것이 도착한 것 보다 먼저 발생한 사건이다. 따라서 과거완료 시제를 사용하거나, 접속사 after, before를 사용하여 사건의 전후 관계가 명백한 경우에는 과거완료 대신 과거 시제를 쓸 수 있다.
8 기준이 되는 시점이 미래 시제이고 과거에서부터 시작한 어떤 사건이 미래까지 영향을 미치고 있으므로 미래완료 시제를 쓴다.

9 해석

(1) 물은 화씨 32도에서 언다.
(2) Galileo는 세계가 둥글다는 것을 밝혀냈다.

⇨ 문제해결

(1) 불변의 진리는 현재 시제로 나타낸다.
(2) 역사적 사실은 과거 시제로 나타낸다.

◎ 어휘

degree 도(度)　　　　**Fahrenheit** 화씨

10 해석

A : 그녀는 피아노 연주하는 법을 배우고 있니?
B : 그래. Brown 부인이 그녀에게 피아노를 어떻게 연주하는지 가르치고 있어.

⇨ 문제해결

현재진행으로 물었기 때문에 현재진행으로 답해야 한다.

Review Test　　　　　p.24

1 ②	2 ⑤	3 ③	4 ③	5 ②
6 ②	7 ①	8 ⑤	9 ④	10 ④
11 ①	12 ③	13 ④	14 ④	15 ②
16 ①	17 ④	18 (1) resembles　(2) left		

19 (1) was sleeping　(2) will have solved
20 is → was

1-3 해석

1 그녀는 지난 토요일에 집세를 지불했다.

2 내가 그녀를 파리에서 만났을 때 그녀는 10년 동안 파리에서 살고 있었다.

3 나는 네가 공부를 하고 있는 동안 쇼핑을 했다.

⇨ 문제해결

1 last Saturday라는 과거 시점이 명시되어 있으므로 과거 시제를 고른다.

2 과거의 기준 시점 이전에 일어나서 기준 시점까지 계속된 상태나 동작을 나타내므로 과거완료가 적절하다.

3 접속사 while이 쓰여 공부하는 동안 쇼핑을 했다고 해야 문맥상 자연스러우므로 과거진행이 되어야 한다.

◎ 어휘

rent 집세
do the shopping 쇼핑하다, 장보다

4-5

해석

4 그는 _____ 가난한 사람들을 위해서 일을 하고 있다.

5 그녀는 _____ 숙제를 마칠 것이다.

⇨ 문제해결

4 ③ 문장의 동사가 현재완료진행 시제로 과거의 시점은 알맞지 않다.

5 ② 문장의 동사가 미래완료 시제이므로 현재완료와 같이 사용되는 since는 알맞지 않다.

◎ 어휘

the poor 가난한 사람들

6-7

해석

6 그녀는 지금 피자 한 조각을 더 먹고 있다.

7 공부만 하고 놀지 않는 아이는 바보가 된다. (공부할 때는 공부하고 놀 때는 놀아라.)

⇨ 문제해결

6 진행중인 동작으로 have가 소유의 의미가 아니라 '먹다', 또는 '시간을 보내다'의 의미로 사용되는 경우에는 진형형으로 쓸 수 있다.

7 일반적인 진리나 격언은 현재 시제를 사용한다. 주어가 and로 연결되어 있지만 공부만 하고 놀지 않는 것을 하나의 개념으로 여기기 때문에 단수 취급해야 한다.

8-10

해석

8 ① James는 차를 구입하는 것에 대해 생각 중이다.

② 그들은 어제 그녀를 파티에 초대했다.

③ 그는 내년이 되면 서울에 10년 동안 살게 되는 셈이다.

④ 나는 내가 현관문에 도착하기 직전에 나의 열쇠를 찾았다.

⑤ 그들이 기다리고 있는 동안 그들은 컴퓨터 게임을 하기로 결정했다.

9 ① 나는 그에게 카메라를 사용하는 방법을 가르쳐 주었다.

② 그녀는 옷을 입기 전에 샤워를 했다.

③ 그는 너무 잘해서 모든 게임을 이겼다.

④ 그 생각은 점점 더 어리석은 것처럼 들린다.

⑤ 그들은 들어왔지만 웃지도 않고 서로 말도 하지 않았다.

10 ① 우리가 도착했을 때 그녀는 공항을 떠나고 없었다.

② 내가 잃어버렸던 시계를 그가 나에게 찾아주었다.

③ 네가 다 읽었으면 이 책을 빌려도 되니?

④ 당신이 집에 돌아올 때까지 설거지를 다 해놓을 것이다.

⑤ 그녀는 내일이면 3주간 입원한 셈이 된다.

⇨ 문제해결

8 ⑤ 결정한 시제가 과거이므로, 기다리는 것은 과거나 과거진행이 되어야 한다. (→ were waiting)

9 ④ 감각 동사는 진행형으로 만들 수 없다. (→ sounds)

10 ④ 미래 시점까지 설거지하는 동작이 완료되므로 미래완료형으로 고쳐야 한다. (→ will have washed)

◎ 어휘

take a shower 샤워를 하다
get dressed 옷을 입다
increasingly 점점, 더욱 더
foolish 어리석은
borrow ~을 빌리다
wash the dishes 설거지하다

11-13

⇨ 문제해결

11 불변의 진리는 현재 시제로 나타낸다.

12 과거 시점에서 진행중인 동작이나 상태를 나타내고 있으므로 과거진행이 적절하다.

13 그가 주장했던 시점은 과거이고, 그가 범인을 보았다는 시점은 과거 이전이므로 대과거, 즉 과거완료 형태가 적절하다.

◎ 어휘

light 가벼운	**empty** 텅 빈
claim ~를 주장하다	**criminal** 범인, 죄인

14-15

해석

14 현재 58%의 아이들이 식사 시간 동안 TV가 켜져 있는 미국의 집에 살고 있다. 하지만 40%의 아이들은 아무도 보고 있지 않아도 TV가 켜져 있다고 말한다.

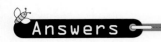

15 1985년에 과학자들은 이산화탄소와 같은 온실 가스들이 오존층을 파괴하는 최초의 조짐을 발견했다.

⇨ 문제해결

14 ④ 아무도 보지 않는 동안에도 TV가 켜져 있다는 것이므로 내용상 현재진행이 적절하다.

15 ② 과거 시점이 명시되어 있기 때문에 과거 시제가 적절하다.

◎ 어휘

during meals 식사 시간 동안
discover ~을 발견하다　**sign** 조짐, 징후
green house gas 온실 가스
carbon dioxide 이산화탄소

16 **해석**
67세의 Smith 부인은 지난 17년간 누군가로부터 크리스마스 카드를 받아왔다. 그녀는 누가 카드를 보내는지 전혀 알지 못한다. 그녀는 Worcester에 집을 산 이후로 카드를 받기 시작했다. 그녀는 몇 년간 크리스마스카드 수수께끼를 풀어보려 했지만 지금은 포기하고 매 크리스마스마다 카드를 벽에 걸어놓는다.

⇨ 문제해결

① 내용상 '지난 17년 전부터 지금까지'라는 뜻이므로 현재완료가 적절하다. (→ has received)

◎ 어휘

spent 시간+동명사 ~하면서 시간을 보내다
puzzle 수수께끼　　　　**give up** ~을 포기하다

17 **해석**
그 어린 소년은 헨젤과 그레텔 이야기를 알고 있었다. 그는 전에 그것을 읽었다.

⇨ 문제해결

④ 기준이 되는 시점이 과거이고 그 전에 책을 읽은 것이기 때문에 과거완료인 〈had+p.p.〉를 사용해야 한다.

18 **해석**
(1) Martin은 그의 어머니보다 그의 아버지를 훨씬 더 많이 닮았다.
(2) 우리가 공원을 떠날 때 그 소년들은 축구를 하고 있었다.

⇨ 문제해결

(1) resemble은 진행형으로 쓸 수 없는 동사이므로 현재 시제로 바꾼다.
(2) 소년들이 축구를 하고 있었던 것이 과거진행이므로 종속절에는 과거 시제를 써야 한다.

19 **해석**
(1) 그가 방에 들어갔을 때 아기는 자고 있었다.
(2) 많은 과학자들은 2020년까지 세계의 기아 문제를 해결할 것이다.

⇨ 문제해결

(1) 그가 들어온 것은 과거이고, 아기는 그때 자고 있었다고 해야 하므로, 과거진행형이 알맞다.
(2) 기준이 되는 시점이 미래이므로 미래완료 시제가 되어야 한다.

◎ 어휘

solve ~을 해결하다　　　**hunger** 기아, 굶주림

20 **해석**
Jane은 자기 방에서 울고 있었다. 그녀는 "나는 오늘 30세가 되는데 어느 누구도 관심이 없어."라고 생각했다. 그녀의 남편과 두 아이들은 밖에서 농구를 하고 있는 중이었다. 그들은 웃고 즐거워하고 있었다. 그들은 오늘이 특별한 날이라는 것을 알지 못했다.

⇨ 문제해결

⑤ 과거의 이야기이므로 today가 있더라도 과거의 오늘이므로 과거 시제가 되어야 한다. (→ was)

◎ 어휘

care 마음을 쓰다

Reading

p.27

1 ④　　　2 ④　　　3 ③

1 **해석**
어느 마을에 한 젊은이가 살고 있었다. 어느 날 그는 옆집에 사는 노부인이 식중독에 걸렸다는 것을 들었다. 그가 그 이야기를 들었을 때, 그는 자기 어머니가 말해준 어떤 것을 기억했다. 옛날에 그의 어머니는 그에게 그 질병에 좋은 특별한 식물에 관하여 말해준 적이 있다.

⇨ 문제해결

④ 기억한 것은 과거이고 어머니가 말한 것은 그 이전의 일이므로 과거완료 시제가 되어야 한다. (→ had said)

◎ 어휘

be stricken by food poisoning 식중독에 걸리다
plant 식물　　　　　　**illness** 질병, 병

2 **해석**
David는 그날 저녁 Amanda와 학급 파티에 갈 예정이었기

때문에 매우 행복했다. 그녀는 학급에서 가장 예쁜 소녀였다. 그는 1년 넘게 Amanda과 데이트를 하려고 애를 썼지만 그녀는 항상 거절했다. 그가 거의 2년 동안 끈질기게 데이트를 신청하자 그녀는 그녀를 향한 그의 사랑이 변하지 않을 것이라는 것을 알게 되었다. 그녀는 마침내 승낙했다.

⇒ 문제해결

④ 과거 이전의 어느 시점부터 계속 거절해 온 것이므로 과거완료 시제가 되어야 한다.

◎ 어휘

refuse ~을 거절하다
be ready to부정사 ~할 준비가 되다

3 **해석**

3월 29일 목요일 – 21일부터 서남서와 남서 방향에서 계속해서 강풍이 불었다. 20일에는 각각 2잔의 차를 끓일 연료와 2일분의 얼마 안 되는 식량밖에 남지 않았다. 매일 우리는 11마일 떨어져 있는 보급창을 향해 출발할 준비를 하지만 텐트 밖에는 회오리바람이 늘 분다. 이제 더 나은 어떤 것도 바랄 수 없는 것 같다. 우리는 끝까지 버티겠지만, 점점 허약해지고 있으니 최후가 멀지 않은 것 같다.

⇒ 문제해결

ⓐ since(~이래로) 구문이 있으므로 현재완료 시제가 와야 한다.
ⓑ 내용상 끝까지 버틸 것이라는 미래 시제가 적절하다.
ⓒ 점점 약해지고 있다는 현재의 상태를 나타내므로 현재진행이 적절하다.

◎ 어휘

continuous 계속적인, 끊임없는
gale 강풍 　　　　**apiece** 각각, 각자
bare 빠듯한, 얼마 안 되는 　**depot** 저장소, 창고, 보급소
whirling 소용돌이 치는 　　**drift** 흐름
stick out 끝까지 저항하다

Grammar in Conversation　　p.28

1 ②　　2 ②　　3 ①

1 **해석**

A : Nick은 그의 보고서를 끝냈습니까?
B : 네, 1시간 전에 끝냈습니다.
A : 보고서 작성이 끝나자마자 저에게 주기로 되어 있었는데요. 그가 어디에 있는지 아세요?
B : 죄송한데, 모르겠습니다.

⇒ 문제해결

② ago라는 부사는 과거 시제에서만 쓸 수 있다.

◎ 어휘

be supposed to ~하기로 되어 있다
hand (서류 등을) 제출하다

2 **해석**

A : 미안해. 나 너한테 사과할 게 있어.
B : 뭔데?
A : 우리가 가기로 계획했던 콘서트가 어제였는데, 까맣게 잊고 있었어.
B : 그래, 두 시간이나 기다렸고 네게 화가 났었지.
A : 정말 미안해. 다시는 그러지 않겠다고 약속할게.

⇒ 문제해결

② 콘서트에 가기로 했던 것은 어제이므로 과거 시제가 맞지만, 그것을 계획했던 것은 더 먼 과거이므로 대과거, 즉 과거완료 had planned가 알맞다.

◎ 어휘

owe ~을 빚지다 　　　**apology** 사과
completely 완전히
be angry with 사람 ~에게 성내다

3 **해석**

A : 실례합니다. 배달료는 얼마입니까?
B : 시내에 살고 계시면 항상 무료이고, 그렇지 않다면 20달러입니다.
A : 잘됐군요. 저는 시내에 살고 있습니다.
B : 그러면 무료입니다.
A : 얼마나 걸릴까요?
B : 이틀 후에 받게 될 것입니다. 괜찮으십니까?
A : 괜찮을 것 같습니다.

⇒ 문제해결

ⓐ 가격을 물어보는 것이므로 당연히 현재 시제가 되어야 한다.
ⓑ 현재 살고 있는 상태를 나타내는 것이므로 현재진행이 적절하다.
ⓒ 미래에 물건을 받아보는 것을 이야기하므로 미래 시제가 되어야 한다.

◎ 어휘

delivery charge 배달료　**downtown** 시내
free of charge 무료로　**a couple of** 2일, 2개

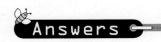

chapter 2 필요에 따라 동사에 가발 씌우기 I

Unit 04
p.32

A

Check-up

1 for	2 of	3 for
4 for	5 of	6 for

해석

1 우리는 우리의 환경을 보호해야 할 필요가 있다.
2 내가 그런 일을 하다니 부주의했구나.
3 모든 사람들은 Kevin이 도착하기를 기다리고 있다.
4 그들은 그가 살 장소를 마련해 주었다.
5 그녀가 그런 질문을 하다니 어리석었구나.
6 그가 그 파일들을 검토하는 것은 중요하다.

⇨ 문제해결

1, 3, 4, 6 행위자가 일반인, 불특정인, 문장의 주어, 목적어가 아닐 경우는 for를 사용한다.

2, 5 부정사 앞에 사람의 성격, 성질을 나타내는 형용사가 있으므로 of가 적절하다.

◎ 어휘

protect ～을 보호하다   **environment** 환경
careless 부주의한
set up ～을 세우다, 마련하다
foolish 어리석은

B

Check-up

1 He
2 This river
3 for me to solve the problem
4 He
5 for me to understand the book

해석

1 그가 버스를 잘못 타다니 어리석었구나.
2 우리가 이 강에서 수영하는 것은 위험하다.
3 그 문제는 내가 풀기에 쉽지 않다.
4 그가 노부인에게 나이를 묻다니 무례했구나.
5 그 책은 내가 이해하기에 복잡하다.

⇨ 문제해결

1, 4 〈It ～ of ～ to부정사〉 구문에서 의미상의 주어가 문장의 주어 자리로 갈 수 있다.

2 〈It ～ for ～ to부정사〉 구문에서 전치사의 목적어가 문장의 주어 자리로 갈 수 있다.

3, 5 문장의 주어를 to부정사의 목적어로 바꿔 〈It ～ for ～ to부정사〉 구문으로 만들 수 있다.

Unit 05
p.33

A

Check-up

1 to be	2 not to
3 to have been	4 never to
5 to be	

해석

1 그는 지금 매우 화가 난 것 같다.
2 그녀는 나에게 그 치마를 사지 말라고 충고했다.
3 Kelly는 우울한 것 같다. 그녀는 꾸중을 들었던 것 같다.
4 나의 선생님은 나에게 자신의 책을 절대 만지지 말라고 말씀하셨다.
5 그 아기는 울고 있다. 그녀는 배가 고픈 것 같다.

⇨ 문제해결

1 현재 시제를 나타내는 now가 있으므로 단순 부정사가 적절하다.

2, 4 부정사를 부정할 경우 바로 앞에 not 또는 never를 둔다.

3 꾸중을 들은 것은 현재 시점 이전에 일어난 일이므로 완료 부정사가 되어야 한다.

5 아기는 지금 배가 고파서 울고 있는 것이므로 단순 부정사를 쓴다.

◎ 어휘

gloomy 우울한   **scold** ～을 꾸짖다

B

Check-up

1 not to wait for her
2 to have played soccer yesterday
3 not to wake up the sleeping baby

⇨ 문제해결

1, 3 부정사를 부정할 경우에는 not을 바로 앞에 둔다.

2 현재 시점 이전에 일어난 일을 묘사하므로 완료 부정사가 되어야 한다.

◎ 어휘

wait for ～을 기다리다

🐝 **개념**확인문제   p.34

1 ②   2 ②   3 ⑤   4 of
5 ⑤   6 ③   7 He   8 The door
9 have done   10 Try not/never to search

1-2

해석

1 너는 그녀가 너를 사랑해주길 바라니?

2 그녀는 자신을 행복하게 하는 것만 하다니 이기적이다.

⇨ **문제해결**

1 tolove의 의미상의 주어를 고르는 것으로 의미상의 주어는 목적격으로 나타낸다.

2 의미상의 주어가 〈of+목적격〉이므로 앞에 사람의 성질, 성격, 태도를 나타내는 형용사가 와야 한다.

◎ **어휘**

selfish 이기적인   **necessary** 필요한
impossible 불가능한

3

해석

• 인생은 멋진 것 같다.

• Jina는 외국계 회사에서 일하길 원한다.

⇨ **문제해결**

주절의 시제와 같거나 미래 시제일 때 단순 부정사를 사용한다.

◎ **어휘**

foreign 외국의

4

해석

A : 축하해! 네가 영어에서 가장 높은 점수를 받았어.

B : 고마워. 그렇게 말해주다니 넌 친절하구나.

⇨ **문제해결**

kind라는 사람의 성질, 성격을 나타내는 형용사가 있으므로 의미상의 주어는 〈of+목적격〉을 쓴다.

◎ **어휘**

congratulation 축하   **score** 점수

5

해석

① 그가 너를 도와주다니 착하구나.

② 그는 운동하는 것을 그만두지 않겠다고 약속했다.

③ 주의 깊게 듣다니 그는 예의 바르구나.

④ 그녀가 수학에서 A를 받는 것은 어렵다.

⑤ 그는 작년에 유명했던 것 같다.

⇨ **문제해결**

⑤ 주절의 시제보다 한 시제 먼저 발생한 내용을 나타내고 있기 때문에 완료 부정사를 쓴다. (to be → to have been)

◎ **어휘**

carefully 주의 깊게   **polite** 예의 바른, 정중한

6

해석

① 그런 큰 실수를 저지르다니 그는 경솔하구나.

② 늦은 시간에 소리를 지르다니 그들은 예의가 없구나.

③ 아이들이 눈사람을 만드는 것은 쉽다.

④ 시간을 헛되이 보내지 않다니 너는 현명하구나.

⑤ 나를 초대해 주시다니 정말 친절하시군요.

⇨ **문제해결**

①, ②, ④, ⑤ 모두 to부정사 앞에 사람의 성질, 성격을 나타내는 형용사가 있으므로 빈칸에 of를 쓰며 ③은 일반 형용사로 빈칸에 for를 쓴다.

◎ **어휘**

careless 경솔한   **impolite** 버릇없는, 무례한
shout 소리치다, 고함치다

7-8

해석

7 너에게 그렇게 말하다니 그는 잔인하구나.

8 꼬마가 그 문을 여는 것은 어렵다.

⇨ **문제해결**

7 〈It ～ of+목적격 ～ to부정사〉 구문에서는 의미상의 주어가 문장의 주어 자리로 갈 수 있다.

8 〈It ～ for+목적격 ～ to부정사〉 구문에서는 to부정사의 목적어를 문장의 주어로 바꾸어 쓸 수 있다.

◎ **어휘**

cruel 잔인한

9-10

해석

9 그 부유한 남자는 선행보다 악행을 더 많이 저지른 것처럼 보인다.

10 그녀의 대한 정보를 찾아 보아라.

⇨ **문제해결**

9 주절의 시제보다 앞서 발생한 내용을 나타내고 있으므로 완료 부정사를 사용한다.

정답 및 해설 **11**

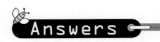

10 부정사를 부정하려면 부정사 앞에 not이나 never를 둔다.

◎ 어휘

evil 악행, 악 　　　　**search** ～을 찾다

Unit 06　　　　　　p.35

A ┌ Check-up ┐

1 buying → to buy
2 taking → to take
3 cleaning → to clean
4 living → live
5 using → to use

해석

1 나는 그 인형을 살만한 여유가 없다.
2 그는 나를 집에 데려다 줄 정도로 충분히 친절했다.
3 그는 자신의 차를 세차하는 데 20분이 걸렸다.
4 그녀는 그와 결혼하자마자 서울에 살게 되었다.
5 이 가방의 무게가 비행기에서 사용하기에 더 쉽게 해준다.

⇨ **문제해결**

1 〈can afford+to부정사〉는 '～할 여유가 되다'라는 뜻의 관용 표현이다.
2 〈enough to부정사〉는 '(～가) …할 정도로 충분히 –하다'이라는 뜻의 관용 표현이다.
3 〈It takes+목적격+시간+to부정사〉는 '(～가) …하는 데 시간이 걸리다'라는 뜻의 관용 표현이다.
4 〈get to부정사〉는 '～하게 되다'라는 뜻의 관용 표현이다.
5 가목적어, 진목적어 구문으로 진목적어는 to부정사 이하이다.

◎ **어휘**

get married 결혼하다 　　**weight** 무게

B ┌ Check-up ┐

1 tired to finish her homework
2 to have been sick
3 enough to touch the ceiling

해석

1 그녀는 너무 피곤해서 숙제를 끝낼 수가 없었다.
2 그 아기는 아팠던 것처럼 보인다.
3 그는 천장을 건드릴 수 있을 만큼 키가 크다.

⇨ **문제해결**

1 문장의 의미상 '너무 ～해서 …할 수 없다'는 관용 표현이 필요하다. 〈so+형/부+that+주어+can't/couldn't〉 구문은 〈too+형/부+to부정사〉로 바꾸어 쓸 수 있다.
2 〈It seems that 주어+동사〉 구문은 〈주어 seems to부정사〉로 바꾸어 쓸 수 있는데, 이 때 to부정사의 시제에 유의해야 한다. 여기서는 아기가 아픈 것이 먼저 일어난 일이기 때문에 완료 부정사를 사용한다.
3 문장의 의미상 '～할 정도로 충분히 …하다'이라는 의미의 관용 표현이 필요하다. 〈so+형/부+that 주어+동사〉 구문은 〈형/부+enough to부정사〉로 바꾸어 쓸 수 있다.

◎ **어휘**

ceiling 천장

Unit 07　　　　　　p.36

A ┌ Check-up ┐

1 go 　　　　　2 study
3 to cross 　　4 sing
5 cry

해석

1 내 부모님은 내가 밤에 밖에 나가는 것을 허락해주시지 않았다.
2 너는 지금 바로 공부하는 게 낫겠다.
3 그녀가 길을 건너는 것을 내가 보았다.
4 나는 그녀가 아기에게 자장가를 불러주는 것을 들었다.
5 나는 그 소식을 듣고 울지 않을 수 없었다.

⇨ **문제해결**

1 let은 사역동사로 목적격보어 자리에 원형부정사를 취한다.
2 원형부정사의 관용 표현인 〈had better〉 다음에는 원형부정사가 온다.
3 지각동사가 포함된 5형식 문장을 수동태로 바꿀 경우 목적격보어 자리에 있던 원형부정사를 to부정사로 바꿔야 한다.
4 hear는 지각동사로 목적격보어 자리에 원형부정사를 취한다.
5 원형부정사의 관용 표현인 〈cannot but〉 다음에는 원형부정사가 온다.

◎ **어휘**

at once 즉시, 바로 　　**lullaby** 자장가

B

⬡ Check-up ⬡

1 introduce   2 grow

3 do / to do   4 make

해석

1 제 소개를 하겠습니다.

2 이것이 너의 식물들을 더 잘 자라게 만들어 주면 좋겠다.

3 나의 어머니는 항상 내가 숙제하는 것을 도와주신다.

4 멸종 위기에 처한 동물들을 보호하는 데 좀 더 노력을 하는 게 좋겠다.

⇨ 문제해결

1 사역동사 let은 목적격보어로 원형부정사를 취하고, 의미상 introduce가 알맞다.

2 사역동사 make는 목적격보어로 원형부정사를 취하고, 의미상 grow가 알맞다.

3 help는 준사역동사로 목적격보어로 원형부정사와 to부정사를 모두 취하고, 내용상 make가 알맞다.

4 hadbetter 다음에는 원형부정사가 오고, 문맥상 do가 알맞다.

◎ 어휘

plant 식물

make an effort 노력하다, 애쓰다

protect ～을 보호하다

endangered 멸종 위기에 처한

🐝 개념확인문제   p.37

1 ③   2 ②   3 ④   4 ④   5 ③

6 (1) may well (2) had better (3) managed

7 (1) hungry to stop eating

  (2) to answer all the riddles

8 (1) 그녀는 하루 만에 그 일을 끝내는 것을 가능하게 했다.

  (2) 나는 그것을 하느니 차라리 죽겠다.

9 seems to have a problem

10 turned out to be a policeman

1-2

해석

1 나는 그 시험에 통과하는 것은 쉽다고 생각했다.

2 그 여자는 그녀의 아기가 장난감을 가지고 노는 것을 보았다.

⇨ 문제해결

1 make,think, believe, find, consider 등 5형식 문장에서 동사가 to부정사를 목적어로 가질 경우는 가목적어 it을 쓰고 진목적어인 to부정사는 맨 뒤로 보낸다.

---

2 지각동사는 목적격보어로 원형부정사나 현재분사 또는 과거분사를 취할 수 있다.

3 해석

어떤 사람들은 컴퓨터를 사용하는 데 여전히 어려움을 느끼고 있다.

⇨ 문제해결

5형식 문장에서 make, think, believe, find, consider 등의 동사가 to부정사를 목적어로 가질 경우는 가목적어 it을 쓰고 진목적어인 to부정사는 맨 뒤로 보낸다.

4 해석

① 그녀는 그녀의 자리를 바꿔야 했다.

② 그는 밖에서 그의 부모님을 기다리지 않을 수 없다.

③ 박물관 안에서는 사진을 찍지 않는 게 좋겠다.

④ Sam은 야영 장비를 살 여유가 없었다.

⑤ 그녀가 그 수학 문제들을 모두 푸는 데 3시간이 걸렸다.

⇨ 문제해결

④ 〈can afford+to부정사〉는 '～할 여유가 있다'는 뜻으로 afford 다음에 to부정사가 와야 한다.

◎ 어휘

outside 바깥쪽, 외부   **inside** 내부

gear 기구, 장비   **solve** ～를 풀다

5 ⇨ 문제해결

목적격보어 자리에 원형부정사가 있으므로 빈칸에는 원형부정사를 목적격보어로 취하는 사역동사 또는 지각동사가 올 수 있다. want는 to부정사를 목적격보어로 취하는 동사이다.

◎ 어휘

do the laundry 빨래하다

6 해석

(1) 그녀가 그것에 대해 생각해 본 후 마음을 바꾼 것도 당연하다.

(2) 교수님을 방문하기 전에 전화를 하는 것이 좋겠다.

(3) 5개월의 구직 활동 후 그는 용케 취업을 했다.

⇨ 문제해결

(1) 문맥상 '～하는 것도 당연하다'의 뜻을 가진 〈may well+동사원형〉이 알맞다.

(2) 문맥상 '～하는 편이 낫다'의 뜻을 가진 〈had better+동사원형〉이 알맞다.

(3) 문맥상 '용케 ～하다'의 뜻을 가진 〈manage+동사원형〉이 알맞고, 과거의 사건이므로 과거 시제를 사용한다.

◎ 어휘

think over ～을 깊이 생각하다, 숙고하다

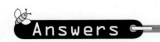

job hunting 구직

7 **해석**
(1) 그는 너무 배가 고파서 먹는 것을 멈출 수가 없었다.
(2) 그녀는 너무 똑똑해서 모든 수수께끼에 답했다.

⇨ **문제해결**
(1) 문장의 의미상 '너무 ~해서 …할 수 없다'는 관용 표현이 필요하다. ⟨so 형/부 that 주어 can't/couldn't⟩ 구문은 ⟨too 형/부 to부정사⟩로 바꾸어 쓸 수 있다.
(2) 문장의 의미상 '~할 정도로 충분히 …하다'이라는 의미의 관용 표현이 필요하다. ⟨so+형/부+that 주어+can/could⟩는 ⟨형/부+enough to부정사⟩로 바꾸어 쓸 수 있다.

◎ **어휘**
riddle 수수께끼

8 ⇨ **문제해결**
(1) 가목적어, 진목적어 문장으로 가목적어 it은 해석하지 않는다.
(2) 원형부정사의 관용 표현으로 ⟨would rather A than B⟩는 'B 하느니 차라리 A 하는 게 낫다'라는 뜻이다.

◎ **어휘**
within ~의 안에

9-10 ⇨ **문제해결**
9 주절의 시제와 to부정사의 시제가 같기 때문에 단순 부정사를 쓴다.
10 ⟨turn out to부정사⟩ 구문은 '~로 판명되다'는 뜻의 원형부정사의 관용 표현이다.

R e v i e w T e s t p.38

1 ② 2 ⑤ 3 ③ 4 ② 5 ⑤
6 ① 7 ③ 8 ② 9 ⑤ 10 ②
11 ① 12 ① 13 ② 14 ① 15 ⑤
16 (1) too, to (2) enough, to, save
17 (1) I → me (2) her → for her
18 (1) I believe it important to make a better world.
   (2) I got to meet my first love on the street.
19 (1) for (2) for (3) of (4) of
20 tried to not → tried not to

1-3

해석
1 그 영화는 내가 이해하기에 너무 복잡했다.
2 이 낙서를 지우는 걸 도와주시다니 친절하시군요.
3 그녀는 지난달에 어려움을 겪은 것처럼 보인다.

⇨ **문제해결**
1 사람의 성질, 성격, 태도와 관련되지 않은 일반 형용사의 경우에는 의미상의 주어로 ⟨for+목적격⟩을 쓴다.
2 to부정사의 의미상의 주어가 ⟨of+목적격⟩이기 때문에 빈칸에는 사람의 성질, 성격, 태도를 나타내는 형용사가 와야 한다.
3 주절의 시제보다 부정사의 시제가 앞서기 때문에 완료 부정사를 고른다.

◎ **어휘**
complicated 복잡한   **remove** ~을 제거하다
graffiti 낙서 (단수형 graffito)

4-5

해석
4 ① 이 바지는 내가 입기에 너무 낀다.
   ② 그가 우유를 쏟은 것은 부주의하다.
   ③ 이 강은 아이들이 수영을 하기에 위험하다.
   ④ 그들이 국경을 안전하게 건너는 것은 불가능했다.
   ⑤ 우리가 제시간에 거기에 도착하는 것은 불가능하다.
5 ① 내가 그 책을 읽는 데 5시간이 걸렸다.
   ② 그는 그의 리포트를 위해 5권의 책을 용케 다 읽었다.
   ③ Tim은 요즘 책을 읽을 만한 여유가 전혀 없다.
   ④ 그 소년은 너무 졸렸기 때문에 책을 읽을 수가 없었다.
   ⑤ 그 책은 정말 재미있어서 그녀는 한꺼번에 읽지 않을 수 없었다.

⇨ **문제해결**
4 ② 사람의 성격을 나타내는 형용사 careless가 있기 때문에 of를 써야 한다.
5 ⑤ ⟨cannot help+동명사⟩ 구문이므로 to read를 reading으로 바꿔야 한다.

◎ **어휘**
spill ~를 엎지르다   **border** 변두리, 국경
volume 두꺼운 책

6-7

해석
6 노부인은 매우 아픈 것처럼 보인다.
7 그녀는 많은 돈을 벌었던 것처럼 보였다.

6 주절의 시제와 to부정사의 시제가 같기 때문에 단순 부정사를 쓴다.

7 주절의 시제가 종속절의 시제보다 앞서기 때문에 완료 부정사를 사용한다.

8

해석

① 그녀는 그의 아들이 할머니를 병원까지 모셔다 드리게 했다.
② 나의 부모님은 내가 피아노를 더 열심히 연습하게 했다.
③ 그는 그 고용 제안을 받아들일 것 같다.
④ 할아버지는 20대일 때 정말 잘 생겼던 것처럼 보인다.
⑤ 누군가가 당신을 응시한다고 느낀 적이 있나요?

⇨ 문제해결

② make는 사역동사로 목적격보어로 원형부정사를 취하는 동사이다. (to practice → practice)

◎ 어휘

practice ~를 연습하다   **offer** 제안
employment 고용, 채용   **stare** ~을 응시하다

9

해석

① A : 어떻게 거의 20kg이나 감량했니?
　 B : 덜 먹고 더 운동하는 거야.
② A : 어떻게 그에게 그럴 수 있니?
　 B : 그를 피할 수밖에 없었어.
③ A : 아이들이 그 치료를 받은 후로 독립심이 강해진 것 같아요.
　 B : 잘됐군요. 어떻게 변했나요?
④ A : 영화 속 살인자가 누구였니?
　 B : 옆집에 살았던 남자가 살인자로 밝혀졌어.
⑤ A : 파리에서 런던까지 가는 데 얼마나 걸리나요?
　 B : 제 생각엔 2시간 정도 걸릴 것 같네요.

⇨ 문제해결

⑤ '(~가) …하는 데 시간이 걸리다'라는 의미의 관용 표현은 〈it takes+목적격+시간+to부정사〉이다. (→ take to get)

◎ 어휘

choice 선택, 선발   **avoid** ~를 피하다
independent 독립적인   **therapy** 치료, 치료법
murderer 살인범   **next door** 이웃집의, 이웃의

10

해석

나는 그의 모든 질문에 답하는 것이 어렵다는 것을 알았다.

⇨ 문제해결

make, think, believe, find, consider 등 5형식 동사가 to부정사를 목적어로 가질 경우는 가목적어 it을 쓰고 진목적어인 to부정사는 맨 뒤로 보낸다.

11

해석

나는 그가 쿠키 병을 깨뜨리는 소리를 들었다.

⇨ 문제해결

지각동사는 목적격보어로 동사원형, 현재분사, 과거분사를 취할 수 있다. 지각동사를 포함하고 있는 문장이 수동태로 바뀔 경우 동사원형은 to부정사로 바뀐다.

◎ 어휘

jar 항아리, 단지, 병

12-13

해석

12 ① 너는 늦게까지 TV를 보지 않는 게 낫겠다.
　② 네 부모님은 네가 그와 데이트 하는 것을 허락하지 않으실 거야.
　③ 그녀는 나에게 그 편지를 뜯지 말라고 했다.
　④ 그들은 그 뉴스로 충격을 받은 것 같았다.
　⑤ 그녀의 남편은 그녀가 아들과 더 많은 시간을 보내기를 원한다.

13 ① 우리에게 정보를 보내줄 수 있다면 좋을 것이다.
　② 나는 너와 여행을 갈만한 시간적, 경제적 여유가 없다.
　③ 그녀는 운전면허증을 딸 만큼 나이가 많지 않다.
　④ 그는 그 사고 이후 보다 성숙해진 것 같다.
　⑤ Deborah는 항상 그녀의 어머니가 저녁 준비하는 것을 도와드린다.

⇨ 문제해결

12 ① had better 다음에는 원형부정사가 온다. (→ had better not watch)

13 ② 〈can afford+to부정사〉는 '~할 여유가 있다'는 의미의 관용 표현으로 afford 다음에는 to부정사가 온다. (→ to go)

◎ 어휘

information 정보
driving license 운전면허증
mature 성숙한

14-15

⇨ 문제해결

14 unkind는 사람의 성질, 성격, 태도를 나타내는 형용사이기 때문에 의미상의 주어는 〈of+목적격〉으로 나타낸다.

15 〈would rather A than B〉 구문으로 'B 하느니 차라리 A 하는 게 낫다'의 의미를 가지는데, 이때 A, B는 원형부정사가 되어야 한다.

◎ 어휘

unkind 불친절한

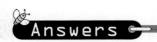

A n s w e r s

16 해석

(1) Lisa는 너무 바빠서 너에게 회신 전화를 할 수 없었다.

(2) Popeye는 너무 힘이 세서 Bluto에게서 Olive를 구할 수 있었다.

⇨ 문제해결

(1) 내용상 '너무 ~해서 …할 수 없다'는 뜻의 관용 표현 〈too+형/부+to부정사〉를 사용한다.

(2) 내용상 '~할 정도로 충분히 …하다'는 의미의 관용 표현 〈형/부+enough+to부정사〉를 사용한다.

◎ 어휘

call someone back 회신 전화를 하다

17 해석

(1) 그는 내가 그들과 어울리는 것을 원치 않는다.

(2) 그녀가 그녀의 부모님을 이해하는 것이 중요하다.

⇨ 문제해결

(1) want의 목적격보어 to hang around의 의미상의 주어는 목적격으로 나타낸다.

(2) 일반적인 형용사가 앞에 있을 때 의미상의 주어는 〈for+목적격〉으로 나타낸다.

◎ 어휘

hang around with ~와 함께 시간을 보내다

18 ⇨ 문제해결

(1) make, think, believe, find, consider 등 5형식 동사가 to부정사를 목적어로 가질 경우는 가목적어 it을 쓰고 진목적어인 to부정사는 맨 뒤로 보낸다.

(2) '~하게 되었다'라는 뜻의 관용 표현 〈get+to부정사〉를 사용한다.

19 해석

(1) 사람들이 그러한 꿈을 꾸는 것이 이상한 것은 아니다.

(2) 그 범죄자가 입국 심사를 통과하는 것은 불가능하다.

(3) 그가 그녀에게 이런 말을 하다니 정말 잔인하구나.

(4) 그녀가 어떤 결정을 내리기 전에 부모님에게 물어본다니 신중하구나.

⇨ 문제해결

(1) ~ (4) 사람의 성질, 성격, 태도를 나타내는 형용사가 있을 경우에는 to부정사의 의미상의 주어를 〈of+목적격〉으로 나타내고, 일반 형용사가 있는 경우에는 〈for+목적격〉으로 나타낸다.

◎ 어휘

unusual 보통이 아닌, 이례적인
go through ~을 통과하다, 빠져나가다
immigration 입국 심사, 출입국 관리
make a decision 결정하다

20 해석

그녀는 자신이 비만이라고 생각했다. 그래서 그녀는 많은 방법으로 살을 빼기 위해 노력했다. 한때 어떤 음식을 먹지 않으려고 노력했다. 심지어 그녀는 약을 복용하기도 했지만 그녀의 모든 노력은 실패로 끝났다. 지금 그녀는 어느 때보다 더 살이 찐 듯 보인다.

⇨ 문제해결

문맥상 '먹지 않으려고 노력했다'가 되어야 하므로 to부정사의 부정이 가장 적절하다. (tried to not → tried not to)

◎ 어휘

overweight 비만, 중량 초과의
lose weight 체중이 줄다   **medicine** 약
end in ~로 끝나다   **failure** 실패
gain weight 체중이 늘다

Reading
p.41

1 ⑤   2 ②   3 (1) enough (2) ①

1 해석

Ted는 대학교 4학년 학생이다. 어제 그의 첫 번째 취업 면접 시험이 있었다. 그는 매우 피곤했기 때문에 그는 면접에서 잘하는 것이 힘들다고 생각했다. 그는 그 전날 파티에 갔었고, 새벽 2시 반이 되어서야 집에 들어왔다. 하지만 그는 그 면접 시험에 통과했다.

⇨ 문제해결

make, think, believe, find, consider 등 5형식 동사가 to부정사를 목적어로 가질 경우는 가목적어 it을 쓰고 진목적어인 to부정사는 맨 뒤로 보낸다.

◎ 어휘

senior 대학 4학년생   **job interview** 취업 면접

2 해석

요즘 사람들은 차를 음료로서뿐만 아니라 건강상의 이점을 위해서도 마신다. 이러한 이유 때문에 여전히 많은 사람들이 차를 즐겨 마신다. 차를 만드는 방법에는 두 가지가 있다. 즉, 찻잎 혹은 봉지 차이다. 봉지 차는 더 편리하기 때문에 찻잎을 이미 대신한 것 같다. 그러나 차 애호가들은 차 잎이 더 맛있는 차를 만들어내기 때문에 아직도 찻잎을 이용한다.

⇨ **문제해결**

② 문맥상 이미 대신했다고 해야 자연스러우므로 완료 부정사를 써야 한다.

◎ **어휘**

refreshment 원기를 회복시켜 주는 것, 음료
tea bag 봉지 차 　　　　**replace** ～를 대신하다
convenient 편리한

3 해석

스컹크라는 단어를 들었을 때 머릿속에 가장 먼저 무엇이 떠오르나요? 아마도 당신의 대답은 스컹크의 지독한 냄새일 것입니다. 그렇다면, 스컹크들은 언제 왜 냄새를 내뿜을까요? 스컹크는 그들이 흥분했을 때나 놀랐을 때 냄새를 내뿜고, 그것을 방어 무기로 사용합니다. 그 냄새는 탄 고무, 썩은 달걀 그리고 마늘이 혼합된 것으로 묘사됩니다. 그 냄새는 잠재적인 위험에서 그들을 보호해줄 만큼 지독합니다. 사람들은 스컹크의 냄새를 없애는 가장 좋은 방법이 토마토 주스라고 알고 있지만, 그건 어처구니없는 말일 뿐입니다. 토마토 주스는 스컹크 냄새를 더 악화시킬 뿐입니다. 체액을 종이 타월로 닦아 제거하고 화학 제품을 사용하는 것이 좋습니다. 그것이 더 효과적입니다. 스컹크 냄새를 없애는 좋은 제품들이 몇 개 있습니다.

⇨ **문제해결**

(1) 내용상 '～할 정도로 충분히 …하다'라는 뜻의 〈형/부 +enough+to부정사〉 구문을 사용한다.

(2) 마지막 문장으로 보아 이어지는 내용이 스컹크 냄새를 제거하는 데 쓰이는 제품을 소개할 것임을 유추할 수 있다.

◎ **어휘**

odor 냄새 　　　　　　**stink** 악취를 풍기다
startled 깜짝 놀란 　　**defensive** 방어의
weapon 무기 　　　　**combination** 결합
rubber 고무 　　　　　**rotten** 썩은
potential 잠재적인
an old wives' story[tale] 어처구니없는 이야기, 미신
wipe off ～을 지우다 　　**get rid of** ～을 없애다
fluid 유동체, 체액 　　　**chemical** 화학의

Grammar in Conversation
p.42

1 ② 　　**2 makes it difficult to sleep** 　　3 ③

1 해석

A : 실례합니다만 주차장을 찾습니다.
B : 네, 교회가 보이세요?
A : 네.
B : 그 교회 뒤에 도서관이 있어요. 그리고 주차장은 도서관 왼쪽에 있어요. 오른쪽으로 가지 않도록 주의하세요. 거기에는 테니스 코트가 있으니까요.
A : 알겠습니다. 감사합니다.

⇨ **문제해결**

② to부정사의 부정은 to부정사 앞에 not이나 never를 둔다.

◎ **어휘**

parking lot 주차장
court (테니스, 배구 등의) 코트

2 해석

A : 이 더위 때문에 못살겠어!
B : 나도! 95도임에 틀림없어.
A : 나는 더운 날씨에서 일하는 게 싫어.
B : 나도 그래. 그것은 나를 나태하게 만들거든.
A : 그리고 덥고 습한 날씨는 항상 잠자는 것을 어렵게 해.
B : 언제 날씨가 좀 시원해질까?
A : 다음 주까지는 아니래.

⇨ **문제해결**

5형식에서 동사가 make이고 목적어가 to부정사일 경우 가목적어 it을 적고, 진목적어는 맨 뒤로 보낸다. (→ makes it difficult to sleep)

◎ **어휘**

lazy 게으른, 나태한 　　　**humid** 습한

3 해석

A : 실례지만, 이것은 제가 주문한 것이 아닌데요.
B : 그렇습니까?
A : 저는 스테이크를 바싹 구워달라고 했는데, 이 스테이크는 중간밖에 안 익혀졌군요.
B : 정말 죄송합니다. 제가 다른 사람의 주문과 바꾼 것 같습니다. 제가 손님의 스테이크를 다시 준비할 동안 기다려 주십시오. 즉시 바꿔 드리겠습니다.

⇨ **문제해결**

③ 주절의 동사 seem은 현재이지만, 바꾼 것은 이미 과거이어서 시제 차이가 생기므로 완료 부정사 to have switched가 적절하다.

◎ **어휘**

well-done 바싹 구운
medium (고기 따위를) 중간쯤 익힌
switch ～을 바꾸다

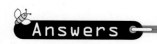
chapter 3 필요에 따라 동사에 가발 씌우기 II

Unit 08 p.46

A ♦ Check-up

1 your 2 her son's
3 my 4 not having gone
5 having wasted

해석

1 나는 네가 성공하리라 확신한다.
2 그녀는 자기 아들이 해외에 가는 것을 반대했다.
3 제가 문을 열어도 괜찮으시겠어요?
4 나는 홍콩에 가지 않았던 것을 후회한다.
5 그녀는 어제 그 돈을 낭비한 것을 후회한다.

⇒ **문제해결**

1~3 동명사의 의미상의 주어는 일반적으로 소유격으로 나타낸다.
4 동명사를 부정할 때는 동명사 앞에 not이나 never를 둔다.
5 동명사의 시제가 주절의 시제보다 앞서기 때문에 완료 동명사를 쓴다.

◎ **어휘**

object to ~에 반대하다   **mind** ~을 꺼리다
waste ~을 낭비하다, 허비하다

B ♦ Check-up

1 having seen 2 her passing
3 Jane('s) going 4 losing
5 my sitting

해석

1 그녀는 자기가 그 남자를 본 것을 부인한다.
2 나는 그녀가 그 시험에 합격할 것이라고 확신한다.
3 그는 Jane이 그 모임에 가야 한다고 주장했다.
4 그녀는 자신이 길을 잃을까봐 두려워한다.
5 제가 당신 옆에 앉아도 될까요?

⇒ **문제해결**

1 동명사의 시제가 주절의 시제보다 앞서기 때문에 완료 동명사가 되어야 한다.
2, 3, 5 주절의 주어와 동명사의 의미상의 주어가 다르기

때문에 소유격으로 의미상의 주어를 표시해야 한다.
4 주절의 주어와 동명사의 의미상의 주어가 같기 때문에 따로 표시하지 않는다.

◎ **어휘**

deny ~을 부정하다   **insist** 주장하다, 고집하다
next to ~의 옆에

Unit 09 p.47

A ♦ Check-up

1 lending 2 meeting
3 to keep 4 to take
5 repairing

해석

1 나는 그에게 내 자전거를 빌려준 것을 후회했다.
2 나는 처음 그녀를 만났던 것을 절대 잊지 못할 것이다.
3 나는 정말 졸리지만, 눈을 부릅뜨고 경계하려고 노력하고 있다.
4 나는 2시간 동안 공부했다. 그래서 나는 휴식을 취하려고 멈췄다.
5 이 집은 오래돼서 수리가 필요하다.

⇒ **문제해결**

1 문맥상 '(과거에) 빌려준 것을 후회한다'가 되어야 하기 때문에 동명사를 고른다. 〈regret+to부정사〉는 보통 tell, inform, say 등의 동사와 함께 사용된다.
2 과거에 그녀를 만났던 것을 나타내므로 동명사가 적절하다.
3 경계하려고 노력하는 것이기 때문에 to부정사를 고른다.
4 휴식을 취하기 위해 멈추는 것이기 때문에 목적을 나타내는 to부정사를 고른다.
5 주어가 사물이므로 동명사를 사용한다. (= to be repaired)

◎ **어휘**

sleepy 졸린
keep one's eyes open 눈을 부릅뜨고 경계하다
take a rest 휴식을 취하다

B

Check-up

1 ⓐ 그 문을 연 것을 잊지 마세요.
　ⓑ 그 문을 여는 것을 잊지 마세요.

2 ⓐ 나는 그녀에게 내 진심을 말했던 것을 후회한다.
　ⓑ 내가 너를 싫어한다고 말하게 되어 유감이다.

3 ⓐ 그녀는 서점을 찾는 것을 그만두었다.
　ⓑ 그녀는 서점을 찾기 위해 걸음을 멈췄다.

⇨ 문제해결

1 〈forget+동명사〉는 '~했던 것을 잊다'라는 의미이고
　〈forget+to부정사〉는 '~할 것을 잊다'라는 의미이다.

2 〈regret+동명사〉는 '~한 것을 후회하다'라는 의미이고
　〈regret+to부정사〉는 '~하게 되어 유감이다'라는 의미이
　다.

3 〈stop+동명사〉는 3형식 문장으로 '~하는 것을 그만두다'
　라는 의미이고 〈stop+to부정사〉는 1형식 문장으로 '~하
　기 위해 멈추다'라는 의미이다

◎ 어휘

bookstore 서점

Unit 10　　　　　　　　p.48

A

Check-up

1 fishing　　2 using　　3 going
4 about　　　5 smoking

해석

1 내일 낚시하러 가자.

2 Jina는 젓가락을 사용하는 데 익숙하다.

3 나는 오늘 학교에 가고 싶지 않다.

4 다음 주 일요일에 소풍 갈래?

5 너는 식당에서 담배 피우는 것에 반대하니?

⇨ 문제해결

1 '낚시하러 가다'가 되어야 하므로 '~하러 가다'의 의미인
　〈go ~ing〉를 고른다.

2 '~하는 데 익숙하다'라는 의미의 〈be used to ~ing〉를
　써야 한다.

3 '~하고 싶다'는 의미의 〈feel like ~ing〉를 써야 한다.

4 '~할래?'의 의미인 〈How about ~ing?〉를 사용한다.

5 '~에 반대하다'의 의미인 〈object to ~ing〉를 사용
　한다.

◎ 어휘

chopstick 젓가락
go on a picnic 소풍 가다

B

Check-up

1 writing　　2 being　　3 crying
4 attending　5 taking

해석

1 그 아이는 작문을 하느라 바빴다.

2 그 소년은 차에 치일 뻔했다.

3 그는 그 끔찍한 소식에 울지 않을 수 없었다.

4 그는 Maggie가 자기 대신에 그 파티에 참석할 것을 주장
　했다.

5 우리는 이번 여름에 길고 편안한 휴가를 보낼 수 있기를
　학수고대하고 있다.

⇨ 문제해결

1~5　be busy, come near, cannot help, insist on,
　　　 look forward to 뒤에는 관용적으로 동명사가 온다.

◎ 어휘

composition 작문　　　**run over** (차가) ~을 치다
in one's place ~대신에　**relaxing** 편안한

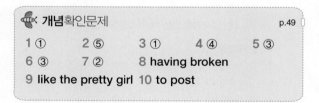

개념확인문제　　　　　　　　　p.49

1 ①　　2 ⑤　　3 ①　　4 ④　　5 ③
6 ③　　7 ②　　8 having broken
9 like the pretty girl　10 to post

1-2

해석

1 나는 그녀가 내게 자장가를 불러주는 것을 좋아한다.

2 그는 어제 그녀에게 잔인하게 대한 것을 후회한다.

⇨ 문제해결

1 동명사의 의미상의 주어는 보통 소유격으로 나타낼 수 있다.

2 동명사의 시제가 주절의 시제보다 한 시제 앞서기 때문에
　완료 동명사를 사용한다.

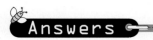

3 **해석**

그녀는 그녀의 과학 리포트를 _____ 대해 걱정하고 있다.

⇒ **문제해결**

전치사 about 뒤에서 동사의 형태는 동명사가 되어야 하고, 동명사의 부정은 동명사 앞에 not을 붙이기 때문에 ②, ③, ④, ⑤ 모두 빈칸에 알맞다.

4 **해석**

• 네 치마는 다림질을 해야겠다.

• 너는 치마를 다림질할 필요가 있다.

⇒ **문제해결**

사물이 주어인 경우에는 〈주어+need+동명사〉를, 사람이 주어인 경우는 〈주어+need+to부정사〉를 쓴다.

◎ **어휘**

iron 다림질하다

5-6

해석

5 ① 그녀는 친구들과 함께 하이킹 하러 갈 것이다.

② 그는 어렸을 때 열심히 공부하지 않았던 것을 후회한다.

③ 너는 TV를 끄는 것에 반대하니?

④ 나는 그녀를 본 것을 기억한다.

⑤ 그는 회를 먹는 것에 익숙하다.

6 ① 그 차는 수리할 필요가 있다.

② 그녀는 많은 수업을 듣느라 바빴다.

③ 그 남자는 어제 가방을 훔친 것을 부인하고 있다.

④ 너와 함께 가지 못해서 미안하다.

⑤ 그는 일자리를 얻는 데 어려움을 겪었다.

⇒ **문제해결**

5 ③ '~하는 데 반대하다'라는 의미의 구문은 〈object to ~ing〉이다.

6 ③ 동명사의 시제가 한 시제 앞서기 때문에 완료 동명사가 되어야 한다. (→ having stolen)

◎ **어휘**

once 이전에, 옛날에 **raw fish** 회

attend (수업 등)에 참석하다 **deny** ~을 부인하다

7 **해석**

어머니는 내가 즉시 숙제를 끝내야 한다고 주장했다.

⇒ **문제해결**

② 동명사의 의미상의 주어로 일반적으로 소유격을 사용한다.

◎ **어휘**

insist on ~ing ~을 주장하다

at once 즉시

8 **해석**

그녀는 자기 아들이 그 병을 깼다고 확신한다.

⇒ **문제해결**

확신하는 시제는 현재이고, 병을 깬 것은 그 이전에 일어난 일이므로 완료 동명사가 되어야 한다.

◎ **어휘**

vase (장식용) 병, 꽃병

9 **해석**

그는 그 예쁜 소녀를 좋아하지 않을 수 없었다.

⇒ **문제해결**

〈cannot help ~ing〉와 〈cannot but 동사원형〉은 '~하지 않을 수 없다'는 뜻을 가진 관용 표현이다.

10 **해석**

그녀는 어제 그 편지를 부치는 것을 잊어버렸다. 어제는 금요일이었다. 그녀는 그 편지를 부치려면 월요일 아침까지 기다려야 할 것이다.

⇒ **문제해결**

과거 시점에서 앞으로 편지를 부칠 것을 잊었다는 미래지향적 의미이므로 to부정사가 와야 한다.

◎ **어휘**

post 편지를 보내다

Review Test
p.50

1 ②	2 ③	3 ③	4 ④	5 ②
6 ④	7 ③	8 ②	9 ④	10 ①
11 ④	12 ③	13 ①	14 ①	15 ①

16 (1) to pick up (2) reading

17 having stalked 18 her entering

19 my being

20 (1) When it comes to making DIY furniture

(2) you mind my taking pictures of you

1-3

해석

1 그는 자신의 아들이 정직한 것을 자랑스럽게 여긴다.

2 네가 변명하는 것처럼 들린다.

3 그는 작년에 그의 아픈 아들에게 아무것도 해주지 못한 것을 후회하고 있다.

⇨ **문제해결**

1 전치사 of 뒤에서 동사의 형태는 동명사가 되어야 한다.

2 동명사의 의미상의 주어는 일반적으로 소유격으로 나타낸다.

3 동명사의 시제가 주절의 시제보다 빠르기 때문에 완료 동명사를 고른다.

◎ **어휘**

make an excuse 변명하다

4-5

해석

4 그는 3년 전에 그의 사업을 하기 시작했다.

5 나의 어머니는 내가 어리석은 실수를 저지른 것에 대해 부끄러워하셨다.

⇨ **문제해결**

4 begin은 목적어로 to부정사와 동명사를 모두 취하는 동사이다.

5 전치사 다음에는 동명사가 오며 동명사의 의미상의 주어는 소유격으로 나타낸다.

◎ **어휘**

own 자기 소유의, 자기 자신의
be ashamed of ～을 부끄러워하다

6 ⇨ **문제해결**

동명사를 부정할 때는 동명사 앞에 not 또는 never를 둔다.

◎ **어휘**

truth 진실

7-9

해석

7 • A : 그를 전에 만난 적 있니? 그가 널 안다고 했어.
　　B : 정말? 나는 그를 만난 기억이 없는데.
　• A : 저녁 식사 시간이야! 먼저 손 씻는 것 잊지 마라.
　　B : 네, 엄마.

8 • 내 아들을 볼 때마다 나는 행복해서 미소를 짓지 않을 수 없다.
　• 그는 그녀의 재미있는 얼굴을 보고 웃지 않을 수 없었다.

9 • 나는 당신과 춤을 추고 싶지 않아요.
　• 저와 춤을 추시겠습니까?

⇨ **문제해결**

7 ⓐ 과거에 만난 것을 기억하지 못한다는 의미이므로 동명사를 고른다. ⓑ '～할 것을 기억해라'라는 의미이므로 to부정사를 고른다.

8 빈칸 ⓐ, ⓑ 모두 '～하지 않을 수 없다'는 의미의 관용 표현이 필요한데, 〈cannot but 동사원형〉과 〈cannot help ～ing〉가 적절하다.

9 ⓐ 〈feel like ～ing〉는 '～하고 싶다는 의미이고, ⓑ 〈Would you like to ～?〉는 상대방의 의향을 물어보는 표현이다.

10-11

해석

10 ① 아빠는 집안일을 하느라 정말 바쁘시다.
　② 모임에 늦지 않도록 해주세요.
　③ 그 남자는 외국에 사는 데 익숙해졌다.
　④ 그녀는 그 모임에 가지 않은 것을 후회했다.
　⑤ 밤에 잠을 자는 데 어려움이 있나요?

11 ① 저는 국가와 국민을 위해 최선을 다할 것을 약속합니다.
　② Dorothy는 물어보지도 않고 그가 자신의 휴대 전화를 쓴 것에 대해 불평했다.
　③ 그녀는 앞으로 어떤 치료도 받기를 거부했다.
　④ 네 바지는 길이를 약간 줄여야 한다.
　⑤ 그들은 아이를 한 명 더 갖는 것을 포기했다.

⇨ **문제해결**

10 ① '～하느라 바쁘다'는 뜻을 가진 구문은 〈be busy ～ing〉이다.

11 ④ 주어가 사물일 경우 〈need+동명사〉나 〈need to be p.p.〉 구문을 사용한다.

◎ **어휘**

housework 집안일	**foreign** 외국의
complain ～에 대해 불평하다	
refuse ～를 거절하다	**further** 더 앞의, 한 층 더한
medical 의학의, 의술의	**treatment** 치료

12

해석

A : 이번에는 Will과 Grace를 초대하자.
B : 그들을 다시 만나는 것을 고대하고 있어. 그들은 정말 재미있어.

⇨ **문제해결**

③ 〈look forward to ～ing〉는 '～을 학수고대하다'라는 의미의 관용 표현이다.

13-14

해석

13 나의 선생님은 내가 수업에 좀 더 집중해야 한다고 주장하

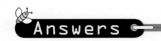
신다.

14 그녀는 그가 어제 아팠다는 것을 확신한다.

⇒ **문제해결**

13 동명사의 의미상의 주어는 소유격으로 나타내고, 주절의 시제와 that 이하 절의 시제가 현재로 같기 때문에 단순 동명사를 써서 문장을 바꾼다.

14 동명사의 의미상의 주어는 소유격으로 나타내고, that 이하 절의 시제가 주절의 시제보다 빠르기 때문에 완료 동명사를 써서 문장을 바꾼다.

◎ **어휘**

pay attention to ~에 신경을 쓰다

15 **해석**

① 내가 그들을 보았을 때 그들은 거리를 걸어내려 가고 있었다.

② Richard는 수술을 받는 것에 대한 결정을 미뤘다.

③ 그는 그녀와의 마지막 데이트를 한 이후로 그녀의 전화를 받는 것을 피했다.

④ 그녀의 아버지는 항상 그녀가 원하는 것을 하라고 주장하신다.

⑤ 나는 결코 옳은 일을 하는 것을 포기하지 않을 것이다.

⇒ **문제해결**

①은 과거진행을 나타내는 분사이고, ②, ③, ④, ⑤는 동사의 목적어로 쓰인 동명사이다.

◎ **어휘**

postpone ~를 연기하다, 늦추다
make a decision 결정하다
surgery 수술   **give up** 포기하다

16 **해석**

(1) 나는 세탁소에서 세탁물을 찾는 것을 잊어서 내일 파티에 입고 갈 옷이 없다.

(2) 그는 그 책을 읽었다는 것을 잊고 그것을 다시 빌렸다. 그는 그 책을 두 번 읽었다.

⇒ **문제해결**

(1) 문맥상 '~할 것을 잊다'가 되어야 하므로 to부정사를 쓴다.

(2) '(과거에) ~한 것을 잊다'가 되어야 하므로 동명사를 쓴다.

◎ **어휘**

laundry 세탁물

17-18

해석

17 그는 1년 동안 그녀를 스토킹했다는 사실을 시인했다.

18 나는 그녀가 Yale 대학교에 입학할 거라는 것을 확신한다.

⇒ **문제해결**

17 주절의 주어와 that절의 주어가 같기 때문에 의미상의 주어를 따로 나타내지 않으며, that절의 시제가 주절의 시제보다 앞서기 때문에 완료 동명사를 쓴다.

18 주절의 주어와 that절의 주어가 다르기 때문에 의미상의 주어 her를 쓰고, 주절의 시제가 현재이고 that절의 시제가 미래이기 때문에 단순 동명사를 쓴다.

◎ **어휘**

admit ~을 시인하다
stalk ~에게 집요하게 추근대다
enter ~에 들어가다, 입학하다

19 **해석**

많은 기억들은 내가 볼 수 있는 것에 근거하는 것이 아니다. 그것들은 단지 사물을 듣고 만진 것으로부터 생긴 것이었다.

⇒ **문제해결**

on이 전치사이므로 뒤에 동명사가 와야 하고, 동명사의 의미상의 주어는 소유격으로 나타낸다.

◎ **어휘**

memory 기억   **be based on** ~에 근거하다

20 ⇒ **문제해결**

(1) '~에 관한 한'이라는 의미의 관용 표현 〈when it comes to ~ing〉를 사용한다.

(2) mind는 목적어로 동명사를 취하는 동사이고, 문장의 주어와 동명사의 의미상의 주어가 다르기 때문에 동명사 앞에 소유격으로 의미상의 주어를 표시한다.

◎ **어휘**

furniture 가구
DIY (= Do It Yourself) 스스로 하는, 자작의

Reading ━━━━━ p.53

1 (1) 주말을 밖에서 놀면서 보내다   (2) ⓑ wiping
ⓒ watering ⓓ to be cleaned
2 ②   **3** ⓐ I insisted on his apologizing me
ⓑ I had admitted doing wrong

1 **해석**

〈해야 할 집안일〉

• 바닥 닦기   • 창문 청소하기   • 빨래하기
• 정원에 물주기   • 진공청소기 돌리기   • 설거지하기

내 여동생과 나는 보통 밖에서 놀면서 주말을 보낸다. 하지만 이번 주는 우리가 목록에 적힌 집안일을 모두 해야만 한다. 왜냐하면 어머니가 발목을 삐어 전혀 움직이실 수 없기 때문이다.

여러 가지 해야 할 것들이 있다. 바닥을 닦아야 하고, 정원에 물을 주어야 하며, 창문도 닦아야 한다. 집안일은 끝이 없는 것처럼 보인다. 그래서 동생과 나는 각자 무엇을 할지 동전을 던져서 결정하기로 했다. 동전 던지기에서 내가 이겼다. 당신이 만약 나라면 당신은 무엇을 고르겠는가?

⇨ **문제해결**

(1) 〈spend ～ing〉는 '～를 하면서 시간을 보내다'라는 의미의 관용 표현이다.

(2) 사물이 주어인 경우는 〈사물 주어+need ～ing〉 또는 〈사물 주어+need to be p.p.〉의 어순이 되고, 주어가 사람인 경우는 〈사람 주어+need to부정사〉의 어순이 된다.

◎ **어휘**

wipe ～을 닦다　　　**floor** 바닥
do the laundry 빨래를 하다
water ～에 물을 주다
vacuum ～을 진공청소기로 청소하다
chore 집일, 가사　　**sprain** (발목·손목 따위를) 삐다
ankle 발목　　　　**unlimited** 한없는, 끝없이 펼쳐진
toss up 동전 던지기로 정하다

2 **해석**

친애하는 June에게,

어떻게 지내니? 너에게 소식을 들은 지 오래 되었어. 내가 여기 온 지도 거의 1년이 다 되는구나. 인도에 처음 왔을 때 내가 결코 이해하지 못할 것 같은 것들이 많이 있었어. 하지만, 시간이 점점 흐르면서 이 나라에서 사는 것이 점점 익숙해지고 있어. 요즘 나는 인도에서 가장 중요한 종교인 힌두교를 공부하느라 바빠. 너는 내가 시간과 돈을 낭비하는 것은 원치 않을 거라고 생각해. 그래서 나는 여기서 대학에 입학하기 위해 최선을 다하고 있어. 너와 너의 가족에 대한 소식을 들으면 정말 기쁠 거야. 너에게 답장이 곧 오기를 기대해. 네가 정말 보고 싶어.

사랑하는 Susie가

⇨ **문제해결**

② 문맥상 '～하는 데 익숙해지다'는 의미의 관용 표현인 〈be used to ～ing〉가 되어야 한다. 참고로 〈used to부정사〉는 '(과거에) ～하곤 했다'는 의미의 표현이다.

◎ **어휘**

religion 종교　　　　　**Hinduism** 힌두교

3 **해석**

당신이 가장 후회하는 것은 무엇인가? 나의 경우에는 가장 친한 친구 Jimmy를 잃은 것이다. 우리가 크게 말다툼을 했을 때가 어느 여름 밤이었다. 우리는 상대방의 생각을 이해하기에는 너무 완고했다. 내가 그가 나에게 사과를 해야 한다고 강요하자, 그는 그냥 가버렸다. 다음날, 나는 Jimmy가 지난밤에 죽었다는 전화를 받았다. 그가 집으로 가는 도중에 사고를 당한 것이었다. 그는 차가운 병원에서 홀로 죽어야만 했다. 만약 내가 잘

못했음을 인정했더라면 그는 지금 나와 함께 있었을 것이다.

⇨ **문제해결**

ⓐ 동명사의 의미상의 주어는 소유격으로 나타내고, 주절의 시제와 that절의 시제가 같기 때문에 단순 동명사를 사용한다.

ⓑ 주절의 주어와 that절의 주어가 같고, 시제도 같기 때문에 의미상의 주어 없이 단순 동명사를 사용한다.

◎ **어휘**

quarrel 싸움, 말다툼　　　**stubborn** 완고한
apologize ～을 사과하다

Grammar in Conversation ▌p.53 ▌

1 ②　　　2 ④　　　3 ④

1 **해석**

• A : 그 콘서트는 몇 시에 시작하니?
 B : 6시 30분에 시작하는 거야.
 A : 그럼, 6시에 중앙역에서 보는 게 어때?

• A : 난 시 계획을 변경하는 데 전적으로 반대해.
 B : 하지만 시장은 그것을 벌써 발표했어.
 A : 시장은 누구를 위해 일하는 사람이니?

⇨ **문제해결**

ⓐ 〈How about ～ing〉는 '～할래?'의 뜻을 가진 관용 표현이다.

ⓑ 〈object to ～ing〉는 '～에 반대하다'라는 뜻을 가진 표현으로 여기서 to는 부정사가 아니라 전치사이다.

◎ **어휘**

central 중앙의　　　　**strongly** 강력하게
mayor 시장　　　　　**announce** ～를 발표하다

2 **해석**

① A : 그녀가 이번 주 일요일에 파티를 열 계획이라고 말했어.
 B : 그녀의 남자친구도 거기에 올까?

② A : 나는 오늘 오후에 친구들과 야구하러 갈 거야.
 B : 나도 같이 갈 수 있을까?

③ A : 공부하는 데 집중하기가 힘들어.
 B : 클래식 음악을 한번 들어보는 건 어때?

④ A : DisneyLand에 가면 동생을 위해 뭐 사오는 것 잊지 마라.
 B : 걱정 마세요, 엄마. 멋진 걸 사올게요.

⑤ A : 제 의자를 그만 좀 차세요. 짜증이 나네요.
 B : 정말 죄송합니다.

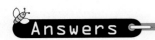

⇨ 문제해결

④ 〈forget to부정사〉를 사용해서 '사올 것을 잊지 마라'라는 의미가 되어야 한다.

◎ 어휘

throw a party 파티를 열다
concentrate on ～에 집중하다
bother ～를 괴롭히다

3 **해석**

A : 이 식당에서는 하지 마셔야 할 것들이 몇 가지 있습니다. 식사하는 동안 특히 수프, 커피, 물과 다른 음료를 마실 때 어떤 소음도 내시면 안 된다는 것을 기억해 주십시오.

B : 그러면 제가 여기서 담배를 피울 수는 있나요?

A : 이 식당에서의 흡연은 금지되어 있습니다. 흡연실을 이용할 것을 권해드립니다.

B : 만약에 제가 음식에 대해서 안주인에게 칭찬을 하고 싶다면요? 어떻게 할 수 있나요?

A : 음, 식사 후에 음식에 대해서 그녀를 칭찬하셔야 합니다. 그러나 너무 지나치면 안 됩니다. 몇 마디 말이면 충분합니다.

⇨ 문제해결

④ 동명사의 의미상의 주어는 소유격으로 나타낸다. (→ your)

◎ 어휘

liquid 음료 **prohibit** ～를 금지하다
hostess 여자 주인 **compliment** 칭찬
overdo ～을 지나치게 하다

chapter 4 필요에 따라 동사에 가발 씌우기Ⅲ

Unit 11
p.58

A **Check-up**

1 Being 2 Seeing
3 Turning 4 Staying
5 Working

해석

1 그는 회사에 늦었기 때문에 택시를 탔다.

2 그 소년은 경찰관을 보자마자 울어버렸다.

3 오른쪽으로 돌면 그것을 찾을 것이다.

4 그녀는 밤을 샜지만 졸리지 않았다.

5 그는 한 시간 동안 운동을 한 후 샤워를 한다.

⇨ 문제해결

1～5 분사구문으로 만드는 방법은 종속절의 접속사를 생략하고 주절과 종속절의 주어와 시제가 같으므로 주어를 생략하며 동사는 〈동사원형+ing〉의 형태로 바꾼다.

◎ 어휘

policeman 경찰관
stay up all night 밤을 꼬박 새다
work out 운동하다

B **Check-up**

1 그녀와 결혼한다면
2 다쳤기 때문에
3 그가 말하는 것은 인정할지라도
4 공항에 도착했을 때
5 같은 아파트에 살기 때문에

해석

1 그녀와 결혼한다면 나는 매우 행복할 것이다.

2 다쳤기 때문에 그녀는 잘 걷지 못했다.

3 그가 말하는 것은 인정할지라도 그 계획에는 여전히 반대한다.

4 내가 공항에 도착했을 때 우연히 옛 친구를 만났다.

5 같은 아파트에 살기 때문에 그들은 매일 만난다.

⇨ 문제해결

분사구문을 우리말로 옮길 때에는 앞뒤 문맥에 맞는 알맞은 접속사를 선택해 해석해야 한다.

◎ 어휘

injure ～에게 상처를 입히다 **accept** ～을 받아들이다
against ～에 반대하여 **take off** 이륙하다

Unit 12
p.59

A **Check-up**

1 The sun rising 2 It raining
3 Being written 4 Never having

해석

1 해가 뜨자 안개가 걷혔다.

2 이번 주말에 비가 오면 나는 낚시를 가지 않을 것이다.

3 독일어로 쓰였기 때문에 그 책은 읽기 어려웠다.

4 그 책을 읽어본 적이 없기 때문에 나는 그것을 논평할 수 없다.

⇨ 문제해결

1, 2 주절과 종속절의 주어가 다르기 때문에 분사구문을 만들 때 종속절의 주어를 생략할 수 없다.

3 종속절이 수동태이므로 Being written이 되어야 하는데, 이때 Being은 생략할 수 있다.

4 분사구문을 부정할 경우에는 분사 앞에 not이나 never를 둔다.

◎ 어휘

disappear 사라지다　　　**comment** ~을 논평하다

B　**Check-up**

1 Having lost
2 Her mother being
3 Because/As he (has) failed
4 Having finished

해석

1 나는 모든 돈을 잃어버렸기 때문에 집에 있어야만 했다.

2 그녀의 어머니가 외출을 하실 때는 그녀가 점심을 준비해야만 한다.

3 다섯 번 실패했기 때문에 더 이상 시도하기를 원치 않는다.

4 그녀는 숙제를 끝내고 난 후에 잠자리에 들었다.

⇨ 문제해결

1, 4 종속절의 시제가 주절의 시제보다 앞서기 때문에 완료 분사구문이 되어야 한다.

2 종속절과 주절의 주어가 다르기 때문에 종속절의 주어를 생략하지 않는다.

3 완료 분사구문에서 주절의 시제가 현재일 때 종속절은 과거 혹은 현재완료 시제를 쓴다.

Unit 13　　　　　　　　　　　p.60

A　**Check-up**

1 Frankly speaking
2 Many people bowing
3 The man concluding
4 The painter having died

해석

1 솔직히 말하자면, 그는 한국인이 아니다.

2 많은 사람들이 그에게 인사를 했기 때문에 괴테는 어려움을 느꼈다.

---

3 그 남자가 자신의 연설을 끝내자마자 대부분의 사람들이 자리를 떠났다.

4 그 화가는 100년 전에 죽었지만 사람들은 여전히 그의 그림을 사랑한다.

⇨ 문제해결

1 비인칭 독립분사구문으로 관용적 표현으로 생각한다.

2, 3 주절의 주어와 종속절의 주어가 다른 독립분사구문으로 분사 앞에 주어를 그대로 두어야 한다.

4 주절의 주어와 종속절의 주어가 다른 독립분사구문으로 분사 앞에 주어를 두어야 한다. 그리고 분사구문의 시제가 한 시제 앞서기 때문에 완료 분사구문을 써야 한다.

◎ 어휘

frankly 솔직하게
bow ~에게 인사하다
troubled 근심스러운, 불안한
conclude ~를 끝내다, 종결하다
speech 연설

B　**Check-up**

1 closed
2 Judging from
3 It being

⇨ 문제해결

1 〈with+(대)명사+현재분사/과거분사〉 구문으로 동시동작을 나타낼 수 있는데, 문맥상 과거분사 closed가 와야 한다.

2 비인칭 독립분사구문으로, 관용적 표현이다.

3 주절의 주어와 종속절의 주어가 다른 독립분사구문이다. 또한 날씨를 나타내는 가주어 it은 생략하지 않는다.

◎ 어휘

lie 눕다　　　　　　　**appearance** 외모
stormy 폭풍우가 치는　　**mountain hut** 산장

개념확인문제　　　　　　　　　p.61

1 ③　　　2 ③　　　3 ②　　　4 ①

5 새 집을 샀기 때문에　6 falling there

7 (1) The train leaving

　(2) A huge hurricane coming closer

8 If I am asked　　9 with my shoes on

10 Depending on

1-2

해석

1 다른 나라를 여행할 때 우리는 다른 문화에 종종 놀라게 된다.

2 A : 무슨 일 있었니? 너 안 좋아 보인다.
B : 롤러 블레이드를 타다가 넘어졌어.

⇨ **문제해결**

1~2 뜻의 명확성을 위해서 접속사를 남겨 두었으며 내용상 주절과 종속절의 주어가 같아야 하기 때문에 단순 분사구문을 고른다.

◎ **어휘**

fall down 넘어지다
rollerblade 롤러 블레이드를 타다

3 **해석**

그녀는 손을 흔들면서 거기서 미소 지었다.

⇨ **문제해결**

② 〈with+명사+분사〉 구문으로 동시동작을 나타내고 있다.

◎ **어휘**

wave 흔들다

4 **해석**

비행기에서 볼 때, 그 집들은 개미처럼 보인다.

⇨ **문제해결**

수동의 분사구문으로 분사의 앞에 being이 생략되었다.

◎ **어휘**

look like ~처럼 보이다

5 **해석**

새 집을 샀기 때문에 그는 옛 집을 팔아야만 했다.

⇨ **문제해결**

완료 분사구문으로 종속절의 시제가 주절의 시제보다 빠르다는 것에 유의한다.

6 **해석**

그곳에는 거의 비가 오지 않기 때문에 농사가 불가능하다.

⇨ **문제해결**

주절과 종속절의 시제가 같고 주어가 다른 독립분사구문이다.

◎ **어휘**

farming 농사

7 **해석**

(1) A : 커피숍에서 너무 오래 시간을 보내지 말자. 지금 12시 15분이야.
B : 괜찮아. 기차가 떠나려면 45분이나 남았어.

(2) 강력한 허리케인이 다가오자 사람들의 두려움은 점점 커졌다.

⇨ **문제해결**

(1), (2) 주절과 종속절의 주어가 다르므로 독립분사구문이 되어야 한다.

◎ **어휘**

quarter 15분   **hurricane** 허리케인
fear 공포, 두려움

8 **해석**

질문을 받으면, 나는 그 질문에 대답할 것이다.

⇨ **문제해결**

뜻을 명확히 하기 위해 접속사는 그대로 두었고, 과거분사가 바로 왔으므로 asked 앞에는 being이 생략되었으며, 주어가 없으므로 주절의 주어와 같음을 알 수 있다.

9-10

⇨ **문제해결**

9 동시동작을 나타내는 〈with+명사+수식어구〉 구문을 사용한다.

10 비인칭 독립분사구문이므로 '~에 따라'라는 의미의 Depending on을 쓴다.

◎ **어휘**

enter ~에 들어가다   **living room** 거실
go hiking 하이킹하러 가다

Review Test
p.62

1 ③   2 ③   3 ②   4 ②
5 ④   6 ①, ④   7 ⑤   8 ②
9 ④   10 ③   11 ③   12 ⑤
13 ④   14 ②   15 ①
16 (1) Judging from   (2) Talking of
   (3) Generally speaking   17 It being sunny
18 (1) 역에서 그녀를 만났을 때   (2) 라디오를 켠 채
19 (1) with his pipe in his mouth
   (2) ringing a bell
20 (1) Because/As she didn't know how to open it
   (2) Having studied hard
   (3) and she turned on the TV

1-3

해석

1 빗속을 걸을 때 나는 정말 추웠다.

2 그는 차 안에 차 열쇠를 두고 내렸기 때문에 차 안으로 들어갈 수가 없다.

3 Tom의 아버지는 다리를 꼰 채 의자에 앉아 독서를 하고 있다.

⇒ 문제해결

1 문맥상 '내가 빗속을 걸을 때'가 되어야 하므로 walking을 고른다.

2 종속절의 시제가 주절의 시제보다 빠르기 때문에 완료 분사구문을 고른다.

3 〈with+명사+수식어구〉 구문으로, 다리의 입장에서는 꼬여지는 것 즉, 수동의 관계가 되어야 하기 때문에 과거분사가 와야 한다.

◎ 어휘

get inside ~안에 들어가다   **cross** ~을 교차하다

4-5

해석

4 한국에서 사용되는 한글은 가장 과학적인 언어이다.

5 그는 개가 그의 뒤에 따라 오도록 한 채 산책을 간다.

⇒ 문제해결

4 한글은 한국에서 사용되는 즉, 수동의 의미이므로 수동태 분사구문을 고르면 된다.

5 with를 이용해 동시동작을 나태는 경우로, 개가 뒤따르는 것이기 때문에 능동의 현재분사 following을 고른다.

◎ 어휘

scientific 과학적인   **language** 언어

6

해석

그들은 영화에 관심이 있기 때문에 일주일에 두 번 영화관에 간다.

⇒ 문제해결

주절과 종속절의 주어와 시제가 같기 때문에 주어를 생략하고 동사에 ing를 붙여서 being interested로 만드는데, 여기서 being은 생략할 수 있다.

7-8

해석

7 머리를 자른 후 그녀는 만족스러워하며 거울을 들여다 보았다.

8 그녀에게 충분한 돈이 없다면, 그녀는 그곳에 비행기를 타고 갈 수 없다.

⇒ 문제해결

7 형태가 〈Having p.p.〉인 것으로 보아 완료 분사구문이므로 종속절의 시제가 주절보다 앞서는 ⑤를 골라야 한다.

8 주절과 종속절의 주어와 시제가 같기 때문에 주어를 생략하고 동사에 ing를 붙인다. 분사구문의 부정은 분사구문 앞에 not을 붙이면 된다.

◎ 어휘

with satisfaction 만족하여
by plane 비행기를 타고

9-10

해석

9 ① 입안에 음식을 가득 넣고 말하지 마라.
② 그녀는 컴퓨터를 켠 채 방에서 나갔다.
③ Trisha는 눈을 감은 채 생각에 잠겨 있었다.
④ Edgar Degas는 파스텔로 그림을 그린 것으로 유명했다.
⑤ 그는 손가락으로 나를 가리키면서 테이블에 앉아 있었다.

10 ① 비둘기가 나를 향해 날아와서 나는 도망갔다.
② 엄밀히 말해서 네 대답은 옳지 않다.
③ 저에게 일생일대의 기회를 주셔서 감사합니다.
④ 빗속에서 울었기 때문에 사람들은 그가 울고 있다는 것을 알지 못했다.
⑤ 일에서 돌아온 후 그녀는 피곤함으로 침대에 쓰러졌다.

⇒ 문제해결

9 ④의 with는 도구나 수단을 나타내는 전치사이고, 나머지는 모두 동시동작을 나타내는 데 쓰인 전치사 with이다.

10 ③은 전치사의 목적어로 쓰인 동명사이다.

◎ 어휘

be lost in thought 생각에 잠기다
pastel 파스텔   **point** ~을 가리키다
pigeon 비둘기   **run away** 도망가다
once in a life time chance 일생일대의 기회
recognize ~을 알아채다

11-12

해석

11 ① 내 가방과 비교하면 네 가방은 새털보다 가볍다.
② 그 소년을 보았을 때, 나는 그가 내 잃어버린 동생이라는 것을 알았다.
③ 다른 도시로 이사를 간 후, 내 아들은 많은 새 친구를 사귀었다.
④ 어디로 가야 하는지 몰랐기 때문에, 그녀는 관광 안내소를 찾았다.
⑤ 소년들은 축구 경기에 흥분해 운동장으로 뛰어들어갔다.

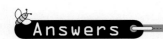

12 ① 백만장자임에도 불구하고, 그는 결코 돈을 낭비하지 않는다.
② 바람이 불고 눈이 왔기 때문에, 나는 코트를 입고 목도리를 했다.
③ 현관문을 열자, 나는 밝게 웃고 있는 남자를 보았다.
④ 그는 최선을 다했지만, 입학시험에서 떨어졌다.
⑤ 그 책을 읽고 난 후, 나는 그것을 내 이복동생에게 주었다.

⇒ **문제해결**

11 ③ 부사절 시제가 주절의 시제보다 한 시제 먼저 발생한 경우 완료 시제인 〈having+p.p.〉를 사용한다.

12 ⑤ 의미상 불분명하고 인칭대명사는 독립분사구문의 의미상의 주어로 사용될 수 없다.

◎ **어휘**

feather 깃털　　　　　**missing** 행방불명의
tourist information center 관광 정보 센터
millionaire 백만장자　　　**step brother** 이복형제

13 **해석**
① 무슨 일이 일어날 지라도, 그들은 다음 주에 휴가를 받을 것이다.
② 그녀는 요리하는 동안에 라디오를 들었다.
③ 그는 그 여자를 몰랐기 때문에 아무 말도 할 수가 없었다.
④ 배달 비용을 고려하면 그것은 그렇게 싼 것은 아니다.
⑤ 날씨가 너무 추웠기 때문에 털 코트를 입어야만 했다.

⇒ **문제해결**
④ 비인칭 독립분사구문이므로 Considering(~을 고려하면)이 되어야 한다.

◎ **어휘**
delivery cost 배달 비용　**fur** 털

14 **해석**
나의 아들은 자신이 원했던 것을 얻지 못했기 때문에, 일어나서 파티 테이블을 떠났다.

⇒ **문제해결**
주절과 종속절의 주어와 시제가 같기 때문에 주어를 생략하고 동사에 ing를 붙인다. 분사구문의 부정은 분사구문 앞에 not을 붙이면 된다.

15 **해석**
한 시간 동안 달린 다음 나는 샤워를 했다.

⇒ **문제해결**
문장의 의미상 접속사 After가 가장 적절하다.

◎ **어휘**

take a shower 샤워를 하다

16 **해석**
(1) 그녀의 말씨로 판단컨대 그녀는 호주 사람임에 틀림없다.
(2) 수학 시험 말인데, 너 A 받았니?
(3) 일반적으로 말해서, 식물을 심기에 가장 좋은 시기는 4월이다.

⇒ **문제해결**
비인칭 독립분사구문을 고르는 문제로 (1)에는 '~으로 판단하건대'의 의미의 Judging from을, (2)에는 '~에 관해 말하건대'의 의미의 Talking of를, (3)에는 '일반적으로 말해서'라는 뜻의 Generally speaking을 고른다.

◎ **어휘**
accent 악센트, 말씨　　**plant** ~을 심다

17 **해석**
날씨가 맑으면 나는 선탠을 하러 갈 것이다.

⇒ **문제해결**
주절과 종속절의 주어가 다르기 때문에 분사구문을 만들 때 종속절의 주어를 그대로 두는 독립분사구문이다.

◎ **어휘**
go suntanning 선탠을 하러 가다

18 **해석**
(1) 역에서 그녀를 만났을 때, 나는 그녀를 알아볼 수 없었다.
(2) 그는 라디오를 켠 채 운전을 한다.

⇒ **문제해결**
(1) 시간을 나타내는 분사구문으로 앞뒤 문맥에 유의하여 우리말로 옮긴다.
(2) 〈with+명사+수식어구〉 구문으로 부대상황을 나타내며 '~하면서, ~한 채'로 해석한다.

19 ⇒ **문제해결**
(1) 〈with+명사+전치사구〉 구문으로 부대상황을 나타낸다.
(2) 〈(comma)+ing〉 구문으로 부대상황을 나타낸다.

◎ **어휘**
pipe (담배) 파이프

20 **해석**
(1) 한 여인이 그것을 어떻게 여는지 몰랐기 때문에 나에게 다가와 도움을 청했다.
(2) 그녀는 열심히 공부했기 때문에 1등 상을 받았다.
(3) 그녀는 소파에 앉은 후 TV를 켰다.

⇒ 문제해결

(1) 단순 분사구문의 부정형이므로 주절의 주어를 쓰고 동사는 과거 부정형으로 만든다. 또한 문맥상 종속절이 원인을 나타내므로 접속사는 Because나 As를 쓴다.

(2) 종속절과 주절의 주어는 같지만 종속절의 시제가 주절보다 한 시제 앞선다. 따라서 완료 분사구문을 사용한다.

(3) 〈콤마(,)+ing〉 구문은 연속 동작을 나타내므로 〈접속사 and+주절의 주어 she+과거동사〉의 형태로 바꾼다.

Reading
p.65

1 ②   2 ③   3 ①

1 해석

그들은 '대로'에 들어섰다. 그것은 양쪽에 사과나무가 줄지어 서 있는 쭉 뻗은 길이었다. 나무들이 길 위로 아치를 만들고 있었고, 그 나무들은 흰 꽃 속에 파묻혀 있었다. 멀리서 아름다운 색들의 노을이 비쳐 들고 있었다. 그 아름다운 광경에 소녀는 말을 잃었다. 그들이 '대로'를 지난 후에도, 소녀는 여전히 아무 말도 하지 않았다.

⇒ 문제해결

〈콤마(,)+ing〉 구문은 '그리고 ~하다'의 의미로 연속 동작을 나타낸다. 주어와 시제가 주절과 같고 수동태 문장이기 때문에 being covered를 고른다.

◎ 어휘

a stretch of 길게 뻗은	**arch** 아치형이 되다
massive 대량의	**bloom** 꽃
in the distance 먼 곳에	**sunset** 해질녘
speechless 말문이 막힌	

2 해석

나의 가족 모두는 그들의 자기만의 독특한 잠버릇을 가지고 있다. 아빠는 불을 켜고 주무시기 때문에 엄마는 항상 잠이 드는 게 힘들다. 그래서 아빠에게 항상 불평을 하지만 아빠는 절대 변하지 않는다. 누나는 눈을 뜨고 잠을 잔다. 가끔씩 내가 밤에 누나의 방에 들어가면 깜짝 놀란다. 남동생에게는 이상한 버릇이 있는데, 그것은 그가 양말을 벗으면 잠을 못 잔다는 것이다. 나의 버릇이 가장 안 좋은 것 같다. 잠을 잘 때 나는 이를 간다. 심지어 강아지도 잠버릇이 있는데, 그것은 코를 곤다는 것이다.

⇒ 문제해결

③ '눈을 뜬 채로'라는 뜻이 되어야 하므로 〈with+명사+형용사〉 구문을 사용해 with her eyes open[opened]가 되어야 한다.

◎ 어휘

particular 특별한	**weird** 괴상한
from time to time 때때로, 이따금	

---

fall asleep 잠들다	**grind** ~을 갈다
snore 코를 골다	

3 해석

우리의 선조들은 날씨가 어떠할 것이라는 것을 어떻게 알았을까? 현대시대의 정교한 컴퓨터와 비교해, 그들은 날씨를 예측하는 데 특별한 것은 없었다. 우리의 오래된 속담에서 그들이 어떻게 날씨를 알게 되는지 알 수 있다. 하늘의 모양, 구름의 특징과 움직임, 그리고 새나 동물들의 행동을 보고 그 시대의 사람들은 날씨를 예측했다. 예를 들면, 달 주위의 갈무리는 날씨가 안 좋을 것이라는 것을 의미한다.

⇒ 문제해결

문맥상 ⓐ에는 '~와 비교해서', ⓑ에는 '~에 따라서'라는 비인칭 독립분사구문이 필요하다.

◎ 어휘

ancestor 조상, 선조	**sophisticated** 정교한
modern 현대의	**character** 특징
movement 움직임, 이동	**action** 활동, 움직임

Grammar in Conversation
p.66

1 ⓐ : feeling depressed   ⓑ : Judging from your symptoms   2 ⑤

3 ⓐ : 공부하거나 책을 읽을 때   ⓑ : 일반적으로 말해서
ⓒ : 모차르트의 음악을 들으면

1 해석

A : 최근에 기분이 안 좋아요. 그리고 날씨에 따라 기분이 너무 자주 변해요.
B : 잠을 자는 데 어려움은 없나요?
A : 사실 불면증에 시달리고 있어요.
B : 식습관은 어떠신가요? 식사에 대해서 어떤 변화가 있었나요?
A : 우울할 때 폭식을 하는 것 같아요.
B : 증상으로 판단하건대, 우울증 증세를 보이고 계십니다. 더 자세한 진단을 위해서, 이 설문 양식을 채워주세요.

⇒ 문제해결

ⓐ 종속절과 주절의 시제와 주어가 같기 때문에 접속사와 주어를 생략하고 동사에 ing을 붙이면 된다.

ⓑ 비인칭 독립분사구문으로 '~로 판단하건대'라는 뜻의 Judging from을 사용한다.

◎ 어휘

suffer from (고통 등을) 겪다	**insomnia** 불면증
overeat 폭식하다	**depressed** 우울한
symptom 징후, 증세	**depression** 우울증

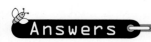

examination 검사, 조사   fill out ～에 기입하다
survey 조사, 검사   form 양식

2 **해석**
① A : 왜 그렇게 화가 나 있니?
　 B : 5분 전에 컴퓨터가 다운되어서 작업하던 파일이 모두
　　　 사라져 버렸어.
② A : 입에 음식물이 있는 상태에서 절대 말하지 말아라. 식사
　　　 예절이 어디로 간 거니?
　 B : 죄송해요, 엄마.
③ A : 최근에 Joanna 본 적 있니? 연락이 안 되네.
　 B : 응, 학생 회관 앞을 걸어가는데 어떤 남자랑 점심을 먹
　　　 는 걸 봤어.
④ A : 그녀는 일을 마치고 도대체 어디로 간 거니?
　 B : 그걸 누가 알겠어.
⑤ A : 면접 준비를 안 했더니, 너무 떨렸어.
　 B : 그래서 면접은 어떻게 됐니?

⇨ **문제해결**
분사구문의 부정은 분사구문 앞에 not이나 never를 놓는다.

◎ **어휘**
table manner 식사 예절
interview 면접, 인터뷰
nervous 긴장한, 초조한

3 **해석**
A : 넌 무언가를 할 때 음악을 듣니?
B : 응, 공부하거나 책을 읽을 때 클래식 음악을 들어. 왜?
A : 공부에 집중하기 힘들어서. 음악이 집중력을 향상시켜 준
　 다고 생각하니?
B : 확실하진 않지만, 일반적으로 말해서, 음악은 많은 목적으
　 로 사용되는데, 그 중 하나가 집중력을 키워주는 것이야.
A : 좋은 음악을 추천해 줄 수 있니?
B : 모차르트의 음악이 집중력을 향상시켜 준다고 들었어. 그
　 러니까, 모차르트의 음악을 들으면 네 공부에 보다 집중할
　 수 있을 거야.
A : 당장 해봐야겠다. 고마워.

⇨ **문제해결**
ⓐ 접속사의 의미를 강조하기 위해서 접속사를 그대로 둔 경우
　 로 주절의 주어와 시제에 유념해서 해석한다.
ⓑ '일반적으로 말해서'라는 의미의 비인칭 독립분사구문이다.
ⓒ 문맥의 전후 관계를 따져 어떤 접속사가 생략되었는지에 유
　 념해서 해석해야 하는데, 여기서는 조건을 나타내는 접속사
　 if가 생략되었다.

◎ **어휘**
have a difficulty ～ing ～하는 데 어려움을 겪다
concentrate ～에 집중하다

concentration 집중, 집중력
various 다양한   purpose 목적
pay attention to ～에 집중하다

chapter 5 동사에 의미를 첨가해 주는 조동사 정복하기

Unit 14   p.70

A **Check-up**
1 should   2 be   3 leave
4 goes   5 should

해석
1 그가 배가 고픈 것은 당연하다.
2 그는 많은 노예들이 석방되어야 한다고 명령했다.
3 그는 그녀가 다음날 아침 일찍 떠날 것을 제안했다.
4 그녀가 그 시간에 그곳에 가다니 이상한 일이다.
5 우리가 즉시 시작하는 것이 중요하다.

⇨ **문제해결**
1, 5 이성적 판단의 형용사가 쓰였으므로 〈should+동사원
　　 형〉 또는 동사원형을 쓴다.
2, 3 명령, 제안을 나타내는 타동사이므로 〈should+동사
　　 원형〉 또는 동사원형을 쓴다.
4 감성적 판단의 형용사와 함께 쓰인 should를 생략할 경우
　 에는 that절의 동사를 직설법으로 바꿔야 한다.

◎ **어휘**
slave 노예   set free 석방시키다
suggest ～을 제안하다

B **Check-up**
1 proposed that I (should) accept
2 necessary that you (should) report
3 is surprising that a blind man should
　 win/is surprising that a blind man won
4 insisted that she (should) go

⇨ **문제해결**
1, 4 제안, 주장을 나타내는 타동사이므로 〈should+동사원
　　 형〉 또는 동사원형을 쓴다.

2 이성적 판단의 형용사가 쓰였으므로 〈should+동사원형〉 또는 동사원형을 쓴다.

3 감성적 판단의 형용사가 쓰였으므로 〈should+동사원형〉 또는 that절의 동사 형태를 직설법 동사로 바꿔야 한다.

◎ 어휘

report ~을 보도하다　　**blind** 눈이 먼, 장님의
win the race 경주에서 이기다
go into a hospital 병원에 입원하다

Unit 15　　p.71

A ⬤ Check-up ⬤

1 must have met her
2 should have prepared
3 cannot/can't have finished
4 need not/needn't have done
5 may/might have bought

해석

1 지난밤에 그가 그녀를 만난 것이 확실하다.
2 나는 그 보고서를 준비했어야 했지만 하지 않았다.
3 그가 숙제를 끝냈다는 것은 불가능하다.
4 그녀는 그 일을 할 필요가 없었지만 했다.
5 그녀가 그 차를 구입하는 것은 가능한 일이었다.

⇨ **문제해결**

1 '~했음에 틀림없다'는 의미의 〈must have p.p.〉 구문을 활용한다.
2 '~했어야 했는데'라는 의미의 〈should have p.p.〉 구문을 활용한다.
3 '~했을 리가 없다'는 의미의 〈cannot have p.p.〉 구문을 활용한다.
4 '~할 필요가 없었다'는 의미의 〈need not have p.p.〉 구문을 활용한다.
5 '~했을 런지 모른다'는 의미의 〈may/might have p.p.〉 구문을 활용한다.

◎ **어휘**

certain 확실한　　　**impossible** 불가능한

B ⬤ Check-up ⬤

1 cannot/can't have stolen
2 must have been
3 may/might have called
4 should not/shouldn't have driven
5 need not/needn't have spent

⇨ **문제해결**

1 '~했을 리가 없다'는 의미의 〈cannot have p.p.〉 구문을 활용한다.
2 '~했음에 틀림없다'는 의미의 〈must have p.p.〉 구문을 활용한다.
3 '~했을 런지 모른다'는 의미의 〈may/might have p.p.〉 구문을 활용한다.
4 '~하지 말았어야 했는데'라는 의미의 〈should not have p.p.〉 구문을 활용한다.
5 '~할 필요가 없었다'는 의미의 〈need not have p.p.〉 구문을 활용한다.

◎ **어휘**

steal 훔치다

Unit 16　　p.72

A ⬤ Check-up ⬤

1 am used to	2 go
3 would	4 used
5 had better not	6 decrease

해석

1 나는 추운 날씨에 익숙하다.
2 나는 집에 일찍 가서 쉬는 게 좋겠다.
3 나는 이 호텔에 머무느니 집에 가겠다.
4 지금 우리는 도시에 살지만 예전에는 시골에 살았었다.
5 너는 이제 막 페인트 칠을 한 벽을 건드리지 않는 게 좋겠다.
6 음악은 종종 우리의 스트레스와 근심을 줄이는 데 사용된다.

⇨ **문제해결**

1 '~하는 데 익숙하다'는 의미의 〈be used to ~〉 뒤에는 동명사 혹은 명사가 올 수 있다.
2 〈had better 동사원형〉 구문으로 and로 연결된 동사도 동사원형을 써서 일치시키는 것에 유의한다.
3 〈would rather A than B〉 구문으로 A, B에는 동사원형이 온다.
4 〈used to 동사원형〉은 과거의 상태나 습관을 나타낸다.

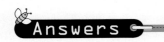

5 〈had better 동사원형〉의 부정형은 〈had better not+동사원형〉이다.

6 〈be used to동사원형〉은 '~하는 데 사용되다'라는 뜻의 구문이다.

◎ 어휘

country 시골　　　　　**take a rest** 휴식을 취하다
freshly 새로, 새롭게

B

┌─ Check-up ──────────────┐
│ 1 could not help　　2 would rather │
│ 3 had better　　　　4 is used to │
│ 5 used to │
└────────────────────────┘

해석

1 그 영화는 정말 재미있었다. 나는 많이 웃지 않을 수 없었다.

2 나는 그와 결혼하길 원하지 않는다. 그와 결혼 하느니 차라리 죽겠다.

3 너는 오랫동안 걸어서 피곤해 보인다. 일찍 자는 게 좋겠다.

4 Jimmy는 영국에 6개월 동안 살았고, 지금은 왼쪽으로 운전하는 데 익숙해졌다.

5 그는 어렸을 때 패스트푸드를 먹는 것을 좋아했지만, 지금은 그렇지 않다. 그는 패스트푸드를 먹는 것을 좋아하곤 했었다.

⇨ **문제해결**

1 〈could not help ~ing〉 구문이다.

2 〈would rather A than B〉 구문이다.

3 '~하는 게 낫겠다'라는 의미의 〈had better+동사원형〉를 고른다.

4 〈be used to ~ing〉 구문이다.

5 과거의 습관이나 상태를 나타내는 〈used to동사원형〉 구문이다.

◎ 어휘

hilarious 아주 재미있는
exhausted 지친, 기진맥진한

┌──────────────────────────┐
│ 🐝 **개념**확인문제　　　　　　　　　p.73 │
│ 1 ⑤　　2 ③　　3 ②　　4 ⑤　　5 ④ │
│ 6 (1) running　(2) not go　7 may/might have │
│ sent　　　8 cannot/can't have said │
│ 9 need not have watered │
│ 10 will go → should go / go │
└──────────────────────────┘

1-2

해석

1 A : 거기가 555-7349가 아닌가요?
　B : 아닙니다. 여기는 555-7346입니다.
　A : 미안합니다. 제가 전화를 잘못 걸었음에 틀림없군요.

2 A : Ann, 너 그 모임에 갔었니?
　B : 아니, 나는 가지 않았는데, Alice는 갔고, Tom도 갔었는지도 몰라.

⇨ **문제해결**

1 과거의 일에 대한 강한 추측이므로 〈must have p.p.〉 구문이 되어야 한다.

2 문맥상 과거에 어떤 일이 일어났을 가능성을 나타내는 〈may have p.p.〉 구문이 적절하다.

◎ 어휘

dial 전화의 다이얼을 돌리다

3 **해석**

그녀가 화를 내는 것도 당연하다.

⇨ **문제해결**

'~하는 것은 당연하다'라는 의미의 〈It is natural that절〉은 〈may well+동사원형〉과 바꾸어 쓸 수 있다.

◎ 어휘

natural 당연한, 자연스러운

4 **해석**

그는 내가 그 수업을 받아야 한다고 _____.

⇨ **문제해결**

that절 이하의 동사가 〈should+동사원형〉이다. 따라서 빈칸에는 '주장, 제안, 요구, 명령, 소망' 등을 나타내는 동사가 와야 한다.

5 **해석**

우리는 아무 말도 하지 않고, 아무 일도 하지 않는 데 익숙해졌다.

⇨ **문제해결**

뒤에 등위접속사 and가 있고, get used to에 연결되는 것이므로 doing과 같은 형태가 와야 한다.

◎ 어휘

get used to ~ing ~에 익숙해지다

6 **해석**

(1) 그 개가 자신을 쫓아오는 것을 보았을 때, 그 소년은 가능한 한 빨리 뛰지 않을 수 없었다.

(2) 너는 빗속에 외출하지 않는 게 좋겠다.

⇨ **문제해결**

(1) '～하지 않을 수 없었다'의 뜻을 가진 〈cannot help ～ing〉를 쓴다.

(2) '～하는 편이 낫다'라는 뜻의 〈had better+동사원형〉 구문 뒤에 not을 붙여 부정을 만든다.

7-8

해석

7 Sam이 이 꽃을 보냈을 가능성이 있다.

8 그녀가 그렇게 얘기했을 리가 없다.

⇨ **문제해결**

7 과거의 가능성을 나타내는 〈may/might have p.p.〉 구문을 쓴다.

8 '～할 리가 없다'라는 뜻의 구문은 〈cannot have p.p.〉이다.

9

⇨ **문제해결**

'～할 필요가 없었다'는 의미의 〈need not have p.p.〉 구문을 사용해야 한다.

10

해석

내가 즉시 그곳에 가는 것이 중요하다.

⇨ **문제해결**

이성적 판단의 형용사 important가 있으므로 that절에는 〈should+동사원형〉이나 동사원형이 와야 한다.

◎ **어휘**

at once 즉시

Review Test   p.74

1 ③	2 ④	3 ④	4 ②
5 ③	6 ③	7 ①	8 ③
9 ⑤	10 ②	11 ③	12 ③
13 ①	14 ④	15 ①, ⑤	16 ④

17 (1) should make / made (2) have missed

18 (1) is used to make (2) had better not take

19 behave → have behaved

20 (1) need not have shown (2) must have been

  (3) couldn't/could not but

1-3

해석

1 나는 아직 운전하는 데 익숙하지 않다.

2 너는 벤치 위의 페인트가 마르지 않았다는 것을 그녀에게 말했어야 했는데.

3 우리는 더 좋은 차를 살 수도 있었지만, 돈이 충분하지 않았다.

⇨ **문제해결**

1 '～하는 것에 익숙하다'라는 의미의 〈be used to ～ing〉 구문이다.

2 '～했어야 했는데'라는 의미의 〈should have p.p.〉 구문을 고른다.

3 과거에 있었던 일의 가능성에 대한 것이므로 〈could have p.p.〉가 적절하다.

4

해석

너는 그렇게 행동하는 것이 좋겠다.

⇨ **문제해결**

② 〈may as well+동사원형〉과 〈had better+동사원형〉은 '～하는 게 낫다'는 의미의 표현이다.

◎ **어휘**

behave 행동하다

5-6

해석

5 그 남자가 너를 속였을 수도 있다.

6 나는 그녀가 젊었을 때 미인이었다고 확신한다.

⇨ **문제해결**

5 ③ 〈may have p.p.〉는 과거 일의 가능성을 나타내는 구문이므로 의미상 형용사 probable을 써서 바꿀 수 있다.

6 ③ 과거의 일에 대한 강한 추측이므로 〈must have p.p.〉가 적절하다.

◎ **어휘**

deceive ～을 속이다   **a beauty** 미인

7-8

⇨ **문제해결**

7 '～했어야 했는데 (하지 않았다)'라는 뜻을 가진 〈should have p.p.〉 구문을 고른다.

8 요구의 동사 다음에 이어지는 that절의 동사는 〈should 동사원형〉 또는 동사원형 형태가 된다.

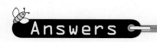

◎ 어휘

take one's advice ～의 충고를 받아들이다
give ～ a ride ～를 (탈 것에) 태워주다

9-10

해석

9 A : 그가 아니라고 말했다는 것이 가능할까?
   B : 아니. 그는 아니라고 말했을 리가 없어.

10 A : 여기에 앉으시겠어요?
   B : 아닙니다, 감사합니다. 저는 바닥에 앉는 게 낫겠습니다.

⇨ **문제해결**

9 ⑤ B가 No라고 답했기 때문에 '말했을 리가 없다'가 되어
   야 한다.

10 ② 문맥상 〈had better 동사원형〉이 적절하다.

◎ 어휘

floor 바닥

11 **해석**

A : 여보, 안녕.
B : 어디에 갔다 온 거 에요? 벌써 9시에요.
A : 오늘밤 늦게까지 일해야 했어요.
B : 그럼, 저에게 전화를 하셨어야죠.

⇨ **문제해결**

전화를 안 해서 걱정이 되었다는 내용이므로 〈should have
p.p.〉가 적절하다.

12-14

해석

12 ① 그녀는 상을 받았음에 틀림없다.
   ② 그는 그 책을 살 필요가 없었는데.
   ③ 그녀가 자기 나라를 자랑스럽게 여기는 것이 당연하다.
   ④ 그렇게 어린 소년이 그 노래를 작곡했을 리가 없다.
   ⑤ 그녀는 많은 사람들 앞에서 피아노를 치는 데 익숙하다.

13 ① 그녀는 당신이 한 번 더 시도해야 한다고 요구했다.
   ② 그녀는 그 시간에 운전을 하고 있었을지도 모른다.
   ③ 그 공원 근처에 키 큰 나무가 있었다.
   ④ 너는 어머니의 충고를 따르는 편이 낫다.
   ⑤ 그는 그 아이가 공부하기 위해서는 학교에 가야 한다고
     주장했다.

14 ① 그녀는 내 옆집에 살았었다.
   ② 너는 의사의 진찰을 받아보는 게 낫겠다.
   ③ 그는 입학시험에 통과했음이 틀림없다.
   ④ 포도는 와인을 만드는 데 사용된다.
   ⑤ 너는 네가 한 약속을 지켜야만 했어.

⇨ **문제해결**

12 ③ 〈may well+동사원형〉는 '～하는 게 당연하다'라는 뜻
   이다.

13 ① 요구 동사가 있으므로 that절의 동사로 〈should+원형
   동사〉 또는 동사원형이 와야 한다.

14 ④ 〈be used to부정사〉 구문은 '～하는 데 쓰이다'라는 뜻
   이다.

◎ 어휘

prize 상
be proud of ～을 자랑스러워하다
compose 작곡하다
next door 이웃집의, 이웃의
entrance exam 입학시험
produce ～를 만들다, 생산하다
keep one's word 약속을 지키다

15 **해석**

그는 그녀가 나와 함께 가야만 한다고 주장했다.

⇨ **문제해결**

주장 동사가 있으므로 that절의 동사로 〈should+동사원형〉
또는 동사원형이 와야 한다.

16 **해석**

그가 그렇게 일찍 떠났을 리가 없다.

⇨ **문제해결**

'～했을 리가 없다'라는 뜻으로 과거에 대한 단정적인 부정을
나타내는 문장을 고른다.

17 **해석**

(1) 그렇게 현명한 학생이 똑같은 실수를 저지르다니 이상하다.

(2) 그는 아직 출근을 하지 않았다. 그는 버스를 놓쳤을 수도
   있다.

⇨ **문제해결**

(1) 감성적 판단의 형용사가 왔으므로 〈should+원형〉으로 만
   들거나 직설법 동사 made로 바꾼다.

(2) 과거의 일에 대한 추측에 해당되므로 〈may have p.p.〉가
   되어야 한다.

◎ 어휘

wise 현명한

18 ⇨ **문제해결**

(1) 〈be used to부정사〉 구문은 '～하는 데 쓰이다'라는 뜻이다.

(2) 〈had better 동사원형〉은 '～하는 게 낫다'는 뜻으로 부정
   은 had better 다음에 **not**을 붙인다.

◎ 어휘
medicine 약

19 **해석**
너는 얌전히 굴었어야 했다. 네가 나이 드신 분들께 무례하게 굴었던 것은 잘못된 것이었다.

⇒ **문제해결**
문맥상 과거에 '~했어야 하는데 (안 했다)'라는 의미이므로 〈should have p.p.〉로 바꿔야 한다.

◎ 어휘
behave 행동하다   **rude** 무례한

20 **해석**
(1) 그는 자신의 신분증을 보여줄 필요가 없었는데 보여주었다.
(2) 그가 실패했다는 소식을 듣고 네가 놀랐을 거라고 확신한다.
(3) 그는 교통법규를 위반할 수밖에 없었다.

⇒ **문제해결**
(1) '~할 필요가 없었다'는 의미의 〈need not have p.p.〉를 쓴다.
(2) '~했음에 틀림없다'는 뜻의 〈must have p.p.〉 구문을 사용한다.
(3) '~하지 않을 수 없었다'는 뜻의 〈have no choice but to 동사원형〉은 〈cannot help ~ing〉 또는 〈cannot but 동사원형〉으로 바꾸어 쓸 수 있다.

◎ 어휘
failure 실패   **traffic law** 교통법규

Reading
p.77

1 ①   2 ⑤   3 ④

1 **해석**
오늘날 안전은 자동차 디자인에 있어서 매우 중요하다. 주로 자동차 내부에 있는 사람들을 위한 안전이다. 만약 자동차가 갑자기 어떤 물체와 부딪친다면, 에어백이 자동으로 부풀어 오르게 된다. 모든 차들의 속도를 위성으로 통제해 사람들이 속도를 위반하는 것을 막아야 한다는 제안도 있다.

⇒ **문제해결**
① '명령, 요구, 제안, 주장' 등을 나타내는 동사나 다른 형태의 표현이 있을 때, 즉 지문에서처럼 suggestions 또는 order, command, request, insistence 등이 있을 때 that절의 동사로 〈should+동사원형〉 또는 동사원형을 쓴다.

◎ 어휘
mainly 주로   **automatically** 자동적으로
get big 부풀다   **object** 물체
satellite 위성
prevent A from B A가 B하는 것을 막다

2 **해석**
나는 탑승 수속을 위해서 출발 예정 시각보다 한 시간 일찍 도착하곤 했다. 어제는 꼭 한 시간 먼저, 정확히 오후 8시에 탑승 수속을 위해 공항에 도착했다. 그러나 탑승 수속을 하다가 비행기가 지연되어 오후 9시 45분이 되어서야 출발할 것이라는 말을 들었다. 그것은 겨우 45분이 늦어지는 셈이었다. 우리 영국인들은 "새끼 양 때문에 교수형 당하느니 어미 양 때문에 교수형 당하는 것이 낫다."거나, 혹은 다른 말로 하면 "늦을 바에는 완전히 늦는 것이 낫다."는 속담을 따르고 싶어 한다. 그래서 나는 우리 비행기의 출발이 오후 10시 15분까지 지연될 것이라는 말을 듣고도 조금도 놀라지 않았다.

⇒ **문제해결**
⑤ 문맥상 '완전히 늦는 것이 낫다'가 되어야 하므로 had better be가 되어야 한다.

◎ 어휘
check-in 탑승 수속(하다)   **departure** 출발
punctual 정확한   **delay** 지연시키다
proverb 속담   **be hanged** 교수형당하다

3 **해석**
아무도 그 소년이 오전 7시가 조금 지난 시간에 배에서 물속으로 빠지는 것을 보지 못했음에 틀림없다. 그가 수면에 닿았을 때 그는 배 옆 바다 밑으로 끌려 들어갔다. 그때 그는 고군분투하여 다시 물 위로 몸을 내밀어 머리 위의 하늘을 보았다. 그는 잠시 안도감을 느꼈을지도 모른다. 승선하고 있던 선원들은 배가 속도를 늦추지 않고 항진하고 있었기 때문에 그 소년을 보았을 리가 없었다. 그 소년은 물 위로 계속 머리를 내밀기 위해 애쓰면서 절망과 공포감 속에 떠돌아 다녔다.

⇒ **문제해결**
ⓐ 내용상 '보지 못했음에 틀림없다'가 적절하다.
ⓑ 내용상 '안도감을 느꼈을지도 모른다'가 되어야 한다.
ⓒ 속도를 줄이지 않았으므로 '보지 못했음에 틀림없다'가 적절하다.

◎ 어휘
overboard 배 밖으로   **relief** 안도, 안심
sailor 선원
kick about[around] 배회하다; (아직) 살아 있다
helpless 속수무책인, 무력한

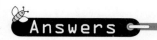

Grammar in Conversation
p.78

1 ④   2 ④   3 ④

1 해석
A : Jim이 매니저로 승진했다는 소식 들었니?
B : 아니, 못 들었어. 승진 소식을 듣고 정말 행복했겠구나. 난 언제 승진할 수 있을까?
A : 승진이 행복을 가져다 주는 건 아니잖아. 항상 남의 떡이 더 커 보이는 거야. 지위가 높아질수록 일에 대한 책임도 늘어나고.
B : 네 말이 맞아, 하지만 적어도 월급은 오르잖아.

⇨ 문제해결
④ 과거 일에 대한 강한 추측을 나타내고 있다.

◎ 어휘
be promoted 승진하다
The grass looks greener on the other side. 남의 떡이 커 보인다.
responsibility 책임감

2 해석
A : 너의 저녁 파티는 어땠니?
B : 좋았어, 하지만 나의 아내의 사장을 초대하지 말았어야 했는데. 우리는 그를 떠나게 할 수가 없었어.
A : 정말? 그는 얼마나 늦게까지 있었니?
B : 새벽 2시까지! 그리고 우리는 둘 다 다음 날 출근을 해야만 했어.
A : 그가 그렇게 늦게까지 머물지 말았어야 했는데. 네가 그를 좀 더 일찍 떠나도록 요청했어야 했어.
B : 너의 사장에게 그런 말을 하는 것은 정말 어려워.

⇨ 문제해결
④ 문맥상 〈should not have p.p.〉가 되어야 한다.

◎ 어휘
boss 사장

3 해석
A : 안녕하세요. 무슨 문제가 있나요?
B : 미안합니다만, 부인, 이웃들 중의 한 사람으로부터 소음에 대한 불평이 있습니다.
A : 정말요? 당신을 성가시게 하는 대신에 우리에게 연락을 취하지 않은 것이 유감이군요.
B : 그래요. 그들이 먼저 당신에게 말했어야 했는데, 하지만 대신 그들이 우리에게 전화했어요. 어쨌든 음악 소리를 낮춰주기를 바랍니다.

⇨ 문제해결
ⓐ 문맥상 '연락을 취하지 않는 것이' 되어야 하므로 shouldn't 를 고른다.

ⓑ 과거 일에 대한 유감을 나타내는 것이므로 〈should have p.p〉가 되어야 한다
ⓒ 주장 동사가 있기 때문에 〈should+동사원형〉 또는 동사원형을 고른다.

◎ 어휘
complaint 불평
get in touch with ~와 연락[접촉]하다
bother 성가시게 하다

chapter 6 영어의 천연기념물 수동태 후벼 파기

Unit 17
p.82

A

Check-up
1 to   2 by
3 to follow   4 were shocked
5 to wash

해석
1 익명의 선물이 그의 부인에게 배달되었다.
2 그 선물 상자는 점원에 의해 포장되었다.
3 나는 그 지침을 따르라는 명령을 받았다.
4 많은 사람들은 그 소식에 놀랐다.
5 내 아들은 식사하기 전에 손을 씻으라는 명령을 받았다.

⇨ 문제해결
1 send는 4형식 동사로 간접목적어와 직접목적어를 주어로 해서 수동태로 나타낼 수 있다. 직접목적어를 주어로 할 때는 간접목적어 앞에 전치사 to를 붙인다.
2 수동태 문장에서 행위자는 〈by+목적격〉으로 나타낸다.
3 지각동사, 사역동사를 포함하는 5형식 능동태 문장에서 목적격보어가 원형부정사인 경우는 수동태 문장에서는 to부정사로 바뀐다.
4 그 소식이 사람들을 놀라게 한 것이기 때문에 수동태 문장이 되어야 한다.
5 5형식 문장의 수동태는 〈주어+be p.p.+목적격보어〉의 어순이 된다.

◎ 어휘
anonymous 익명의   **wrap** ~을 포장하다
clerk 점원   **guideline** 지침

B

Check-up

1 to   2 to cry   3 to leave

해석

1 관객은 그에게 큰 박수를 보냈다.

2 그들은 어둠 속에서 자신들의 아들이 우는 것을 들었다.

3 그는 그녀에게 교실 밖으로 나가라고 명령했다.

⇨ **문제해결**

1 give는 4형식 동사로 간접목적어와 직접목적어를 주어로 해서 수동태로 나타낼 수 있다. 직접목적어를 주어로 할 때는 간접목적어 앞에 전치사 to를 붙인다.

2 지각동사가 사용된 5형식 문장에서 목적격보어가 원형부정사인 경우 수동태 문장에서는 to부정사로 바뀐다.

3 5형식 문장의 수동태는 〈주어+be p.p.+목적격보어〉의 어순이 된다.

◎ **어휘**

audience 관객

give a big hand 박수 갈채하다

in the dark 어둠 속에서

Unit 18   p.83

A

Check-up

1 be forgotten   2 has been

3 being   4 been chosen

5 being built

해석

1 너의 약속이 잊혀지게 하지 마라.

2 그 울타리는 나의 삼촌에 의해 칠해졌다.

3 편지가 Emma에 의해 그녀의 아들에게 씌어지고 있다.

4 James는 우리에 의해 반장으로 선택됐다.

5 새로운 집들이 시골에 세워지고 있다.

⇨ **문제해결**

1 부정명령문이 수동태가 될 경우 〈Let+목적어+not be p.p.〉 또는 〈Don't let+목적어+be p.p.〉 어순이 된다.

2, 4 완료형 수동태는 〈have/has/had+been p.p.〉 어순으로 나타낸다.

3, 5 진행형 수동태는 〈be동사+being p.p.〉 어순으로 나타낸다.

◎ **어휘**

captain 반장; 우두머리; 선장

countryside 시골, 지방

B

Check-up

1 Don't let the door closed. / Let the door not be opened.

2 The wall is being painted by him.

3 Let the sentence be learnt/learned by heart.

4 The window has been left open by Tom.

해석

1 그 문을 닫지 마라.

2 그는 벽을 칠하고 있다.

3 그 문장을 암기해라.

4 Tom은 창문을 열어둔 채로 두었다.

⇨ **문제해결**

1 부정명령문이 수동태가 될 경우 〈Let+목적어+not be p.p.〉 또는 〈Don't let+목적어+be p.p.〉 어순이 된다.

2 진행형 수동태는 〈be동사+being p.p.〉 어순으로 나타낸다.

3 긍정명령문이 수동태가 될 경우 〈Let+목적어+be p.p.〉 어순이 된다.

4 완료형 수동태는 〈have/has+been p.p.〉 어순으로 나타낸다.

◎ **어휘**

sentence 문장

learn ~ by heart ~을 암기하다

Unit 19   p.84

A

Check-up

1 from   2 at   3 with

4 by   5 belongs to   6 met

해석

1 치즈는 우유로 만들어진다.

2 그는 그 소식에 놀랐다.

3 그 집은 먼지로 덮여 있었다.

4 사람은 그가 사귀는 사람으로 알 수 있다.

5 이 책은 내 것이다.

6 John은 어제 유명한 시인을 만났다.

⇨ **문제해결**

1 화학적 변화이므로 from을 고른다.

2 by이외의 전치사를 쓰는 수동태이다. '~에 놀라다'라는

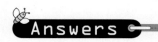

의미로 be surprised 다음에 전치사 at을 고른다.

3 by이외의 전치사를 쓰는 수동태이다. '~로 덮여 있다'라는 의미로 be covered 다음에 전치사 with를 쓴다.

4 〈be known by ~〉 구문은 '~로 의해 판단된다'는 의미이다.

5, 6 belong과 meet는 수동태가 불가능한 동사이다.

◎ 어휘

dust 먼지   **company** 회사; 친구
belong (~에) 속하다   **poet** 시인

B   Check-up

1 satisfied with   **2** is said to have been
3 said   **4** delighted at

해석

1 그 건물 디자인이 나를 만족시켰다.
2 사람들은 그녀가 인기 있는 가수였다고 말한다.
3 사람들은 돈으로 살 수 없는 것이 있다고 말한다.
4 그 실험의 성공이 학생들을 기쁘게 했다.

⇒ **문제해결**

1 by이외의 전치사를 쓰는 수동태이다. '~에 만족하다'라는 의미로 be satisfied 다음에 전치사 with를 고른다.
2 that절이 목적어이므로 가주어 it을 사용하여 수동태로 만든다. 〈They say that절〉은 〈It is said to be〉로 바꾸어 쓸 수 있다. 〈People believe that절〉은 〈It is believed that〉으로 바꾸어 쓸 수 있다.
3 〈People/They say~〉은 〈It is said that절〉로 바꾸어 쓸 수 있다.
4 by이외의 전치사를 쓰는 수동태이다. '~에 기뻐하다'라는 의미로 be delighted 다음에 전치사 at을 고른다.

◎ 어휘

satisfy ~를 만족시키다   **popular** 인기 있는
success 성공   **experiment** 실험
delight ~을 크게 기쁘게 하다

개념확인문제   p.85

1 ①   2 ③   3 ⑤   4 ⑤   5 ③

6 (1) All the plants have been watered (by us).
(2) Homeless people were helped to find a shelter by volunteers.   7 is being studied in Australia by many Korean students
8 (1) should have been repaired
(2) was being searched
9 Just 15 minutes a day is said
10 It is believed

1-3

해석

1 Nick이 Kim에게 백만 달러짜리 집을 사주었다.
2 나의 영어 선생님은 유머 감각으로 유명하다.
3 Zuckerman 부부의 차도에는 아침부터 저녁까지 차와 트럭으로 가득 차 있었다.

⇒ **문제해결**

1 made는 4형식 동사로 직접목적어를 주어로 해서 수동태로 나타낼 수 있다. 간접목적어 앞에 전치사 for를 붙인다.
2 by 이외의 전치사를 쓰는 수동태로 '~로 유명하다'라는 의미의 be known for를 써야 한다.
3 by 이외의 전치사를 쓰는 수동태로 '~로 가득 차다'라는 의미의 be filled with를 써야 한다.

◎ 어휘

million 백만   **sense of humor** 유머 감각
driveway 차도

4

해석
그는 자기 자전거를 잃어버렸다는 사실을 깨닫지 못한다.

⇒ **문제해결**
자전거의 입장에선 잃어버려진 것이므로 수동태가 알맞고, 잃어버린 상태의 완료를 나타내는 현재완료 형태가 적절하다.

◎ 어휘

realize ~을 깨닫다, 알아차리다

5

해석
① 나의 가슴은 기쁨으로 가득 차 있다.
② 너의 돈을 낭비하지 마라.
③ 그들은 테니스를 치고 있는 중이었다.
④ 그 산은 눈으로 덮여 있었다.
⑤ 공주는 바보와 결혼했다.

⇨ **문제해결**

③ 내용상 진행형 수동태가 되어야 한다. 진행형 수동태의 어순은 〈be동사+being p.p.〉이다.

◎ **어휘**

joy 기쁨   **fool** 어리석은, 바보의

6 **해석**

(1) 우리는 모든 식물에 물을 주었다.

(2) 봉사자들은 집이 없는 사람들이 보호소를 찾도록 도움을 주었다.

⇨ **문제해결**

(1) 완료형 수동태의 어순은 〈have/has+been p.p.〉이다.

(2) 5형식 문장의 수동태는 〈주어+be p.p.+목적격보어〉의 어순이 된다.

◎ **어휘**

water ~에 물을 주다   **plant** 식물
volunteer 자원 봉사자   **homeless** 집이 없는
shelter 피난처, 은신처

7 **해석**

많은 한국 학생들이 호주에서 영어를 공부하고 있다.

⇨ **문제해결**

목적어인 English가 주어이고, 진행형인 수동태 문장으로 변형시키면 된다.

8 ⇨ **문제해결**

(1) 과거의 후회를 나타내는 문장이고 천장은 수리되는 것이므로 수동태가 되어야 한다.

(2) 진행형 수동태로 〈be동사+being p.p.〉의 어순이 되어야 한다.

9-10 **해석**

9 사람들은 하루에 단 15분이 당신을 건강하게 만들기에 충분하다고 말한다.

10 Halloween에는 귀신이 나온다고들 믿는다.

⇨ **문제해결**

9 that절 안의 주어를 문장의 주어로 만들어 수동태로 바꾼 경우이다.

10 가주어 it을 사용해 수동태를 만든다고 생각해 〈It is believed that ~〉으로 고친다.

◎ **어휘**

healthy 건강한   **ghost** 귀신

Review Test

p.86

1 ⑤   2 ④   3 ③   4 ③   5 ③
6 ③   7 ②   8 ⑤   9 ①   10 ①
11 ①   12 is said   13 ③   14 ②
15 with → to   16 must have been sent
17 have the poems been put there
18 (1) about (2) at (3) with (4) in
19 (1) be opened (2) has been read
   (3) surprised at (4) allowed to (5) asked of
20 (1) He is thought to be a genius./It is thought that he is a genius.
   (2) Monopoly was being played by the boys.
   (3) Let this letter not be lost. / Don't let this letter be lost.

1-3

해석

1 뉴욕은 대조의 도시라고들 한다. 그곳은 아름다움과 추함이 동시에 존재한다.

2 그때 이후로 우주의 비밀이 과학자들에 의해 발견되고 있다.

3 어떤 사람들은 피라미드가 아마도 외계인에 의해서 만들어졌을지 모른다고 말한다.

4 그의 코는 새로 산 검은 신발처럼 빛이 났다. 그의 살찐 몸은 부드러운 털로 덮여 있다.

⇨ **문제해결**

1 ⑤that절이 목적어이므로 가주어 It을 사용하여 수동태로 만든 것으로 〈It is said that ~〉 구문이다.

2 ④〈since 과거, 주어+현재완료〉 구문이고, 뒤에 'by+행위자'가 있으므로 현재완료 수동태가 되어야 한다.

3 ③ 외계인이 행위자이므로 by가 와야 한다.

4 ③〈be covered with〉는 '~로 덮여 있다'는 의미로 by 이외의 전치사를 쓰는 수동태 구문이다.

◎ **어휘**

contrast 대조   **ugly** 추한
secret 비밀   **space** 우주
scientist 과학자   **pyramid** 피라미드
alien 외계인   **fur** 털

5 **해석**

그는 3년 동안 그 문을 계속 잠그고 있었다.

⇨ **문제해결**

문의 입장에서는 잠겨지는 것이므로 수동태가 알맞으며, 3년

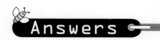

간 계속된 것이므로 현재완료 수동태를 써야 한다.

6 **해석**
① 너의 임무를 잊지 마라.
② 그들은 그가 좋은 의사라고 말한다.
③ 그는 소설을 쓰고 있는 중이다.
④ 우주는 끝이 없다고들 한다.
⑤ 그들은 그녀가 아팠다고 생각한다.

⇨ **문제해결**
③ 진행형의 수동태는 〈be동사+being p.p.〉 형태가 되어야 한다. (→ is being written)

◎ **어휘**
duty 임무, 일   **space** 우주
endless 끝없는

7-8

해석
7 ① 그녀는 그 소식에 놀랐다.
② 그는 최근의 소설로 유명하다.
③ 나는 우표 수집에 관심이 있다.
④ 그 해안은 많은 요트로 가득하다.
⑤ 그 산은 눈으로 덮여 있었다.

8 ① 그 다리는 돌로 만들어졌다.
② 그는 공을 Robbie에게 패스했다.
③ 버스는 많은 사람들에 의해서 매일 이용되고 있다.
④ 그 오페라 공연장은 6년 동안 만들어져 왔다.
⑤ 다양한 과목이 선생님들에 의해서 가르쳐지고 있다.

⇨ **문제해결**
7 ② by 이외의 전치사를 쓰는 수동태 구문으로 '~에게 알려져 있다'는 〈be known to〉 구문을 '~로/때문에 유명하다'는 〈be known for〉 구문으로 바꾼다. (→ is known for)

8 ⑤과목이 가르쳐지는 행위를 당하는 것으로 진행형 수동태가 맞고 teach는 by 이외의 특별한 전치사가 필요 없는 표현이다. (→ by teachers)

◎ **어휘**
latest 최근의   **novel** 소설
stamp 우표   **various** 다양한
subject 과목

9 **해석**
공자는 세상에 많은 영향력을 끼쳤다. 2천년 넘게 개인의 행동과 도덕에 관한 그의 사상은 중국인들의 삶과 문화에 영향을 주었다. 심지어 오늘날에도 그의 사상은 여전히 영향력이 있다.

⇨ **문제해결**
remain은 상태를 나타내는 자동사로 수동태나 진행형을 만들

수 없다. today가 있기 때문에 시제가 현재임을 알 수 있다.

◎ **어휘**
influence 영향력   **conduct** 행동
morality 도덕   **affect** ~에 영향을 주다
powerful 영향력 있는, 강력한

10-11

해석
10 ① 나의 개는 지난달에 죽었다.
② 그 가수는 많은 사람에게 알려져 있다.
③ 그는 그 회사의 회장으로 선출되었다.
④ 부모는 항상 자녀들의 미래를 걱정한다.
⑤ 그 집의 지붕은 수리되어야 한다.

11 ① 버터는 우유로 만들어진다.
② 그는 FBI의 감시를 받고 있다.
③ 그녀는 그 좋은 소식에 기뻐했니?
④ 그 음악가는 아름다웠다고 한다.
⑤ 많은 약이 고통을 치료하는 데 사용되었다.

⇨ **문제해결**
10 ① die는 자동사로, 수동태를 사용할 수 없다. (→ died)

11 ① 성질이 변하는 화학적 변화이므로 be made from이 되어야 한다.

◎ **어휘**
elect ~을 뽑다   **chairman** 회장
roof 지붕   **musician** 음악가
drug 약   **cure** ~을 치료하다
pain 고통

12 **해석**
그들은 그녀가 이 드라마의 주인공이라고 말한다.

⇨ **문제해결**
주어는 she이며 그녀는 그런 얘기를 듣는 것이므로 수동태 문장이 되어야 한다.

◎ **어휘**
main character 주인공

13 **해석**
그 아이는 그 언덕으로 소풍 가면서 길을 잃었다고들 믿고 있다.

⇨ **문제해결**
that절을 목적어로 취하고, 주어가 일반인이므로 〈It is believed that ~〉 또는 〈The child is believed to have ~〉의 두 가지 형태의 문장으로 전환할 수 있는데, to부정사가 있는 문장은 문장을 전환할 때 시제에 유의해야 한다.

◎ 어휘
be lost 길을 잃다

14 해석

과연 누가 바퀴에 대한 생각을 해냈을까? 우리는 결코 확실하게 알 수는 없다. 그러나 우리는 사람들이 바퀴를 이용하여 많은 일을 해 왔다는 것을 알고 있다.

⇨ 문제해결

밑줄 친 부분이 포함된 문장을 수동태로 바꾸면 3가지 형태가 가능하다. ① that people have come a long way by using the wheel is known very well. ② it is known very well that people have come a long way by using the wheel. ③ people are known very well to have come a long way by using the wheel.

◎ 어휘
for sure 확실히
come a long way 먼 길을 오다(많은 일을 하다)

15 해석

그는 일본 여성과 결혼했다.

⇨ 문제해결

'~와 결혼하다'는 〈be married to〉를 사용한다.

◎ 어휘
Japanese 일본의, 일본인

16 ⇨ 문제해결

'~했음에 틀림없다'는 〈must have p.p.〉를 사용해야 하는데 내용상 수동태가 되어야 한다. 완료형 수동태의 어순은 〈have/has been p.p.〉이다.

◎ 어휘
arrival 도착

17 해석

New York, Atlanta, Chicago에서 많은 사람들이 시를 읽는다. 시는 버스와 지하철 벽에 있다. 그렇다면 누구에 의해서 이 시들이 그곳에 놓여져 있게 된 걸까? 시를 사랑하는 사람들의 모임에 의해서이다.

⇨ 문제해결

주어는 the poems이며 그것에 맞게 수동태가 되고 내용상 지금까지 영향을 주므로 완료형 수동태 〈have+been+과거분사〉 구문이 되어야 한다. 또한 의문문이므로 동사(have)가 앞에 온다.

◎ 어휘
poem 시, 운문   **poetry** (집합적) 시

18 해석

(1) 나는 그의 사고에 대해서 걱정했다.
(2) 그들은 조사 결과에 매우 기뻐했다.
(3) 어린이들의 미래는 희망으로 가득 차야 한다.
(4) 그 소년은 판타지 영화에 관심이 있다.

⇨ 문제해결

(1) '~에 대해서 걱정하다'는 의미의 〈be worried about〉을 쓴다.
(2) '~에 기뻐하다'는 의미의 〈be delighted at〉을 써야 한다.
(3) '~로 가득 차다'는 의미의 〈be filled with〉를 써야 한다.
(4) '~에 관심 있다'는 의미의 〈be interested in〉을 써야 한다.

◎ 어휘
accident 사고   **result** 결과
survey 조사   **fantasy** 상상, 공상

19 해석

(1) 눈을 떠라.
(2) 그녀는 한 시간 동안 그 책을 읽었다.
(3) 그 산의 아름다움이 나를 놀라게 했다.
(4) 나의 부모님은 늦은 시간에 내가 외출하는 것을 허락하지 않으신다.
(5) 선생님이 나에게 히말라야의 높이를 물었다.

⇨ 문제해결

(1) 긍정명령문의 수동태는 〈Let+목적어+be p.p.〉의 어순이다.
(2) 완료형 수동태로 〈have/has been p.p.〉의 어순이다.
(3) '~에 놀라다'는 〈be surprised at〉을 써야 한다.
(4) 5형식 문장의 수동태인 경우에는 〈주어+be p.p.+목적격보어〉의 어순이 된다.
(5) ask는 4형식 동사로 직접목적어를 주어로 해서 수동태로 나타낼 수 있는데, 간접목적어 앞에 전치사 of를 붙인다.

◎ 어휘
beauty 미, 아름다움   **height** 높이

20 해석

(1) 그들은 그가 천재라고 생각한다.
(2) 그 소년들은 Monopoly 게임을 하고 있었다.
(3) 이 편지를 잃어버리지 말아라.

⇨ 문제해결

(1) that절이 목적어이므로 가주어 it을 사용하여 수동태로 만든다. 〈They think that절〉은 〈It is thought that절〉 또는 〈He is thought to be ~〉로 바꾸어 쓸 수 있다.
(2) 진행형 수동태는 〈be동사+being p.p.〉의 어순이다.

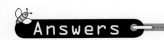

(3) 부정명령문의 수동태는 〈Let+목적어+not+be p.p.〉 또는 〈Don't let+목적어+be p.p.〉의 어순이다.

◎ 어휘

genius 천재, 천부의 재능

Reading
p.89

1 ④　　　2 ③　　　3 ④

1 **해석**

지난 밤 도심 지역에 있는 사무실 건물에서 화재가 발생했다. 4명이 죽었다. 그 화재가 토요일 저녁 9시에 시작되었기 때문에 최악의 비극은 아니었다. 그 화재가 시작된 곳은 2층이라고 들 여겨진다.

⇒ **문제해결**

④ 2층이 생각하는 것이 아니라 사람들이 생각하는 것이므로 수동태가 되어야 한다. (→ is thought to)

◎ 어휘

break out 발생하다　　**downtown** 도심
area 지역　　　　　　**tragedy** 비극
floor 층

2 **해석**

적이 가까이 올 때, 스피팅 코브라는 고개를 치켜 올린다. 그리고 코브라는 적의 눈을 향해 곧장 침을 뱉는 것처럼 보인다. 이 코브라의 치명적인 독은 이빨 속에 나 있는 두 개의 작은 구멍을 통해 적에게 내뿜어진다. 만일 이 독이 눈에 들어가게 되면 그 독은 즉시 사람의 눈을 멀게 할 수도 있다. 이상하게도 그 독은 피부에 닿을 경우에는 전혀 해가 없다. 더욱 놀라운 것은 이 코브라의 조준 능력이다. 스피팅 코브라는 6피트 떨어진 곳에서조차 적의 눈을 맞춘다고 알려져 있다. 여러분이 그런 코브라를 우연히 만난다면 눈을 빨리 감아야 할 것이다.

⇒ **문제해결**

③ 독이 피부에 닿는 것이므로 능동태가 되어야 한다. (→ lands)

◎ 어휘

spit 침을 뱉다　　　　**deadly** 치명적인
cause ~를 일으키다　　**go blind** 실명하다
immediately 즉시　　　**venom** 독
oddly 기묘하게도　　　**harmless** 해롭지 않은
aim 목표　　　　　　　**come across** 우연히 만나다

3 **해석**

음, 비가 억수같이 내리고 있었고, 바람이 심하게 불고 있었어요. 전선이 바람에 넘어졌기 때문에, 나의 아내와 아이들과 나

는 어둠 속에 앉아 있었어요. 갑자기 방에 물이 차기 시작했어요. 우리는 갑자기 물이 들어와 놀랐어요.

⇒ **문제해결**

ⓐ 비가 오고 있는 것이므로 진행형이 되어야 한다.

ⓑ 주절보다 한 시제 빠르기 때문에 과거완료 수동태를 사용해야 한다.

ⓒ by 이외의 전치사를 갖는 수동태로 〈be surprised at〉이 되어야 한다.

◎ 어휘

pour (비가) 억수같이 내리다　　**electric wire** 전기선

Grammar in Conversation
p.90

1 ⑤　　　2 ④　　　3 ④

1 **해석**

A : 방금 너에 관한 나쁜 소식을 들었어.
B : 회사가 사무자동화되고 있어. 그래서 나와 같은 많은 사람들이 해고되고 있어.

⇒ **문제해결**

⑤ 사람들 입장에서는 해고되는 수동의 의미이고, 지금까지 일어난 일이므로 현재완료 수동태가 와야 한다.

◎ 어휘

automate ~를 자동화하다
dismiss ~를 해고시키다

2 **해석**

A : 오랜만이야.
B : 어떻게 지냈니?
A : 그냥 잘 지내. 너는 어때?
B : 나도 그래. 여기는 웬일이니?
A : Jane 때문이야. 그녀는 위암에 걸려서 수술을 받았어.
B : 아, 그런 얘길 들어서 유감이다.

⇒ **문제해결**

④ 그녀의 입장에서는 수술 받는 것이므로 수동태가 되어야 하기 때문에 현재완료 수동태인 〈has been operated〉가 적절하다.

◎ 어휘

Long time no see. 오랜만이야.
stomach cancer 위암
operate 수술하다

3 **해석**

A : 여기가 손님방입니다. 모든 것이 만족스러우면 좋겠습니다.

B : 매우 좋습니다. 아침 8시에 식사를 제 방으로 보내주십시오.
A : 그렇게 준비해 드리겠습니다. 더 필요한 것 있습니까?
B : 세탁할 것이 있습니다.

⇒ 문제해결
ⓐ by 이외의 전치사를 쓰는 수동태로 '~에 만족하다'는 구문
은 〈be satisfied with〉이다.
ⓑ 선행사 some laundry가 세탁이 되는 수동의 의미이므로
be done을 고른다.

◎ 어휘
arrange ~를 정리(준비)하다　　**laundry** 세탁물

chapter 7 삥쟁이 가정법 정리하기

Unit 20　　p.94

A ― Check-up
1 would have got/gotten　　2 were
3 had not been　　4 knew

해석
1 내가 지하철을 탔다면 거기 제때 도착했을 텐데.
2 Peter가 집에 있다면 그의 어머니의 전화를 받을 수 있을
  텐데.
3 박물관이 닫혀 있지 않다면 그들은 그림들을 볼 수 있었
  을 텐데.
4 그 검정 드레스가 비싸다는 것을 Mary가 안다면 그것을
  사지 않을 텐데.

⇒ 문제해결
1 가정법 과거완료 문장으로 if절의 시제가 과거완료이므로 주
  절의 시제는 〈조동사의 과거형+have p.p.〉가 되어야 한다.
2 가정법 과거에서 if절의 동사가 be동사일 때는 인칭에 상
  관없이 were를 쓴다.
3 가정법 과거완료 문장으로 주절의 시제가 〈조동사의 과거형
  +have p.p.〉이므로 if절의 시제는 과거완료가 되어야 한다.
4 가정법 과거 문장으로 주절의 시제가 〈조동사의 과거형+
  동사원형〉이므로 if절의 시제는 과거가 되어야 한다.

◎ 어휘
on time 시간을 어기지 않고, 정각에

take the subway 지하철을 타다

B ― Check-up
1 As/Because I didn't have more money, I
  couldn't keep playing the card game.
2 As/Because you don't go to see the
  doctor, your cold can't go away in a few
  days.
3 As/Because it is raining tomorrow, I can't
  go hiking in the mountain.
4 As/Because he quit the job, he didn't
  save quite a lot of money.

해석
1 돈이 좀 더 많았다면 그 카드 게임을 계속했을 텐데.
2 네가 병원에 간다면 너의 감기는 며칠 안에 사라질 텐데.
3 내일 비가 오지 않는다면 나는 산으로 하이킹을 갈 텐데.
4 그가 일을 그만두지 않았다면 그는 꽤 많은 돈을 모았을
  텐데.

⇒ 문제해결
1~4 가정법 문장을 직설법 문장으로 바꿀 때는 접속사
  because, as, so를 사용해 가정법 과거는 직설법 현재로,
  가정법 과거완료는 직설법 과거로 고친 다음 긍정과 부정
  을 서로 바꾼다.

◎ 어휘
save ~을 모으다, 저축하다
quit ~을 그만두다; [직장을] 떠나다

Unit 21　　p.95

A ― Check-up
1 don't know her cellphone number
2 had been at home when you called
3 get bored so easily
4 had not worked so slowly

해석
1 내가 그녀의 휴대 전화 번호를 안다면 좋을 텐데.
2 네가 전화했을 때 내가 집에 있지 않아서 유감이다.
3 내가 그렇게 쉽게 지겨워지지 않았더라면 좋을 텐데.
4 그가 그렇게 더디게 일을 해서 유감이다.

⇒ 문제해결
1~4 가정법 I wish 구문을 직설법 문장으로 바꿀 때는 한 시

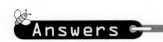

제 앞으로 당기고 긍정과 부정을 서로 바꾸면 된다. 직설법 문장을 가정법 I wish 구문으로 바꿀 때는 이와 반대의 과정을 거치면 된다.

◎ 어휘
get bored 지루해지다

B
┌ Check-up ┐
1 saw the confidential file
2 doesn't understand all the details
3 was not a VIP at the hotel
4 don't go to the museum

해석
1 그는 마치 기밀 파일을 보지 않은 것처럼 행동한다.
2 Tom은 마치 모든 세부사항을 이해한 것처럼 동의한다.
3 그녀는 마치 그 호텔의 VIP였던 것처럼 가장한다.
4 그들은 마치 박물관에 간 것처럼 말한다.

⇒ **문제해결**
1~4 〈as if/though+가정법 과거〉는 현재의 반대되는 사실을, 〈as if/though+가정법 과거완료〉는 과거의 반대되는 사실을 가정하는 구문이다.

◎ 어휘
confidential 비밀의, 기밀의
detail 세부(사항)
pretend ～인 체하다, 흉내 내다
VIP 귀빈(= very important person)

Unit 22　　　　　　　　　p.96

A
┌ Check-up ┐
1 had not been　　2 Without
3 would be　　　　4 But for
5 could be

해석
1 이 차가 없었다면 나는 여기 오지 못했을 텐데.
2 그가 나를 태워주지 않았다면 나는 기차를 놓쳤을 텐데.
3 음악이 없다면 삶은 덜 재미있을 텐데.
4 그 사고가 없었다면 그는 80살까지 살았을 텐데.
5 그녀가 복권에 당첨되었다면 지금 백만장자가 됐을 텐데.

⇒ **문제해결**
1 주절의 시제가 가정법 과거완료이므로 〈If it had not been

for ～〉 구문을 써야 한다.
2 문맥상 그가 태워주지 않았다면 기차를 놓쳤을 거라는 의미가 되어야 하므로 without이 적절하다.
3 종속절이 〈If it were not for ～〉 구문일 때 주절은 가정법 과거를 써야 한다.
4 But for는 '～이 없다면'의 뜻으로 이미 부정의 의미가 포함되어 있기 때문에 not을 중복해서 쓰면 안 된다.
5 과거의 일이 현재까지 영향을 미치는 경우 혼합 가정법 〈If 주어 had+p.p.～, 주어+조동사의 과거형+동사원형〉을 써서 표현한다.

◎ 어휘
give someone a ride ～를 (탈것에) 태워주다
win the lottery 복권에 당첨되다
millionaire 백만장자

B
┌ Check-up ┐
1 As　　　　2 provided　　　3 unless
4 Without　5 otherwise

해석
1 지난 밤 파티에 갔기 때문에 나는 지금 지쳐 있다.
2 일정이 빡빡하지 않다면 나는 일본으로 여행을 갈 것이다.
3 보안카드를 가지고 있지 않으면 안으로 들어갈 수 없다.
4 교수님의 도움이 없었다면 나는 그 프로젝트를 마칠 수 없었을 것이다.
5 이 식물들은 조심해서 다루지 않으면 쉽게 죽을 수 있다.

⇒ **문제해결**
1 혼합 가정법 구문을 직설법으로 바꾼 문장으로 원인을 나타내는 접속사 as를 사용해야 한다.
2 문맥상 '스케줄이 빡빡하지 않다는 조건이라면'의 의미가 되어야 하므로 provided가 적절하다
3 문맥상 '보안카드를 가지고 있지 않다면'의 의미가 되어야 하므로 unless가 적절하다.
4 빈칸 뒤에 명사구가 나왔으므로 전치사 without이 적절하다.
5 앞뒤 문장이 인과관계에 있으므로 otherwise가 적절하다.

◎ 어휘
exhausted 지친
tight 빡빡한; (예정이) 꽉 찬
security 안전, 보안
complete ～을 끝내다, 완료하다

1 ⑤   2 ③   3 ③
4 ⓐ couldn't win ⓑ so   5 I were → Were I
6 ⑤   7 ⑤   8 I wish
9 Without / But for   10 am not tired

1-3

해석

1 Tom이 20살에 목소리를 잃지 않았다면 지금 그는 유명한 가수가 될 수 있을 텐데.

2 내가 발표를 하는 동안 나의 다리가 약간 떨리는 것을 느꼈다. 그것은 마치 내가 공중을 걸어가는 것처럼 느껴졌다.

3 A : 좋은 고기를 구입하는 것은 매우 어려워. 동물들은 오염 때문에 살 수가 없거든.

   B : 공해가 없다면 좋을 텐데. 나는 좋았던 옛날이 그리워.

⇨ 문제해결

1 ⑤ 혼합가정법의 구문으로, 과거 사실에 대한 가정은 가정법 과거완료로, 현재의 아쉬운 소망은 가정법 과거로 표현해야 한다.

2 ③ 공중을 걸어가는 것과 그것을 느끼는 것이 같은 시점에 일어난 일이고, 주절의 동사 felt가 과거를 나타내므로, 과거 사실의 반대를 나타내는 〈as if+가정법 과거〉를 쓴다.

3 ③ 문맥상 현재를 언급하는 내용이므로 I wish 다음에 가정법 과거 동사가 와야 한다.

◎ 어휘

make a presentation 발표[보고]하다
shiver 떨다. 몸서리치다   **pollution** 오염
the good old days 좋았던 옛 시절

4

해석

만일 그녀가 더 열심히 했다면 그녀는 일등상을 탔을 텐데.

⇨ 문제해결

ⓐ 가정법 문장을 직설법 문장으로 바꿀 때는 한 시제 앞당긴다.

ⓑ 접속사 so를 사용해서 직설법 문장을 만들 수 있다.

◎ 어휘

win first prize 일등상을 타다

5

해석

내가 너의 입장이라면, 그런 어리석은 행동은 하지 않을 것이다.

⇨ 문제해결

가정법에서 If를 생략하면 〈동사+주어〉로 도치해서 표현해야

한다.

◎ 어휘

in one's place ~의 입장에서   **foolish** 어리석은

6

해석

그녀는 매우 열심히 일했다. 그렇지 않았다면, 그녀는 변호사로서 성공할 수 없었을 텐데.

⇨ 문제해결

otherwise는 앞선 내용에 반대로 가정할 때 쓰이는 접속사인데, '열심히 일했다'라는 과거 사실에 반대로 가정하므로 가정법 과거완료, 즉 '그렇지 않았다면'이라고 해석해야 한다.

◎ 어휘

succeed 성공하다   **lawyer** 변호사

7

해석

A : 안녕, Jane. 나 Pete야. 오늘 날씨가 너무 좋아서 동물원에 갈 수도 있을 거라고 생각했는데.

B : 좀 더 일찍 전화하지. 테니스를 치기로 막 계획을 세웠거든.

⇨ 문제해결

⑤ '(과거에 더 일찍) 전화했으면 좋을 텐데'라는 의미이므로 가정법 과거완료가 되어야 한다.

◎ 어휘

such ~ that 주어+동사 너무 ~해서 …하다

8-10

해석

8 내가 그것을 살 수 없었던 것이 유감이다.

9 그 지도가 없었더라면, 우리는 길을 잃었을 텐데.

10 만약 내가 어제 저녁 그 파티에 갔더라면, 나는 지금 피곤할 텐데.

⇨ 문제해결

8 직설법 과거 문장은 〈I wish+가정법 과거완료〉 구문으로 바꿀 수 있다.

9 〈If it had not been for ~〉 구문은 Without 또는 But for를 사용해서 바꿀 수 있다.

10 혼합 가정법 문장을 직설법 문장으로 바꾸면 주절의 시제는 현재가 되고 긍정은 부정이 된다.

◎ 어휘

pity 유감스러운 일   **get lost** 길을 잃다

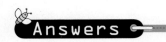

Review Test
p.98

1 ③　　2 ③　　3 ④

4 I wish they did their part.　5 ④

6 ④　　7 ④　　8 ⑤　　9 ⑤　　10 ③

11 ⑤　　12 ③　　13 ②

14 He will be in trouble in the mountain unless we find him / ~ if we don't find him.

15 I wished he had not mentioned my English grade.　16 ⑤　　17 ⑤　　18 ⑤

19 wish, knew　　20 had not made

---

1 해석

나는 통일되기 전에 편지를 교환하거나 서로 만날 수 있기를 바라. 네가 나의 조부모님들이 돌아가시기 전에 그분들에게 인사를 드리면 좋을 텐데.

⇨ **문제해결**

③ 현재의 심경을 말하고 있는 것이므로 〈I wish+가정법 과거〉가 되어야 한다.

◎ **어휘**

exchange ~을 교환하다　**unification** 통일
pass away 죽다

2 ⇨ **문제해결**

'마치 ~인 것처럼'의 뜻인 as if를 사용하고, 의미상 he talked와 같은 시제가 되어야 하므로 가정법 과거를 쓴다.

3 해석

A : Sue, 오늘 밤에 우리 집으로 와서 같이 저녁 먹을래?
B : 갈 수 있다면 좋겠지만, 편의점에서 아르바이트 해야 해.
A : 아, 등록금을 내려고 하는 거니?
B : 맞아. 좀 더 열심히 공부했더라면, 장학금을 탈 수도 있었을 텐데. 그러면 이 아르바이트를 하지 않아도 되고.

⇨ **문제해결**

④ 과거의 일에 대해 반대로 가정하는 것이므로 가정법 과거완료를 사용해야 한다. (→ could have got)

◎ **어휘**

work part-time 시간제로 일하다
convenient store 편의점
tuition fee 등록금　　**scholarship** 장학금

4 해석

〈보기〉
그녀는 Peter와 말하지 않는다.
→ 그녀가 Peter와 말하면 좋을 텐데.
그들은 그들의 역할을 다하지 않는다.

⇨ **문제해결**

〈보기〉는 직설법 현재 문장을 〈I wish+가정법 과거〉 구문으로 바꾼 것이다. 긍정과 부정을 바꾸는 것에 유의한다.

◎ **어휘**

do[play] one's part 자기의 역할을[임무를] 다하다

5 ⇨ **문제해결**

과거의 일의 결과가 현재까지 영향을 미칠 때 혼합 가정법을 사용하는데, 〈If 주어+had p.p. ~, 주어+조동사의 과거형+동사원형〉의 형식을 취한다.

◎ **어휘**

alive 살아 있는

6 해석

New York 시에 있는 Brooklyn 다리는 건축될 당시의 공학과 용기의 승리였다. 사실, 두 사람, 즉 아버지와 아들의 기술과 결단이 없었더라면 그 다리는 지금 결코 존재하지 않을 것이다.

⇨ **문제해결**

혼합 가정법 문장으로, without 구문에는 과거(다리가 만들어진 당시) 사실을 반대로 가정한 가정법 과거완료가 오고, 주절에는 현재(now) 사실을 반대로 가정한 가정법 과거가 와야 한다. 따라서 〈without+명사〉 구문을 가정법 과거완료인 'if it had not been for the skill and decision of two men,' 또는 도치된 형태의 'had it not been for the skill and decision of two men'으로 고칠 수 있다.

◎ **어휘**

triumph 승리　　　　**engineering** 공학, 기술
courage 용기　　　　**decision** 결정, 결단

7 해석

비가 오지 않았더라면 우리는 소풍을 갈 수도 있었을 텐데.

⇨ **문제해결**

등위접속사 so를 사용해 가정법 과거완료 문장을 직설법 문장으로 바꿀 때는 한 시제 앞당기고 긍정과 부정을 바꿔야 한다.

◎ **어휘**

go on a picnic 소풍 가다

8 해석

① 그는 아픈 것처럼 말한다.
② 내가 그 해에 그 과정을 끝마쳤더라면 좋을 텐데.
③ 그의 도움이 없었다면 나는 그 시험에 합격할 수 없었을 텐데.
④ 네가 지난밤 늦게까지 자지 않고 있었다면 지금 졸릴 텐데.
⑤ 그의 차가 없었다면, 우리는 멀리 여행할 수 없었을 텐데.

⇨ **문제해결**

⑤ If it were not for his car가 도치된 문장인데, 이미 여행을 한 것이므로, 가정법 과거완료가 되어야 한다. (→ Had it not been for his car)

◎ **어휘**

course (교과) 과정　　　　**assistance** 도움, 원조
stay up late 밤늦도록 자지 않고 있다
sleepy 졸리는

9 **해석**

① 내가 최선을 다하지 않아서 유감이다.
② 그가 나를 도와줬기 때문에 지금 내가 여기 있다.
③ 그의 도움이 없다면 나는 그 산에 올라 갈 수 없었을 것이다.
④ 그 소녀는 TV를 많이 본다.
⑤ 그가 열심히 공부하지 않았다면 그 대학에 들어갈 수 없었을 것이다.

⇨ **문제해결**

⑤ otherwise 앞의 직설법 문장을 if 구문으로 바꾸면 되는데, 과거 사실에 대한 반대이므로 가정법 과거완료를 사용한다. (→ hadn't worked hard)

◎ **어휘**

do one's best 최선을 다하다　　　**climb** 올라가다

10 **해석**

A : Ann, 점심 먹은 후에 테니스 한 게임 어때?
B : 테니스 치면 좋겠지만, 기말고사 공부를 해야 해.
A : 마치 네가 모범생인 것처럼 말하는 구나.
B : 글쎄, 나는 예전의 내가 아니야.

⇨ **문제해결**

ⓐ 현재에 반대되는 내용이므로 〈I wish+가정법 과거〉
ⓑ '마치 ~인 것처럼'이라는 의미의 〈as if+가정법 과거〉

11-12

해석

11 ① 비가 오지 않으면 우리는 도보 여행을 할 수 있을 텐데.
② 내가 어리다면 많은 책을 읽을 텐데.
③ 너의 도움이 없었다면 숙제를 끝내지 못했을 텐데.
④ 내가 그때 공부를 열심히 했었다면 나에게 지금 좋은 기회가 많이 있을 텐데.
⑤ 네가 그것을 적어 놓지 않으면 그것을 잊어버릴 것이다.
12 ① 나는 그를 만났던 것처럼 행동했다.
② 내가 지금 그녀를 만날 수 있다면 좋을 텐데.
③ 너의 다리가 부러지지 않았다면 지금 여기서 스키를 타고 있을 텐데.
④ 그녀는 마치 어렸을 때 런던에 있었던 것처럼 말한다.
⑤ 코알라는 특별한 나무, 즉 유칼립투스 나무가 없다면 살

수 없을 텐데.

⇨ **문제해결**

11 ⑤ otherwise에는 앞의 내용을 반대로 가정한다는 의미를 포함한다. (→ would/will forget)

12 ③ 혼합 가정법 문장으로, 다리가 부러진 것이 먼저 일어난 일이므로 if절은 가정법 과거완료의 형태가 되어야 한다.

◎ **어휘**

go on[for] a hike 도보 여행을 가다
break one's leg 다리가 부러지다
eucalyptus (tree) 유칼립투스 (오스트레일리아 원산의 상록 교목)

13 **해석**

나는 그녀가 너무 보고 싶다. 그녀가 지금 여기 있으면 좋을 텐데. 나의 부모님의 반대가 없다면 나는 그녀와 결혼할 텐데. 그렇게 되면 그녀와 나는 모두 행복한 삶을 살 텐데.

⇨ **문제해결**

〈Without+명사, 주어+가정법 과거/과거완료〉 구문은 '만약 ~이 없다면(없었다면) …일 텐데(…이었을 텐데)'라는 의미이다. 명사 objection을 동사구 object against로 바꿔 쓴 것에 유의한다.

◎ **어휘**

miss ~을 그리워하다　　　**objection** 반대
live a happy life 행복한 삶을 살다
object 반대하다

14-15

해석

14 우리가 그를 찾지 않는다면, 그는 산속에서 위험에 빠질 것이다.
15 그가 내 영어 성적을 언급하지 않았으면 좋았을 텐데.

⇨ **문제해결**

14 내용상 '우리가 그를 찾지 않는다면'이라는 부정적인 가정이므로 unless를 써야 한다.
15 과거 사실에 대해 반대로 소망을 했으므로 가정법 과거완료가 와야 한다.

◎ **어휘**

be in trouble 어려움에 처하다
mention ~을 언급하다　　　**grade** 성적, 등급

16 **해석**

공기가 없었더라면 인류는 오래 전에 죽었을 텐데.

⇨ 문제해결
⑤ long ago로 과거의 일임을 알 수 있고, 그것에 대한 가정이므로 가정법 과거완료를 써야 한다. 따라서 If it had not been for air 또는 If there had been no air라고 해야 적절하다.

◎ 어휘
human beings 인류, 인간

17 해석
그의 친구의 도움이 없었더라면 그는 그 직업을 얻지 못했을 텐데.

⇨ 문제해결
⑤ 문맥상 '~이 없었더라면'의 의미이고, 뒤에 for가 있으므로 빈칸에는 but이 적절하다.

18 해석
① 내가 집을 갖고 있지 않아서 유감이다.
② 너의 친구는 너무 많은 질문을 했다.
③ 물이 없다면 우리는 살 수 없을 텐데.
④ 그는 미국인처럼 말하지만, 그는 미국 사람이 아니다.
⑤ 그는 우리를 많이 도와주지 않았다.

⇨ 문제해결
⑤ 직설법 과거 부정문은 〈I wish+가정법 과거완료〉 긍정문이 되어야 한다. (→ I wish he had helped us very much.)

◎ 어휘
survive 살아남다, 생존하다

19 ⇨ 문제해결
I wish 구문을 사용하여 가정법을 나타낼 수 있으며, 현재에 실현될 수 없는 소망이므로 가정법 과거를 써야 한다.

20 해석
우리는 영어 작문에서 너무 많은 실수를 했다.
→ 우리가 영어 작문에서 그렇게 많은 실수를 하지 않았더라면 좋을 텐데.

⇨ 문제해결
직설법 문장을 〈I wish+가정법〉 구문으로 바꾸는 것이므로, 직설법 과거 긍정문, 가정법 과거완료 부정문으로 바꾸면 된다.

◎ 어휘
make a mistake 실수하다
composition (한 편의) 작문, 문장

Reading p.101

1 ①   2 ③   3 ③

1 해석
아빠는 엄마를 직장에서 일찍 모시고 오셨다. 갑자기 엄마는 누구에게도 말을 건네지 않고 곧장 방으로 들어가셨다. 그리고 나서 아빠는 떠나셨다. 나는 두 분에게 무슨 일이 일어났었는지 알았기를 바랐다.

⇨ 문제해결
① 〈I wish+가정법〉 구문에서 동사 wish와 같은 시제의 내용을 바랐으면 가정법 과거를, 앞선 시제의 내용을 바랐으면 가정법 과거완료를 써야 한다. 그래서 문맥상 빈칸에는 wished(과거)와 같은 시제이므로 knew가 알맞다.

◎ 어휘
straight 곧장

2 해석
석유는 인류에게 유익한 것이다. 석유가 없다면 현대 문명은 유지될 수 없을 것이다. 하지만 석유는 많은 문제들을 일으킨다. 유조선 충돌과 최근 저장용 탱크 유출 사고는 해양 생물과 인류의 건강에 심각한 위험이 될 수 있음을 보여주었다. 정유 공장들은 훨씬 심각한 수질 오염을 일으킨다. 화재가 일어날 가능성이 없었다면 공항 근처에 사는 사람들이 항공기 연료 공급을 위한 석유 수송관의 건설을 반대하지 않았을 것이다.

⇨ 문제해결
ⓐ 문맥상 without을 써서 '석유가 없다면 현대 문명이 유지될 수 없을 것이다'라고 해야 자연스럽다.
ⓑ 해양 생물은 marine life라고 표현한다.
ⓒ 〈But for 가정법〉 구문인데, 문맥상 '화재 발발의 가능성이 없었다면 석유 수송관의 건설에 반대하지 않았을 것이다'라고 과거 사실에 반대로 가정하고 있으므로 would have not opposed가 적절하다.

◎ 어휘
benefit 이익, 이득   **civilization** 문명, 문화
maintain ~을 유지하다   **tanker** 유조선
collision 충돌   **recent** 최근의
storage-tank 저장용 탱크
spill (액체 따위의) 유출   **marine** 바다의
refinery 정제소   **outbreak** 발발, 발생
oppose ~에 반대하다   **pipeline** 수송관
fuel ~에 연료를 공급하다

3 해석
지난 여름 나는 조부모님 댁을 방문했다. 나는 새롭고 흥미로운 것들을 많이 보았지만, 내가 본 가장 특이한 것들 중 하나는 아르마딜로였다. 그 동물은 뾰족한 코와 토끼 같은 귀를 가졌

지만, 가장 이상한 것은 그것은 마치 갑옷으로 덮여 있는 것 같았다는 것이었다. 귀가 없다면 거북으로 생각했을 수도 있다. 나의 친구들이 아르마딜로를 봤었으면 좋았을 텐데.

⇨ 문제해결

③ 갑옷을 입은 것처럼 보이는 것이므로 as if 구문이 사용되었다. 과거의 일을 가정하는 것이고 주절에 과거 시제(looked)가 쓰였으므로 주절과 같은 시점인 과거의 일을 가정하는 가정법 과거를 써야 한다. 또한 가정법에서 if절에 쓰이는 동사는 인칭이나 수에 관계없이 were를 쓴다.

◎ 어휘

unusual 별난, 이상한
armadillo 아르마딜로(빈치목의 야행성 포유동물)
pointed (끝이) 뾰족한　　**snout** (동물의) 코, 주둥이
rabbitlike 토끼 같은　　**armor** 갑옷

Grammar in Conversation　　p.102

1 ①　　2 ③　　3 ②

1 해석

A : 도시에서 벗어나니 정말 좋아! 내가 여기서 살 수 있다면 좋을 텐데. 도시보다 훨씬 조용하고 평화로워.
B : 하지만 가게가 좀 있다면 좋을 텐데. 그리고 나이트클럽도!
A : 시골이 도시만큼 흥미롭지 않다는 것은 알아. 그리고 편리하지 않다는 것도 알아. 하지만 여기가 훨씬 더 편안해. 훨씬 더 깨끗하기도 하고.
B : 이 깨끗한 공기를 도시에서도 마셨으면 좋겠다.

⇨ 문제해결

① 현재 상황에 대해 이야기하고 있으므로 가정법 과거 동사가 와야 한다. (→ lived)

◎ 어휘

get away from ~로부터 벗어나다
peaceful 평화로운　　**convenient** 편리한
relaxing 긴장을 풀게 하는　　**breathe** 숨쉬다, 호흡하다

2 해석

A : 나와 함께 갈 수 있니?
B : 미안하지만, 갈 수 없어. 친구와 약속이 있거든.
A : 아, 네가 나와 함께 갈 수 있다면 좋을 텐데!
B : 다음 번에 같이 갈게.

⇨ 문제해결

③ 못 간다고 말했으므로 '갈 수 있으면 좋을 텐데'라고 응답해야 자연스럽다. 따라서 가정법 과거 시제가 와야 한다.

◎ 어휘

appointment 약속

---

3 해석

A : 하와이 여행은 어땠니?
B : 돌아오는 비행기 빼고는 완벽했어.
A : 왜? 비행편에 무슨 문제라도 있었니?
B : 아니, 비행기는 괜찮았어. 그런데 승무원들이 친절했으면 좋았을 거야. 마치 그들이 주인인 것처럼 응대하더라고. 그들이 나에게 더 나은 서비스를 제공했었더라면 지금 기분이 더 나을 텐데.

⇨ 문제해결

② 〈I wish〉 구문을 사용하여 가정법을 나타낼 수 있으며, 내용상 과거의 실현될 수 없는 소망이므로 가정법 과거완료를 써야 한다.

◎ 어휘

except for ~을 제외하고
flight 비행, 비행기 여행
flight attendant 승무원
owner 소유자

---

chapter 8 길고 짧은 것은 대 봐야 아는 것

Unit 23　　p.106

A　　**Check-up**

1 a few　　2 any
3 friends　　4 much

해석

1 너의 작문에서 몇 가지 실수를 발견했다.
2 질문이 있다면 편하게 물어봐라.
3 그녀의 반에 그녀의 친구가 거의 없다.
4 점심에 커피를 많이 마셨니?

⇨ 문제해결

1 mistake는 셀 수 있는 명사이므로 a few가 적절하다.
2 조건문이므로 any가 적절하다.
3 few는 '거의 없는'의 뜻이지만 하나 이상의 명사를 수식한다. 또한 friend는 셀 수 있는 명사이므로 복수형이 적절하다.
4 coffee는 셀 수 없는 명사이므로 much가 적절하다.

◎ 어휘

feel free to부정사 마음대로[거리낌없이] ~하다

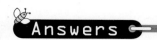

B ❘ Check-up ❘

1 ⓐ 현재 상황은 묘사하기 어렵다.
　ⓑ 모든 손님들이 회의에 참석했다.

2 ⓐ 영어는 정복하기 어려운 언어이다.
　ⓑ 영국 사람들은 부지런하고 열심히 일한다.

⇒ 문제해결

1 ⓐ '현재의'라는 의미의 한정적 용법 형용사, ⓑ '출석한'이
　라는 의미의 서술적 용법의 형용사로 각각 쓰였다.

2 ⓐ '영어'라는 의미의 명사, ⓑ 〈the+형용사=복수 보통명
　사〉로 '영국 사람들'이라는 의미의 명사로 각각 쓰였다.

◎ 어휘

conference 회의
master ~을 습득하다, ~에 정통하다
diligent 근면한, 부지런한
hard-working 근면한, 부지런히 일하는

Unit 24 p.107

A ❘ Check-up ❘

1 already　　　　2 ago
3 such　　　　　4 before

해석

1 그는 이미 그 문제들을 풀었다.
2 그는 한 시간 전에 그의 가게로 갔다.
3 그녀는 어제 아주 즐거운 시간을 보냈다.
4 그녀는 3일 전에 그를 보았다고 말했다.

⇒ 문제해결

1 already와 yet은 둘 다 '이미, 벌써'라는 뜻을 가지고 있지
　만 already는 긍정문에서, yet은 의문문에서 쓰인다.
2 과거 시제 문장에서 앞에 기간을 언급하는 말이 있으면
　ago를 쓴다.
3 명사와 함께 쓰이는 형용사를 강조할 때 〈such+a(n)+형
　용사+명사〉의 형태를 사용한다.
4 과거완료 시제에서 앞에 기간을 언급하는 말이 있으면
　before를 쓴다.

B ❘ Check-up ❘

1 hardly　　　　2 highly
3 Lately　　　　4 mostly

해석

1 그는 유머 감각이 거의 없다.
2 그가 경기하는 것을 보고, 나는 매우 즐거웠다.
3 나는 요즘 끔찍한 악몽을 꾸고 있다.
4 이 책의 독자들은 대부분 학생들이다.

⇒ 문제해결

1 hardly는 '거의 ~않다'라는 의미의 부사로 일반동사 has
　를 수식한다.
2 highly는 '매우'라는 의미의 부사로 형용사 amused를 수
　식한다.
3 lately는 '최근, 요즘'이라는 의미의 부사로 문장 전체를 수
　식한다.
4 mostly는 '대부분'이라는 의미의 부사로 동사 are를 수식
　한다.

◎ 어휘

sense of humor 유머 감각
amused 재미있어 하는, 즐기는
nightmare 악몽

🐝 개념확인문제 p.108

1 (1) slowly　(2) sure　(3) quickly　(4) bad　(5) really
2 so　　　　3 ago
4 went to school near his house　　　　5 ⑤
6 ③　　　　7 영국 사람들　　　　8 ③　　　　9 ②
10 ④

1 해석

(1) 그는 천천히 집으로 걸어갔다.
(2) James는 그가 옳다고 확신하는 것처럼 보인다.
(3) 가장 가까운 문으로 빨리 걸어가라.
(4) 그 아이는 심한 감기에 걸렸다.
(5) 과학은 정말 흥미로운 과목이다.

⇒ 문제해결

(1) 동사 walk를 수식하는 부사 slowly가 와야 한다.
(2) 동사 seem 다음에는 형용사가 와야 한다.
(3) 동사 walk를 수식하는 부사 quickly가 와야 한다.
(4) 명사 cold를 수식하는 형용사 bad가 와야 한다. '심한, 지
　독한'이란 의미의 bad는 한정적 용법으로만 쓰인다.
(5) 형용사 interesting을 수식하는 부사 really가 와야 한다.

◎ 어휘

bad 심한, 지독한 　　　　　**subject** 과목

2-3

⇨ 문제해결

2 형용사 popular를 수식하는 so가 적절하다.

3 과거 시제 문장에서 기간을 나타내는 말이 앞에 있으면 ago를 사용한다.

4

⇨ 문제해결

전치사 near를 사용해 school을 수식해주는 형용사구(near his house)를 만들면 된다.

5

해석

A : 겨울 방학이 곧 다가오는데, 특별한 계획이라도 있니?

B : 지금까지는 특별한 계획은 없어.

⇨ 문제해결

⑤ 의문문과 부정문, 조건문에서는 부정 수량 형용사 any를 사용해 명사를 수식하고, 긍정문에서는 some을 사용해서 수식한다.

6

해석

• 그녀는 30대 후반에 결혼했다.

• 그는 어떤 이유로 오지 않았다.

⇨ 문제해결

ⓐ 30대 초반은 early thirties, 중반은 mid-thirties, 후반은 late thirties라고 표현한다. lately는 부사로 요즈음이라는 뜻이다.

ⓑ 또한 reason이 셀 수 있는 명사 단수형이기 때문에 few와 little은 답이 될 수 없다.

◎ 어휘

marry 결혼하다

7

해석

대부분의 미국인들은 좀처럼 목욕을 하지 않는다. 그들은 샤워기 밑에서 씻는다. 반면, 영국 사람들은 보통 목욕을 한다.

⇨ 문제해결

〈the+형용사=복수 보통명사〉로 쓰였으므로 '영국 사람들'이라고 해석한다.

◎ 어휘

take[have] a bath 목욕하다

shower 샤워, 샤워기

meanwhile 그 동안에, 한편

8

해석

① 공원에 있는 큰 상 근처에서 만나자.

② 그는 너무 뚱뚱해서 빨리 달릴 수 없다.

③ 한국에서 젊은이들은 노인을 공경한다.

④ Simon은 어떤 것도 들어 올릴 수 있다. 그는 매우 힘이 세다.

⑤ 나는 준비가 안 됐어. 몇 분만 기다려 줄 수 있니?

⇨ 문제해결

③ 〈the+형용사=복수 보통명사〉가 주어로 쓰였을 경우 복수 동사를 사용해야 한다. (→ respect) ④ 보통 any는 부정문, 의문문, 조건문에서 쓰이지만 '어떤 ~도'의 의미로 사용될 경우에는 긍정문에서 쓰인다.

◎ 어휘

statue 상(像), 조각상

respect ~을 존경하다, 공경하다

lift 들어올리다

9-10

해석

9 Lauren은 많은 옷을 가지고 있지 않다.

10 Nick의 아파트는 거의 비어 있다. 그는 가구를 거의 가지고 있지 않다.

⇨ 문제해결

9 clothes는 cloth의 복수형으로 집합적 의미의 '옷, 의복'이라는 의미의 단어이다. 셀 수 있는 명사이므로 many로 수식하는 것이 맞다.

10 furniture는 셀 수 없는 명사로 little로 수식하는 것이 맞다.

Unit 25　　　　　　　　p.109

A

Check-up

1 the

2 the better

3 as

4 the younger

5 to

해석

1 날이 어두워질수록 더 추워졌다.

2 나는 뜨거운 목욕 때문에 더욱 더 좋아지는 것을 느낀다.

3 이 거리의 넓이는 저 거리의 2분의 1배이다.

4 그는 둘 중에서 더 어리다.

5 그녀는 나보다 5살 어리다.

⇨ 문제해결

1 〈the+비교급, the+비교급〉 구문이다.

2 〈all the 비교급+이유〉 구문이다.

3 〈배수사 as 원급 as〉 표현이다.

4 뒤에 of the two가 있으므로 비교급 앞에 the를 붙인다.

5 라틴어 형용사의 비교급 다음에는 to를 쓴다.

◎ 어휘

broad 폭이 넓은   **junior** 하위의, 연하의

B ▌Check-up ▐

1 no longer   2 heavier than
3 a traveler, an explorer
4 he/she could

해석

1 휘발유는 더 이상 값싼 연료가 아니다.

2 너의 가방은 나의 가방의 세 배만큼 무겁다.

3 그는 여행가라기보다는 탐험가이다.

4 그 강도는 가능한 한 빨리 도망쳤다.

⇨ 문제해결

1 〈not ~ any longer/more〉 구문은 〈no longer/more ~〉 구문으로 바꿀 수 있다.

2 〈A 배수사 as 원급 as B〉 구문은 〈A 배수사 비교급 than B〉 구문으로 바꿀 수 있다.

3 〈more B than A〉 구문은 〈not so much A as B〉 구문으로 바꿀 수 있다.

4 〈as 원급 as possible〉 구문은 〈as 원급 as one can〉 구문으로 바꿀 수 있다.

◎ 어휘

petrol 휘발유, 가솔린   **fuel** 연료
explorer 탐험가   **burglar** 강도

Unit 26   p.110

A ▌Check-up ▐

1 as   2 faster
3 capital   4 employee

해석

1 Peter만큼 신중한 소년은 없다.

2 아스피린보다 더 빨리 두통을 치료하는 약은 없다.

3 모스크바는 유럽에 있는 어떤 다른 수도보다 더 춥다.

4 그녀는 그녀의 회사에서 다른 어떤 직원만큼 열심히 일한다.

⇨ 문제해결

1 〈부정주어+as 원급 as〉를 사용해 최상급의 의미를 표현하는 구문이다.

2 〈부정주어+비교급 than〉을 사용해 최상급의 의미를 표현하는 구문이다.

3 〈비교급 than any other 단수명사〉를 사용해 최상급의 의미를 표현하는 구문이다.

4 〈as 원급 as any 단수명사〉를 사용해 최상급의 의미를 표현하는 구문이다.

◎ 어휘

cure ~을 치료하다   **headache** 두통
aspirin 아스피린(해열 진통제)
capital 수도   **employee** 피고용인, 직원

B ▌Check-up ▐

1 largest   2 the richest
3 more beautiful than

⇨ 문제해결

1 〈the 서수+최상급〉은 '~번째로 가장 …한'이란 뜻의 구문이다.

2 〈the 최상급+명사+주어+현재완료〉는 '지금까지 ~한 중에서 가장 …한'이란 뜻의 구문이다.

3 〈비교급 than any other+단수명사〉는 '다른 어떤 ~보다 더 …한'이란 뜻의 구문이다.

🐝 **개념확인문제**   p.111

1 ⑤   2 more   3 not more than → not less than / at least   4 no less than → no more than   5 more reliable than / as reliable as   6 ②   7 ④   8 three times busier   9 as high as he could/possible   10 Love is more important than anything else.

1 해석

나는 그런 심각한 실수를 저지른 적이 없다. 그것은 내가 저지른 가장 큰 실수이다.

⇨ 문제해결

〈the+최상급+명사+주어+현재완료〉 구문으로 '지금까지 ~한 중에서 가장 …한'의 의미이다.

◎ 어휘

bad 심한, 지독한

2 해석

A : 너는 과학을 좋아하지, 그렇지 않니?
B : 물론 좋아해. 하지만, 음악보다 더 좋아하는 것은 없어.
A : 그거 의외인데.

⇨ 문제해결

〈부정주어 ~ 비교급 than〉 구문을 이용해서 최상급의 의미를 표현하면 된다.

◎ 어휘

science 과학   **surprising** 놀라운, 의외의

3-4

⇨ 문제해결

3 not more than(= at most)은 '기껏해야'라는 의미이고, not less than(= at least)은 '적어도'의 뜻으로 쓰인다.

4 no less than(= as many[much] as)은 '~만큼, 무려'라는 의미이고, no more than(= only)은 '겨우'의 뜻으로 쓰인다.

5 해석

Oscar는 그의 회사에서 가장 믿을 만한 사람이다.

⇨ 문제해결

최상급의 의미를 나타내는 〈부정주어 ~ 비교급 than〉 구문은 〈부정주어 ~ as 원급 as〉 구문으로 바꾸어 쓸 수 있다.

◎ 어휘

reliable 믿을 만한

6 해석

① 나는 그 둘 중에서 Betty가 더 예쁘다고 생각한다.
② 그녀는 세상에서 가장 위대한 건축가들 중 한 사람이다.
③ 그의 반에서 그보다 키가 큰 소년은 없다.
④ 그의 눈사람은 나의 것보다 두 배나 키가 크다.
⑤ 그들이 그것을 빨리 끝내려고 노력할수록 그들은 더 많은 실수를 했다.

⇨ 문제해결

② 〈one of the 최상급+복수명사〉가 되어야 한다. (→ architects)

◎ 어휘

architect 건축가
snowman 눈사람
make mistakes 실수를 하다

7 해석

그는 만 달러나 저축했다.

⇨ 문제해결

④ as much as는 '~만큼이나'라는 뜻으로 no less than과 같은 의미의 표현이다.

◎ 어휘

save ~을 저축하다

8-9

⇨ 문제해결

8 〈배수사+비교급 than〉 구문을 이용한다.

9 〈as+원급+as+주어 can〉 또는 〈as+원급+as+possible〉은 '가능한 한 ~하게'라는 뜻으로, 주절의 시제가 과거이므로 could를 써야 한다.

◎ 어휘

jump 뛰다, 도약하다

10 ⇨ 문제해결

〈비교급 than anything else〉 구문을 이용한다.

Review Test
p.112

1 ②   2 such a brilliant pianist   3 ④
4 ③   5 ⑤   6 ④   7 ①   8 ②
9 (1) 돌아가신 나의 할아버지는 그의 애완견들을 매우 좋아하셨다. (2) 그녀는 그녀의 커피에 일정량의 설탕이 필요하다.   10 gets → get   11 ④   12 ①
13 ③   14 ②   15 ①   16 The(the) fewer
17 ③   18 The higher the plane flies, the wider we can see. 19 More and more people are gathering at the contest.   20 not, yet

---

1 ⇨ 문제해결

inferior나 superior와 같은 라틴어계의 형용사는 그 자체에 비교급의 의미가 들어가 있는 말로, more를 쓸 필요가 없으며 비교 대상 앞에 than 대신 to를 쓴다.

◎ 어휘

movement 움직임   **inferior** 열등한
superior 우수한

2 ⇨ 문제해결

명사와 함께 쓰이는 형용사를 강조할 때는 〈such a(n)+형용사+명사〉 구문을 사용한다.

◎ 어휘

brilliant 훌륭한, 빛나는
genre (문학·예술 따위의) 부류, 장르

3 해석

부모와 아이의 유대 관계는 신성하며, 그 관계를 존중하고 도와주기 위해 모든 노력이 이루어져야 한다. 부모는 그들 자신의 아이들, 특히 매우 어린 아이들을 보살피는 데 최적의 사람이다. 부모와 함께 보내는 시간이 최고의 시스템이다.

⇨ 문제해결

원급과 비교급을 이용해 최상급의 의미를 표현하는 방법은 ④를 제외한 여러 가지로 쓰인다. ④에서는 〈비교급+than any other+단수명사〉로 쓰여야 한다.

◎ 어휘

bond 유대 관계 **holy** 신성한
effort 노력 **respect** ~을 존중하다
tie 인연, 관계 **care for** ~을 보살피다
system 시스템, 체계

4 해석

① 그는 책보다 TV와 영화를 더 좋아한다.
② 나는 이것보다 두 배가 큰 상자를 원한다.
③ 당신이 침착하면 할수록 더 훌륭하게 행동할 수 있다.
④ 이 배는 저 배보다 3배가 더 크다.
⑤ 킬리만자로는 세계에서 가장 높은 산들 중 하나다.

⇨ 문제해결

① prefer 뒤에는 than 대신 to를 쓴다.
② 〈배수사 as 원급 as〉를 써야 한다.
④ 〈배수사+비교급 than〉에서 배수사 앞에 정관사 the를 쓰면 안 된다.
⑤ 〈one of the 최상급+복수명사〉를 써야 한다.

◎ 어휘

calm 조용한; 침착한

5-6

해석

5 A : 자명종을 하나 사야 해. 여기 좀 봐. 자동차 모형 시계야.
  B : 그건 아동용이야. 저 둥근 시계가 더 나은 것 같은데.
  A : 하지만 그 자명종은 라디오가 딸려 있어. 난 라디오는 필요 없거든.
  B : 이것 좀 봐. 꽃으로 장식되어 있어. 너무 귀엽다. 이거 사라.
  A : 이 멜론 모양 시계 말이니? 왜! 정말 비싸다. 난 시계를 원하지, 장식품을 원하는 게 아니야.
  B : 좋아. 넌 이 네모난 시계를 사야겠다. 이건 값도 훨씬 싸니까.

6 A : 안녕하세요, 도와 드릴까요?
  B : 네. 휴대 전화를 판매하나요?
  A : 물론 판매합니다. 이것이 지금 가장 잘 팔리는 제품입니다. 어떤 브랜드를 선호하시나요?
  B : 비싸지 않은 한 상표는 상관 없어요. 그리고 지금 할인 판매를 하고 있나요?

⇨ 문제해결

5 ⑤ 비교급을 강조할 때는 비교급 앞에 much, still, (by) far, a lot, even 등을 쓴다.

6 ④ '~하는 한, ~하는 동안은'의 뜻으로 〈as[so] long as+주어+동사〉 구문을 사용한다.

◎ 어휘

miniature 모형, 소형 **decorate** ~을 장식하다
cute 귀여운 **decorative** 장식용의
square 사각형(의) **carry** ~을 팔고 있다
item 품목 **care** 신경을 쓰다
inexpensive 값싼

7 해석

① 훨씬 더 작은 옷을 보여주시겠어요?
② 너는 네가 생각하는 것의 반도 현명하지 않다.
③ 이것은 내가 들어본 음악 중 가장 감동적인 음악이다.
④ 내가 살을 더 빼려고 할수록 나는 살이 더 쪘다.
⑤ 그가 공을 차면 그 공은 그 누가 찬 공보다 더 멀리 날아간다.

⇨ 문제해결

① 비교급을 강조하는 것은 much, still, (by) far, a lot, even 등이고, very는 형용사와 부사의 원급을 강조할 때 쓰인다.

◎ 어휘

moving 감동적인
lose weight 몸무게를 줄이다
put on[gain] weight 몸무게가 늘다
kick (발로) ~을 차다

8 ⇨ 문제해결

③ 〈부정주어 ~ as+원급+as〉, ④ 〈비교급+than any other+단수명사〉, ⑤ 〈비교급+than all the other+복수명사〉 구문을 사용해 최상급의 의미를 표현하고 있다. 〈as 원급 as any+명사〉 구문을 사용해야 하므로 ②가 오답이다.

9 해석

(1) 돌아가신 나의 할아버지는 애완견들을 매우 좋아하셨다.
(2) 그녀는 그녀의 커피에 일정량의 설탕이 필요하다.

⇨ 문제해결

(1) 한정적 용법으로 쓰인 late는 '(최근) 돌아가신, 작고한'의 뜻이다.

(2) 한정적 용법으로 쓰인 certain은 '특별한, 일정한'의 뜻이다.

◎ 어휘

be fond of ～을 좋아하다
pet dog 애완견 　　　**amount** 양

10 해석

많은 곳에서 장애인들은 할인된 가격을 제공받는다.

⇨ 문제해결

〈the+형용사〉가 복수 보통명사의 의미로 쓰인 경우 복수 취급을 하기 때문에 동사도 복수형이 되어야 한다.

◎ 어휘

handicapped 신체적[정신적] 장애가 있는
discount 할인하다

11 해석

행복은 부유함에 있기보다는 오히려 만족에 있다.

⇨ 문제해결

〈not so much A as B〉는 'A라기 보다는 오히려 B이다'라는 뜻으로 〈B rather than A〉로 바꾸어 쓸 수 있다.

◎ 어휘

happiness 행복 　　　**lie in** ～에 있다
richness 부유, 호화 　　**contentment** 만족

12-13

해석

12 농장에서의 초여름 날들이 일년 중 가장 행복한 날들이다. 라일락 꽃이 펴서 공기를 달콤하게 만들고, 그런 다음 사라진다. 사과 꽃은 라일락과 함께 피고, 벌들은 사과나무 사이를 돌아다닌다.

13 많은 사람들은 코끼리의 수명이 길다고 생각한다. 동물의 몸집이 크면 클수록, 그 동물의 수명이 더 길어진다고 생각한다. 그러나 다른 사람은 거북이가 코끼리보다 두 배 더 오래 산다고 믿는다.

⇨ 문제해결

12 ① 주어가 The early summer days라는 복수명사이므로 최상급 다음에도 똑같이 days가 되어야 한다. 최상급 다음에는 복수명사가 올 수 있다.

13 ③ 〈the+비교급, the+비교급〉 구문으로 long의 비교급은 longer이다.

◎ 어휘

bloom 꽃이 피다
blossom [집합적] 꽃
life span (생물, 기계의) 수명

14 ⇨ 문제해결

비교구문의 형태는 〈비교급+than〉으로 하며, difficult는 2음절 이상의 단어이므로 more를 붙여 비교급을 만든 후 비교급 앞에 강조 어구 still을 쓴다.

◎ 어휘

climb (산, 계단 따위를) 오르다
than expected 예상했던 것보다

15 해석

① 그녀는 그녀의 학교에서 가장 예쁜 소녀이다.
② 이 바다는 세상에 있는 다른 모든 바다보다 크다.
③ 우리는 더 많이 가질수록, 더 많이 가지기를 원한다.
④ 책상에 앉아 있는 그 남자는 더 이상 인간이 아니었다.
⑤ 그 소년은 거지나 다름없다.

⇨ 문제해결

① 〈비교급 than any other+단수명사〉의 형태가 되어야 한다.

◎ 어휘

ocean 대양, 바다
human being 사람, 인간
beggar 거지

16 ⇨ 문제해결

'～하면 할수록 더욱 …하다'라는 뜻의 〈the+비교급 ～, the+비교급 ～〉 구문을 사용해 표현해야 하고, seed는 셀 수 있는 명사이므로 few를 써야 한다.

◎ 어휘

seed 씨앗 　　　　　**sow** (씨를) 뿌리다
plant 식물

17 해석

① 이 파이 두 조각 중에서 더 큰 것을 가져가세요.
② 나의 어머니는 내가 아는 다른 어떤 사람들보다 더 열심히 일하신다.
③ 사람이 학식이 많으면 많을수록 보통 더 겸손하다.
④ 경기하는 도중에 우리 코치는 다른 어떤 사람보다 더 크게 소리를 질렀다.
⑤ 그녀는 그녀 반의 다른 학생들보다 더 우수했다.

⇨ 문제해결

① 비교급 뒤에 of these two pieces of pie가 있으므로 비교급에 the를 붙여야 한다.
② 〈비교급 than all the other+복수명사〉의 형태가 되어야 한다.
④ 비교급 louder 앞에 more를 중복해서 썼다.
⑤ superior는 라틴계 형용사이므로 than이 아니라 to를 쓴다.

◎ 어휘

learned 학문[학식]이 있는

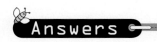
modest 겸손한
scream 소리지르다, 비명을 지르다

18-19

⇨ 문제해결

18 '∼하면 할수록 더욱 …하다'의 뜻으로 〈The+비교급 ∼,
the+비교급 ∼〉 구문을 써야 한다.

19 '점점 더 ∼'의 뜻으로 〈비교급 and 비교급〉 구문을 사용해
야 한다.

◎ 어휘

gather 모이다　　　　　**contest** 경기, 시합

20 ⇨ 문제해결

yet이 부정문에 쓰이면 '아직 ∼하지 않다'라는 뜻이 된다. 이
경우 yet은 보통 문장 끝에 위치한다.

Reading
p.115

1 ④　　　2 ④　　　3 ③

1 **해석**

우리의 주식은 밥이기 때문에, 한국 사람들은 거의 모든 식사
때 밥을 먹는다. 내 친구 중 몇몇은 서양 음식을 좋아하지만,
나는 다른 어떤 음식보다 밥을 더 좋아한다. 그것은 내 건강에
훨씬 더 좋고, 무엇보다 맛이 좋다!

⇨ 문제해결

④ 〈비교급 than any other+단수명사〉 구문을 이용한다.

◎ 어휘

main dish 주식　　　　**rice** 밥, 쌀
meal 식사　　　　　　**most of all** 무엇보다도

2 **해석**

인간보다 큰 뇌를 가진 동물은 고래와 코끼리 단 둘뿐이다. 그
러나 몸 크기에 비례해서는 어떤 뇌도 사람의 뇌보다 더 크지
않다. 평균적인 인간의 뇌는 약 1.4킬로그램이고, 전체 신체의
무게는 겨우 뇌의 약 40배 정도이다. 반면 고래의 몸통은 고래
의 뇌보다 수천 배 무겁고, 코끼리의 몸통은 코끼리의 뇌보다
약 500배 무겁다.

⇨ 문제해결

ⓐ 〈부정주어 ∼ 비교급 than〉 구문을 써야 한다.

ⓑ 〈배수사+비교급 than〉 구문을 써야 한다.

ⓒ 〈배수사+as 원급 as〉 구문을 써야 한다.

◎ 어휘

whale 고래
in proportion to ∼에 비례하여
weigh 무게가 ∼이다[나가다]

3 **해석**

비너스는 사랑과 미의 여신이다. 금성은 고대 사람들에게 알려
진 행성들 중 가장 밝아서 아마 그렇게 이름 지어졌을 것이다.
금성은 태양에서 두 번째로 가까운 행성이고, 태양계에서 가장
뜨거운 행성들 중 하나이다. 두꺼운 구름 층으로 둘러싸여 있
기 때문에 금성은 지구가 흡수하는 태양열의 두 배를 흡수한다.
금성은 달을 제외하고 밤하늘에서 가장 밝게 빛나는 자연물이
다. 금성은 일출 직전이나 일몰 직후에 최고로 밝게 빛나는데,
이러한 이유로 종종 Morning Star나 Evening Star라고 불
린다.

⇨ 문제해결

③ 〈one of the 최상급+복수명사〉 구문이 되어야 한다.

◎ 어휘

Venus 금성　　　　　　**goddess** (신화의) 여신
planet 행성　　　　　　**probably** 아마도
the ancient 고대인　　　**solar system** 태양계
surround ∼을 둘러싸다　**thick** 두꺼운
layer 층, 막, 겹　　　　　**absorb** ∼을 흡수하다
natural object 자연물　　**maximum** 최대의, 최고의
shortly 곧, 얼마 안 있어　**sunrise** 일출
sunset 일몰

Grammar in Conversation
p.116

1 ①　　　2 ③　　　3 ⑤

1 **해석**

A : 너는 화성이 지구보다 더 크다고 생각하니?
B : 응, 그렇게 생각해.
A : 틀렸어. 지구는 화성보다 두 배가 커.

⇨ 문제해결

twice as large as 혹은 twice larger than의 형태를 써야
한다.

◎ 어휘

Mars 화성

2 **해석**

A : Paul Bunyan에 대해서 들어본 적 있니?
B : PaulBunyan? 미국 민화에 나오는 신화적인 거인 아니니?
A : 맞아. 그 사람에 대해서 더 얘기해줄 수 있니?
B : 음, 그보다 더 크고 강한 사람은 없었다고 해. 남자 100명보
　다 더 많은 나무를 벨 수 있었대.

B : 믿을 수 없어. 어쨌든 그는 단지 상상의 인물이니까.

⇒ 문제해결

③ 〈부정주어 ~ 비교급 than〉 구문을 사용해야 한다.

◎ 어휘

mythological 신화의, 상상의
giant 거대한
folk tale 민간설화, 민화, 전설
cut down (나무 따위를) 베어 넘어뜨리다
unbelievable 믿기 어려운
imaginary 상상의, 가상의

3 **해석**

A : 너의 습관은 나와 똑같네. 너도 가만히 앉아 있을 수 없구나. 너의 눈은 항상 움직여. 너의 손도 계속 움직이고.
B : 음, 사실이야. 그것을 부인하지는 않지만, 쉽게 멈출 수 있어. 맹세해.

⇒ 문제해결

⑤ no better than은 '~나 다름없는'이란 뜻으로 as good as와 바꾸어 쓸 수 있다.

◎ 어휘

habit 습관   **still** 움직이지 않는
deny ~을 부인하다   **swear** 맹세하다

chapter 9 수와 시제 일치와 남의 말을 전달하는 화법

Unit 27   p.120

A **Check-up**

1 are	2 am	3 is	4 is
5 is	6 were	7 are	8 makes
9 is	10 has		

해석

1 그와 나는 동년배이다.
2 너뿐만 아니라 나도 학생이다.
3 너 또는 Jack이 선생님에게 편지를 써야 한다.
4 너도 그도 이 잘못에 책임이 없다.

5 흑백 무늬가 있는 고양이가 갈색 개를 뒤쫓아가고 있다.
6 그 마을에 있는 집들의 3분의 1이 불에 탔다.
7 일반적으로 영국민들은 유머가 있고 친절한 사람들이다.
8 일찍 자고 일찍 일어나는 것은 당신을 건강하게 만든다.
9 자동차 사고 3건 중 1건은 10대 운전자들에 의해 발생된다.
10 참가하는 사람들의 수가 급격히 감소하고 있다.

⇒ 문제해결

1 등위접속사 and로 연결된 주어로 복수동사를 쓴다.
2 동사와 가까운 명사 I에 일치시켜 am을 쓴다.
3 동사와 가까운 명사 Jack에 일치시켜 is를 쓴다.
4 동사와 가까운 명사 he에 일치시켜 is를 쓴다.
5 부정관사가 하나만 있으므로 한 마리의 개를 나타낸다. 참고로 a black and a white dog라고 했다면 검은색 개 한 마리와 흰색 개 한 마리, 총 두 마리를 나타낸다.
6 〈부분사+명사〉가 주어일 경우 명사의 수에 동사를 일치시킨다.
7 〈the+국민 형용사〉는 그 나라 국민 전체를 나타낸다.
8 추상적인 개념을 and로 연결한 경우에는 단수동사를 쓴다.
9 〈one of 복수명사〉가 주어일 경우 실질적인 주어는 one이므로 단수동사를 사용한다.
10 〈the number of+복수명사+단수동사〉 구문을 쓴다.

◎ 어휘

be of an[the same] age 동갑이다, 동년배이다
be responsible for ~에 책임이 있다
error 잘못, 실수
run after ~을 뒤쫓다
burn down 전소하다, 몽땅 타서 없어지다
kindly 친절한, 관대한
automobile 자동차
participate 참여하다
decrease (크기, 수, 양이) 줄다, 감소하다
dramatically 급격히, 극적으로

Unit 28   p.121

A **Check-up**

1 boils	2 goes	3 died
4 had		

해석

1 나는 물이 섭씨 100도에서 끓는다고 배웠다.
2 그는 일요일마다 교회에 간다고 말한다.
3 역사 선생님은 우리에게 Adolf Hitler가 1945년에 죽었다

고 말했다.

4 Tom은 시간이 있으면 여기 오겠다고 말했다.

⇒ 문제해결

1 불변의 진리나 격언은 항상 현재 시제를 쓴다.

2 현재의 습관이나 반복적인 행동은 항상 현재 시제를 쓴다.

3 역사적 사실은 항상 과거 시제를 쓴다.

4 가정법 문장은 주절 동사와 상관없이 가정법 시제를 따른다.

◎ 어휘

be taught 배우다   **boil** 끓다

B
  ┃ Check-up ┃

  1 he was very smart
  2 she had been to London
  3 time and tide waits for no man
  4 they would make a huge difference

해석

1 그는 자신이 매우 똑똑하다고 말한다.
   → 그는 자신이 매우 똑똑했다고 말했다.

2 나는 그녀가 London에 가본 적이 있다고 생각한다.
   → 나는 그녀가 London에 가본 적이 있었다고 생각했다.

3 내 삼촌은 세월은 사람을 기다리지 않는다라고 말한다.
   → 내 삼촌은 세월은 사람을 기다리지 않는다라고 말했다.

4 우리는 그들이 큰 차이를 만들 것이라고 믿는다.
   → 우리는 그들이 큰 차이를 만들어 낼 것이라고 믿었다.

⇒ 문제해결

1, 2, 4 주절의 시제가 현재에서 과거로 한 시제 당겨졌으므로 종속절의 시제도 현재는 과거로, 현재완료는 과거완료로 바꿔야 한다.

3 종속절이 불변의 진리나 격언을 말하고 있기 때문에 현재 시제로 나타낸다.

◎ 어휘

smart 영리한
have been to ~에 갔다 온 적이 있다
tide 조수   **difference** 차이, 다름

Unit 29   p.122

A
  ┃ Check-up ┃

  1 James said that he didn't want to play soccer.
  2 Nick told me that he wanted to play tennis.
  3 Jane told us that she had had a great birthday party.
  4 Monica told me that I should go to the dentist.
  5 Mary asked if/whether I would come to her concert.

해석

1 James는 "나는 축구하고 싶지 않아."라고 말했다.

2 Nick은 "나는 테니스를 치고 싶어."라고 나에게 말했다.

3 Jane은 "나는 멋진 생일 파티를 했어."라고 우리에게 말했다.

4 Monica는 "너는 치과에 가야만 해."라고 나에게 말했다.

5 Mary는 "나의 콘서트에 올 거니?"라고 물었다.

⇒ 문제해결

1~4 평서문의 직접화법 문장을 시제와 인칭에 유의해 간접화법 문장으로 전환한다.

5 직접화법 문장에 의문사 없는 의문문이 포함되어 있으므로 whether나 if를 사용해 간접화법 문장으로 전환한다.

◎ 어휘

dentist 치과의사

B
  ┃ Check-up ┃

  1 They said, "When can we expect a reply?"
  2 Mike said to me, "I like sci-fi movies."
  3 He said to me, "You should consult the doctor today."
  4 She said to her brother, "Don't be late for school."
  5 George said, "Let's go back to school now." / George said, "You should go back to school now."

해석

1 그들은 언제 그들이 대답을 기대할 수 있는지 물었다.

2 Mike는 공상 과학 영화를 좋아한다고 나에게 말했다.

3 그는 내가 그날 병원에 가야 한다고 나에게 말했다.

4 그녀는 남동생에게 학교에 지각하지 말라고 충고했다.

5 George는 그때 우리가 학교로 돌아가야 한다고 제안했다.

⇨ 문제해결

1 의문사 있는 의문문을 포함한 간접화법 문장을 인칭과 시제, 어순에 유의해 직접화법 문장으로 전환한다.

2 평서문을 포함한 간접화법 문장을 인칭과 시제, 어순에 유의해 직접화법 문장으로 전환한다.

3 간접화법 문장에 쓰인 부사구 that day는 직접화법 문장에서 today로 바꾼다.

4 〈not to부정사〉가 있는 것으로 보아 부정명령문을 포함한 간접화법 문장이다.

5 직접화법 문장에서 피전달문을 Let's로 시작하는 명령문으로 전환하고, then은 now로 바꾼다.

◎ 어휘

expect ~을 기대하다   **reply** 답, 대답
sci-fi 공상 과학 소설(의) (= science fiction)
consult ~에게 상담하다

🐝 **개념**확인문제   p.123

1 ⑤   2 ③   3 who I was, what I wanted
4 are → is   5 are → is
6 ②   7 ②   8 me not to go
9 All work and no play makes Jack a dull boy.
10 The teacher asked us if/whether we thought it was all right.

---

1 해석

Peter는 "내가 그 시험에 합격했을까?"라고 물었다.

⇨ 문제해결

⑤ 직접화법에서 피전달문의 시제가 과거인 경우 간접화법으로 바꿨을 때 시제 일치의 규칙에 따라 한 시제 앞선 과거완료가 된다.

2 해석

"내가 너의 펜을 빌릴 수 있니?"라고 그녀는 물었다.

⇨ 문제해결

③ 피전달문이 의문사 없는 의문문이기 때문에 if나 whether를 사용하고 전달 동사가 과거시제이기 때문에 can을 could로 바꾼다.

◎ 어휘

borrow ~을 빌리다

3 해석

"너는 누구이며 무엇을 원하니?"라고 그가 물었다.

⇨ 문제해결

전달 동사가 과거이므로 과거 시제가 되어야 하고, 어순은 〈의문사+주어+동사〉가 되어야 한다.

4-5

해석

4 체중을 줄이는 가장 효과적인 방법들 중 하나는 가능한 한 운동을 많이 하는 것이다.

5 세상에서 중요한 것은 약속을 지키는 것이다.

⇨ 문제해결

4 〈one of the 복수명사+단수동사〉 구문이다.

5 주어가 명사절로 명사절은 하나의 개념이므로 단수 취급한다.

◎ 어휘

effective 효과적인
keep one's promise 약속을 지키다

6 해석

사람들은 Columbus가 신세계를 발견했다고 믿는다.

⇨ 문제해결

역사적 사실은 주절의 시제와 관계없이 과거 시제를 사용한다.

7 해석

① 그는 그녀를 위해 무엇을 해줄 수 있을지 궁금해했다.
② 많은 군인들이 우리 마을에 들어오고 있다.
③ 그녀는 그 남자를 만날 거라고 생각했다.
④ 나의 선생님은 태양이 동쪽에서 뜬다고 말했다.
⑤ 그 또는 그들이 우리를 도와주러 와야 한다.

⇨ 문제해결

② 〈a number of 복수명사〉 다음에는 복수동사가 온다.

◎ 어휘

wonder 궁금해하다, 놀라다   **enter** ~에 들어가다
rise (해, 달이) 뜨다[돋다]

8 해석

어머니는 나에게 "난로 가까이 가지 마라."고 말하셨다.

⇨ 문제해결

피전달문이 부정 명령문이므로 전달 동사는 tell로 바꾸고, not to부정사를 이용한다.

◎ 어휘

stove 난로

9 **해석**
일만 하고 놀지 않으면 우둔한 사람이 된다.

⇨ **문제해결**
주어가 and로 연결되어 있지만 하나의 개념이므로 단수 취급해야 한다. 참고로 Jack은 특정 인물을 기리키는 것은 아니며 성별에 상관없이 쓰일 수 있는 속담이다.

◎ **어휘**
dull 우둔한

10 **해석**
선생님은 우리에게 "너희들은 이것이 괜찮다고 생각하니?"라고 물으셨다.

⇨ **문제해결**
피전달문이 의문사 없는 의문문이고 전달 동사가 과거이다. 따라서 said to는 asked로 바꾸고 if나 whether를 사용해 전환한다.

Review Test
p.124

1 ③	2 ②	3 ①	4 ②
5 are → am	6 ①	7 ④	8 ④
9 ③	10 ④	11 ⑤	12 ④	13 ②
14 ④	15 does, is		16 ⑤	17 ②
18 ④	19 ⑤	20 ②	

1 **해석**
그녀는 나에게 "너는 여행하는 것을 좋아하니?"라고 물었다.

⇨ **문제해결**
③ 의문사가 없는 의문문이므로 if나 whether를 사용해야 하며 전달 동사는 과거 시제이다.

◎ **어휘**
be fond of ~을 좋아하다

2-3

해석
2 우리는 숲을 보존하기 위해 무엇을 해야 할까? 나는 가장 좋은 방법들 중 하나가 재활용하는 것이라고 생각한다.
3 지구의 물 대부분은 소금물이다. 사실상 지구 물의 3%만이 담수이다.

⇨ **문제해결**
2 ② 〈one of the 복수명사+단수동사〉 구문을 써야 한다.

3 ⓐ, ⓑ 모두 현재 사실에 대한 내용이므로 현재 시제가 되어야 하고, 〈부분사 of 명사〉가 주어이므로 명사에 동사의 수를 일치시킨다.

◎ **어휘**
recycle 재활용하다　　　**salt water** 소금물, 바닷물
fresh 소금기 없는

4 **해석**
① 요즘 젊은이들은 춤에 더 관심이 있다.
② 흑백 무늬가 있는 고양이가 소파 위에 누워 있다.
③ 컵에 있는 물의 3분의 2가 증발했다.
④ Galileo는 지구가 태양 주위를 움직인다고 주장했다.
⑤ 도서관에 있는 책의 수는 매년 감소하고 있다.

⇨ **문제해결**
① 〈the+형용사〉는 복수 보통명사의 의미이므로 복수동사를 사용한다.
③ 〈부분사 of 명사〉가 주어인 경우 of 뒤의 명사에 동사의 수를 일치시켜야 한다.
④ 불변의 진리나 격언은 항상 현재 시제를 쓴다.
⑤ 〈the number of 복수명사+단수동사〉 구문을 써야 한다.

◎ **어휘**
evaporate 증발하다
maintain ~을 주장하다, 단언하다
decrease 감소하다, 줄다

5 **해석**
당신이 아니라 내가 실수를 하고 있다.

⇨ **문제해결**
〈not A but B〉 구문은 'A가 아니라 B'라는 의미로 나중에 해석되는 B에 동사의 수를 일치시켜야 한다.

6 **해석**
A : 엄마, 저쪽에 주차 공간이 있어요.
B : 그래. 고마워.

⇨ **문제해결**
① 〈There be동사+주어〉 구문에서는 뒤에 나오는 주어에 따라 be동사의 수가 결정된다.

◎ **어휘**
parking 주차　　　　　**space** 공간

7 **해석**
우리 학급에 한 학생이 있다. 그녀의 이름은 하나이다. 그녀는 잘 들을 수가 없다. 그래서 누군가가 학교에서 그녀를 도와주어야만 한다.

⇨ 문제해결
④ someone은 단수 취급한다. (→ has)

8 **해석**
① 그녀나 나 둘 중에 하나는 그곳에 가야만 한다.
② 그들이 보내온 그 오렌지들의 반은 상했다.
③ Nick은 매일 아침 7시에 아침을 먹는다고 말했다.
④ 비만아들의 수가 매년 증가하고 있다.
⑤ 전에는 지구가 평평하다고 일반적으로 믿어졌다.

⇨ 문제해결
④ 〈the number of 복수명사+단수동사〉 구문을 써야 한다.

◎ 어휘
overweight 과체중의　　**increase** 증가하다
formerly 이전에는　　**flat** 평평한

9 **해석**
① 나는 그에게 "금고에 뭐가 있나요?"라고 물었다.
② 그녀는 그에게 "걱정하지 마."라고 말했다.
③ 그는 나에게 "나의 선생님을 만난 적이 있나요?"라고 물었다.
④ Emily는 "나는 너무 피곤해."라고 말했다.
⑤ 그녀는 나에게 "은행에 어떻게 가나요?"라고 물었다.

⇨ 문제해결
③ 전달 동사가 과거이므로 현재완료는 과거완료가 되어야 한다. (→ had met)

◎ 어휘
safe 금고　　　　　　**get to** ~에 도착하다, 닿다

10 **해석**
① 나뿐만 아니라 그녀도 지금 바쁘다.
② 우리는 Shakespeare가 1616년에 죽었다고 배웠다.
③ 학생의 3분의 2가 수업에 출석해 있다.
④ 많은 돈이 이 실험에서 낭비되었다.
⑤ 모든 학생들이 입학시험에 합격하기 위해 열심히 공부한다.

⇨ 문제해결
① 〈A as well as B〉 구문에서 동사의 수를 A에 일치시킨다. (→ is)
② 역사적 사실은 주절의 시제와 관계없이 항상 과거 시제를 쓴다. (→ died)
③ 〈부분사+복수명사〉이기 때문에 복수동사가 와야 한다. (→ are)
⑤ every 다음에는 단수명사가 와야 하며 단수 취급한다. (→ student)

◎ 어휘
as well as ~뿐만 아니라　**present** (어떤 장소에) 출석한
experiment 실험　　　**entrance exam** 입학시험

11 **해석**
나의 어머니는 나에게 "7시에 너를 태우러 갈게."라고 말했다.

⇨ 문제해결
평서문의 실제 대화를 간접화법으로 전환할 때 say to는 tell로 고치고, 전달하는 사람의 입장에서 인칭과 시제도 바꿔주어야 한다.

◎ 어휘
pick up (차로) 도중에서 태우다

12-13
⇨ 문제해결
12 떠난 시점이 과거이고 지금까지 10년이 되어 가므로 현재완료형이 적합하다. 또한 햇수가 증가해 10년이 된 것이므로 복수의 개념으로 봐야 한다.
13 역사적인 사실은 항상 과거 시제로 나타낸다.

◎ 어휘
take place 일어나다

14 **해석**
사장은 나에게 "회사에 늦지 않게 오게."라고 말했다.

⇨ 문제해결
명령문의 실제 대화를 간접화법으로 전환할 때 say를 내용에 맞게 tell, order, advise, ask 등으로 고쳐야 하는데, 내용상 명령하는 것으로 볼 수 있다. 또한 부정 명령문이므로 〈not to 부정사〉로 바꿔야 한다.

◎ 어휘
boss 우두머리; 상사; 사장
get to work 직장에 도착하다

15 **해석**
친구가 된다는 것은 서로 항상 의견이 일치해야만 한다는 것을 의미하지 않는다. 정직은 우정에 있어서 중요하다. 좋은 친구들은 서로를 존중한다. 그들은 차이점을 받아들일 수 있다. 우정을 지속한다는 것은 어렵지만 가치가 있다.

⇨ 문제해결
불변의 진리로 현재 시제가 와야 하며, 주어가 구나 절일 때는 단수 취급하기 때문에 단수동사를 고른다.

◎ 어휘
honesty 정직　　　　**friendship** 우정
accept ~을 받아들이다　**last** 지속하다
valuable 가치 있는

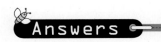

16 **해석**

선생님은 나에게 "너는 왜 어제 결석했니?"라고 물으셨다.

⇒ **문제해결**

피전달문이 의문사 있는 의문문이므로 〈의문사+주어+동사〉의 어순으로 바꾸고, 전달 동사의 시제가 과거이므로 과거완료 시제로 만든다. 또한 yesterday는 the day before로 바꾼다.

◎ **어휘**

absent 부재의; 결석[결근]한

17 **해석**

그는 "당신은 나의 친구들을 만나길 원하나요?"라고 물었다.

⇒ **문제해결**

② 〈would like to부정사〉는 관용적 표현이므로 화법이 바뀌더라도 그대로 적는다.

18 **해석**

미국의 유명한 영화감독이자 배우인 Orson Wells는 대중들에게 "정말 미안합니다."라고 말했다.

⇒ **문제해결**

④ 전달 동사가 과거이므로 시제 일치의 규칙에 따라 한 시제 앞선 과거가 되어야 하고, 1인칭이므로 화자 인칭으로 바꾸어야 한다.

◎ **어휘**

the public 대중

19-20

해석

19 만일 애완동물이 아프다면 우리는 그들을 수의사에게 데려가야 한다. 이런 이유들 때문에 애완동물을 기르지 않는 것이 더 좋다.

20 어느 누구도 완벽하지 않다. 모든 사람들은 때때로 어떤 문제가 있다. 너의 문제점에 대해 조언을 해주게 되어 기쁘다.

⇒ **문제해결**

19 ⑤ 주어가 동명사인 경우 단수 취급해야 한다.

20 ② every는 무조건 단수 취급하므로 단수동사가 와야 한다.

◎ **어휘**

pet 애완동물 　　　　　**vet** 수의사

advice 충고

Reading　　　　　　　　p.127

1 ④　　　2 ①　　　3 ③

1 **해석**

지난 금요일에 Bean 씨는 이발을 하기 위해 오후 휴가를 내기로 결정했다. 이발소 방향으로 Main 가를 걸어 내려가고 있었는데, 그때 더럽고 작은 남자가 그에게 다가왔다. 그는 Bean 씨에게 "돈 좀 주시겠어요?"라고 말했다.

⇒ **문제해결**

④ 피전달문이 의문사 없는 의문문이므로 if나 whether를 써서 바꾼다. 이때 어순과 시제, 인칭의 전환에 유의한다.

◎ **어휘**

take the afternoon off 오후 휴가를 얻다

get a haircut 이발하다

in the direction of ～의 방향으로

barbershop 이발소

approach ～에 다가가다, 접근하다

2 **해석**

나는 친구 Amy로 부터 어떤 책을 빌리고 싶었다. 그러나 그녀는 자기 집에서 어느 누구도 그녀의 책을 가져가도록 허락하지 않는다고 말했다. 그리고 만일 내가 이 책을 쓰길 원한다면, 얼마든지 그렇게 해도 되지만 그녀의 집에서만 책을 사용해야 한다고 말했다. 그리고 나서 Amy는 "미안하지만 우리 집 규칙이야."라고 말했다.

⇒ **문제해결**

ⓐ However로 시작하는 문장이므로 이전 문장과 반대되는 내용이 나와야 한다. 또한 현재의 습관이나 반복적인 동작은 현재 시제로 표현한다.

ⓑ 간접화법 문장에서 전달 동사가 과거 시제이므로 wanted 가 되어야 한다.

ⓒ 직접화법의 피전달문의 시제는 주절의 영향을 받지 않는다. I am sorry라고 했으므로 is가 되어야 한다.

◎ **어휘**

permit ～을 허락하다

be welcome to부정사 마음대로 ～하다

rule 규칙

3 **해석**

아버지는 그날 하루 휴가를 내서 집안일을 하겠다고 말했다. 어머니는 어린 남동생을 병원에 데려가서 검사를 더 받게 할 거라고 말했다. 나는 아버지에게 학교에 가지 않고 집안일을 도와도 되는지 물었다. 아버지는 웃으시면서 "그래, 집에 있으렴, 있으면서 아버지 변기를 꺼내고 변기 주변 바닥을 문질러 닦도록 해."라고 말하셨다. 나는 "그냥 학교에 갈게요."라고 말

했다. 그리고는 도시락을 가방에 밀어 넣고 학교로 출발했다.

⇨ **문제해결**

③ 직접화법 문장을 간접화법 문장으로 전환할 때는 인칭 변화에 유의해야 한다. 화자는 집안일을 돕겠다는 핑계로 학교에 가지 않으려 하고 있으므로 I could help가 되어야 한다.

◎ **어휘**

take the day off 하루 쉬다
take care of 〜을 돌보다; 처리하다
housework 집안일
checkup (정기) 신체 검사, 건강 진단
stay off (학교 따위에) 출석하지 않고 있다
take out 〜을 꺼내다, 들어내다
the old man [구어] 아버지
scrub 〜을 문질러 닦아내다
shove 〜을 집어[밀어] 넣다
head out for 〜로 향하다, 출발하다

Grammar in Conversation p.128

1 ①   2 ③   3 ⑤

1 해석

A : 와! 여기에는 사람들이 많구나.
B : 그래. 안으로 들어가자.
A : 저 파도가 너무 높지 않아?
B : 아니야. 저기 있는 사람들 좀 봐. 파도를 즐기고 있잖아.
A : 어, 우리 다른 곳으로 가자.
B : 뭐가 문제니? 물이 너무 차가워?
A : 아니. 저 쓰레기 좀 봐. 너무 더러워. 난 이런 물에서 수영할 수 없어.

⇨ **문제해결**

① ⟨There be동사+주어⟩ 구문에서는 주어와 동사가 도치되어 있으므로, 뒤에 나오는 주어에 맞추어 be동사의 수를 결정해야 한다. a lot of people은 복수이므로 are를 써야 한다.

◎ **어휘**

wave 파도   **have fun** 즐기다
garbage 쓰레기

2 해석

A : 우리 선생님 얼굴 봤니? 대단히 화가 나셨어.
B : 내가 수업 중에 휴대 전화 켜놓지 말라고 말했잖아.
A : 선생님이 그렇게 화를 내실 줄 몰랐어. 이런!
B : 그렇다면 휴대 전화를 진동으로 해 놓거나 무음으로 해 놓는 게 좋겠어.
A : 그래야 할 것 같아.

⇨ **문제해결**

③ 주절의 동사가 과거이므로 내용상 시제 일치를 위해서는 종속절의 시제도 과거에서 바라본 미래 시제가 되어야 한다. (→ would)

◎ **어휘**

upset 당황한, 화난   **get angry** 화가 나다
vibration 진동   **silent** 조용한, 소리를 안 내는
mode 방식

3 해석

A : 여보세요? 미아 보호 센터인가요?
B : 네. 무엇을 도와드릴까요?
A : 오늘 오후 놀이 공원에서 제 아들을 잃어버렸어요.
B : 좋아요. 아이는 몇 살이고, 어떤 옷을 입고 있죠?
A : 제 아들은 6살이고, 파란 줄무늬가 있는 노란색 옷을 입고 있어요.
B : 알겠습니다. 아이를 찾으면 전화 드리겠습니다.
A : 감사합니다.

⇨ **문제해결**

ⓐ this afternoon이라는 명백한 과거를 나타내는 부사구가 있으므로 과거 시제를 써야 한다.

ⓑ 시간, 조건의 부사절에서는 현재 시제로 미래를 나타낸다.

◎ **어휘**

missing children 미아
amusement park 놀이 공원
striped 줄무늬가 있는
suit (의복) 한 벌

chapter 10 골칫거리 문제아 관계사 확실하게 파악하기

Unit 30 p.132

A ┌ **Check-up** ┐

1 that   2 who   3 that
4 which   5 whom

해석

1 저기 달리고 있는 소년과 개를 봐.

2 우리는 그녀를 좋아하지 않는데 그녀는 이기적이고 속이 좁다.

3 양심이 있는 사람이라면 누가 그런 일을 할 수 있겠는가?

4 공중에서 흔들리고 있는 저것은 무엇인가?

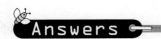

5 Mary는 내가 매우 자랑스러워하는 학생이다.

⇒ 문제해결

1 선행사가 〈사람+동물〉이므로 that을 사용한다.

2 관계대명사 that은 계속적 용법으로 사용할 수 없다.

3 선행사가 의문사일 경우는 that을 사용한다.

4 선행사가 지시대명사 this, that인 경우는 which를 사용한다.

5 관계대명사 that은 전치사 다음에 사용할 수 없다.

◎ 어휘

entertainer 예능인, 연예인
conscience 양심
swing 흔들리다, 흔들거리다
be proud of ~을 자랑스럽게 여기다

B | Check-up |

1 that / which   2 that / which   3 that
4 that   5 which

해석

1 내가 말하는 모든 것은 전적으로 사실이다.

2 시원한 물 한 잔이 내가 필요로 하는 유일한 것이다.

3 음악을 이해하는 사람이라면 누가 그런 말을 할 수 있을까?

4 나는 잔디 위에 누워 있는 Jane과 그녀의 고양이를 보았다.

5 그녀는 자기 방을 청소하지 않아서, 그녀의 어머니를 화나게 만들었다.

⇒ 문제해결

1, 2 선행사에 every, the only가 있는 경우는 which를 쓸 수도 있지만 that을 선호한다.

3 선행사가 의문사인 경우 동일 발음을 피하기 위해 that을 쓴다.

4 선행사가 〈사람+동물〉일 경우는 that을 쓴다.

5 앞 문장 전체를 전체를 수식하는 관계대명사의 계속적 용법으로 which를 쓴다.

◎ 어휘

absolutely 절대적으로   **lie** 눕다
grass 풀   **clean** 청소하다

Unit 31
p.133

A | Check-up |

1 whose   2 which
3 whose   4 which

해석

1 지붕이 빨간 그 집은 그의 집이다.

2 이것이 네가 찾고 있던 안경이니?

3 나는 내 여동생 이름과 똑같은 이름을 가진 여자를 만났다.

4 이곳은 그가 가곤 했던 수영장이다.

⇒ 문제해결

1 집과 지붕의 관계는 소유이므로 소유격 관계대명사가 와야 한다.

2 전치사 다음에는 관계대명사 that이 올 수 없으므로 which를 써야 한다.

3 여자와 이름의 관계는 소유이므로 소유격 관계대명사가 와야 한다.

4 전치사 다음에는 관계대명사 that이 올 수 없으므로 which를 써야 한다.

◎ 어휘

glasses 안경   **look for** ~을 찾다
swimming pool 수영장

B | Check-up |

1 on   2 of
3 for   4 at

해석

1 나는 내가 앉을 수 있는 의자가 필요하다.

2 그녀는 그녀의 부모가 자랑스러워하는 딸이다.

3 너는 네가 찾고 있는 모든 정보를 찾을 수 있을 것이다.

4 너는 모든 사람들이 놀란 그 소식을 들었니?

⇒ 문제해결

1~4 〈sit on~〉는 '~에 앉다', 〈be proud of~〉는 '~을 자랑하다', 〈look for~〉는 '~을 찾다', 〈be surprised at~〉는 '~에 놀라다'의 뜻으로 관계사절에서 전치사가 분리되어 쓰이지 않는 동사구이다.

◎ 어휘

daughter 딸   **information** 정보

개념확인문제　　　　　　　　　p.134

1 ③　　　2 ②　　　3 whose　4 whose → that
5 ②　　　6 ③　　　7 that　　8 for which
9 of whom
10 the same pants that I used to wear

1-2

해석

1 이곳은 스포츠 경기에 대한 새로운 정보를 얻을 수 있는
　내가 가장 좋아하는 웹사이트 중 하나이다.
2 이 책은 야생동물들이 사는 환경을 서술한다.

⇨ 문제해결

1 선행사가 사물일 때 전치사 다음에 올 수 있는 관계대명사
　는 which이다.
2 빈칸 뒤 문장이 완벽하지 않으므로 관계대명사가 와야 하고,
　선행사가 사물이므로 which를 써야 한다.

◎ 어휘

describe ~을 기술하다, 묘사하다
environment 환경
wild animal 야생동물

3

해석

저 여인을 보아라. + 그녀의 개는 그녀를 따라가고 있다.

⇨ 문제해결

the lady와 her dog의 관계는 소유격이므로 whose를 써야
한다.

4

해석

그녀는 내가 본 여자 중 가장 강하다.

⇨ 문제해결

선행사가 사람이고 앞에 최상급 표현이 있으므로 that을 사용
해야 한다.

5

⇨ 문제해결

② Sunday is the day라는 문장과 She is much busier on
　Sunday라는 문장을 관계대명사를 이용해 합친 문장이므
　로 on which를 써야 한다.

6

해석

• 그는 금발의 여자와 함께 있었다.
• 이것은 그녀가 쓴 첫 번째 책이다.

⇨ 문제해결

ⓐ 선행사 a girl과 hair의 관계는 소유격이므로 whose가 들
　어가야 한다.
ⓑ 선행사에 서수(the first)가 있으므로 that을 써야 한다.

7-9

해석

7 Daren은 파티에 내가 전에 본 그의 여자친구와 그의 개를
　데리고 왔다.
8 그가 일하는 회사는 자선 단체에 많은 돈을 기부하는 것으
　로 유명하다.
9 그들은 내가 들어본 적이 없는 가정부에 대해 얘기하고 있
　었다.

⇨ 문제해결

7 선행사가 〈사람+동물〉이므로 that을 써야 한다.
8 '~에서 일하다, ~에 고용되다'라고 할 때 work for를 쓰고,
　선행사가 사물이므로 for which를 써야 한다.
9 '~에 대해서 듣다'라고 할 때 hear of를 쓰고, 선행사가 사
　람이므로 of whom을 써야 한다.

◎ 어휘

huge 거대한, 막대한
donation 기부(금), 기증(품)
charity 자선 (행위); 자선 기금[단체, 시설]
housekeeper 가정부

10

⇨ 문제해결

선행사에 the same이 있을 경우 관계대명사 that을 사용하고
that이 목적격 관계대명사이므로 어순이 〈선행사+관계대명사
+주어+타동사〉가 된다.

◎ 어휘

pants 바지(= trousers)

Unit 32　　　　　　　　　　　p.135

A　　Check-up

1 how　　　　　2 when
3 where　　　　4 why

해석

1 그는 내게 외국 학생들과 친구가 되는 방법을 가르쳐 주었다.
2 나의 부모님이 독일로 이민간 것은 1978년 이었다.
3 나는 며칠 전 내가 지갑을 잃어버린 장소에 갔다.

4 Kevin은 그가 담배를 끊어야만 했던 이유를 나에게 말하길 거부했다.

⇒ **문제해결**

1 관계부사 how를 써서 '~하는 방법을 가르쳐 주었다'라는 의미가 되어야 자연스럽다. 관계부사 how인 경우에는 선행사 the way와 함께 쓰지 않는다.

2 선행사가 시간을 나타내는 연도이므로 관계부사 when을 쓰는 것이 적절하다.

3 선행사가 장소를 나타내는 단어이므로 관계부사 where를 쓰는 것이 적절하다.

4 선행사가 이유를 나타내는 the reason이므로 관계부사 why를 쓰는 것이 적절하다.

◎ **어휘**

make friends with ~와 친구가 되다, ~와 친해지다
immigrate to ~로 이주하다
purse 지갑
refuse ~을 거절하다, 거부하다

B ◖ Check-up ◗

1 We talked about last summer when he and I first met.

2 Nobody knows the reason why Jane is yelling at her son.

3 Do you know the park where he saw some performances?

해석

1 우리는 지난 여름에 대해 얘기했다. 그와 나는 지난 여름에 처음 만났다.

2 아무도 그 이유를 모른다. Jane은 그런 이유로 그녀의 아들에게 소리지르고 있다.

3 너는 그 공원을 아니? 그는 그 공원에서 몇 가지 공연을 봤다.

⇒ **문제해결**

1 선행사가 시간을 나타내는 last summer이므로 관계부사 when을 사용해 연결한다.

2 선행사가 이유를 나타내는 the[that] reason이므로 관계부사 why를 사용해 연결한다.

3 선행사가 장소를 나타내는 the park이므로 관계부사 where를 사용해 연결한다.

◎ **어휘**

yell 고함치다, 소리지르다
performance 연주, 연기; 상연

Unit 33 p.136

A ◖ Check-up ◗

1 where 　　2 when 　　3 when
4 which 　　5 where

해석

1 너는 그녀가 살고 있는 도시를 방문할 거니?

2 그 해는 그가 결혼한 해이다.

3 나는 거기서 자정까지 기다렸는데, 그때 그가 돌아왔다.

4 그는 물리에서 A를 받았고 그것이 그의 부모님을 기쁘게 했다.

5 그 남자가 그녀의 집에 들어가는 것이 목격되었는데, 그곳에서 그녀가 죽은 채 누워 있었다.

⇒ **문제해결**

1, 2 제한적 용법의 관계부사는 〈전치사+관계대명사〉로 바꿀 수 있다.

3, 4, 5 계속적 용법의 관계부사 when은 and then으로, where는 and there로 바꿀 수 있고 계속적 용법의 관계대명사 which는 and it으로 바꿀 수 있다.

◎ **어휘**

get married 결혼하다 　　**midnight** 자정
lie 눕다 (lie-lay-lain) 　　**dead** 죽은, 죽어 있는

B ◖ Check-up ◗

1 the book 다음에 that / which
2 the way 다음에 that
3 the person 다음에 that / who(m)
4 the reason 다음에 why / that
5 the day 다음에 when / that

해석

1 내가 책상에 두고 온 책을 가져다 주겠니?

2 이것이 우리가 서로를 알게 된 방법이다.

3 저 사람이 나와 기차에서 같이 앉은 사람이다.

4 우리는 Julie가 우리와 함께 갈 수 없는 이유를 모르겠다.

5 너는 그들이 결혼한 날을 아직도 기억하니?

⇒ **문제해결**

1 타동사 leave의 목적격 관계대명사가 생략된 경우이다.

2 theway와 how는 함께 쓰일 수 없으므로 that을 사용해야 한다.

3 전치사 with의 목적격 관계대명사가 생략된 경우이다.

4 선행사 the reason 뒤에 관계부사 why가 생략된 경우이다.

5 선행사 the day 뒤에 관계부사 when이 생략된 경우이다.

◎ **어휘**

bring 〜을 가져오다　　**leave** 남겨두다

come to부정사 〜하게 되다

🐝 **개념확인문제**　　　　　　　　　　　p.137

1 and it　**2** when　**3** who　**4** ③

5 the reason why he decided to major in chemistry

6 ④　　**7** I will go to a zoo with my kids which/that is 20 miles away from my house.

8 There is a house on the hill where my elder sister and I grew up.　　**9** I will tell you the reason why I broke up with my boyfriend.

10 which → whose

---

1 **해석**

우리는 어제 파스타를 먹었는데, 그것은 밀로 만든 일종의 국수이다.

⇨ **문제해결**

계속적 용법의 관계대명사는 〈접속사+대명사〉로 바꿀 수 있다.

◎ **어휘**

noodle 국수　　　　　**wheat** 밀

2-3 **해석**

2 나는 봄을 좋아한다. 그리고 그때 많은 꽃을 볼 수 있다.

3 우리는 Sara를 좋아하는데, 그녀는 자신의 약속을 지켜왔기 때문이다.

⇨ **문제해결**

2 관계부사의 계속적 용법은 〈접속사+부사〉로 바꾸어 쓸 수 있다. and then을 관계부사 when으로 바꾼다.

3 관계대명사의 계속적 용법은 〈접속사+대명사〉로 바꾸어 쓸 수 있다. for she를 관계대명사 who로 바꾼다.

◎ **어휘**

plenty of 많은

keep one's promise 약속을 지키다

4 **해석**

그녀는 내가 피아노를 잘 칠 수 있는 방법을 말해 주었다.

⇨ **문제해결**

③ the way와 how는 함께 쓸 수 없으므로, 관계부사 how 대신에 that을 사용한 the way that이 적절하다.

5 ⇨ **문제해결**

타동사 explain의 목적어이자 선행사인 the reason과 관계부사 why를 써서 배열한다.

◎ **어휘**

major in 〜을 전공하다

chemistry 화학

6 **해석**

• 그 상점 매니저는 나에게 상품의 환불을 받을 수 있는 방법을 가르쳐 주었다.

• 우리 집은 매우 오래되었지만 튼튼하게 지어졌다.

⇨ **문제해결**

ⓐ 문맥상 관계부사 how를 써서 '〜하는 방법을 보여주었다'라고 해야 자연스럽다.

ⓑ 선행사가 사물일 때 계속적 용법으로 쓰일 수 있는 관계대명사는 which이다.

◎ **어휘**

get a refund 환불 받다

merchandise 상품, 제품

7-9 **해석**

7 나는 나의 아이들과 동물원에 갈 것이다.

그 동물원은 우리 집에서 20마일 떨어져 있다.

8 언덕 위에 집이 하나 있다.

나의 언니와 나는 이 집에서 자랐다.

9 너에게 그 이유를 말해 줄게.

나는 이런 이유로 남자친구와 헤어졌다.

⇨ **문제해결**

7 두 문장에 공통되는 단어 a[the] zoo를 선행사로 두고 관계대명사 which/that을 이용해 연결한다.

8 선행사가 장소를 나타내는 말이므로 관계부사 where를 이용해 문장을 연결한다.

9 선행사가 이유를 나타내는 말이므로 관계부사 why를 이용해 문장을 연결한다.

◎ **어휘**

grow up 자라다

break up with 〜와 헤어지다

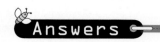

10 **해석**
Daniel은 회사 건물이 Boston 도심에 있는 컨설팅 회사에서 일한다.

⇒ **문제해결**
관계대명사 뒤에 바로 명사가 따라 나오고, 선행사 company 와 building의 관계가 소유격이므로 whose로 바꿔야 한다.

◎ **어휘**
consult ~에게 조언[정보]을 구하다, 상담하다
downtown 도심[번화가]에 있는, 도심

Review Test p.138

1 where	2 ②	3 ④	4 ④	5 ③
6 ②	7 ②	8 ②	9 ⑤	10 ②
11 ③	12 ⑤	13 ⑤		

14 the time when she left the house   15 where
16 ④   17 ⓐ The reason why ⓑ which
ⓒ where / in which 18 ①   19 ⑤   20 ①

1 ⇒ **문제해결**
'거기에서'라는 장소의 개념과 두 문장을 연결하는 접속사의 역할이 동시에 충족되어야 하므로 관계부사 where가 적절하다.

◎ **어휘**
historic 역사적인

2 **해석**
① 이 아이가 당신이 찾고 있는 아이인가요?
② 그는 자기가 가지고 있던 모든 돈을 거지에게 주었다.
③ 너는 우리가 첫 키스를 한 곳을 기억하고 있니?
④ 옛날에 아내가 예쁜 농부가 살았었다.
⑤ 너는 네가 생각할 수 있는 거의 모든 것을 만들 수 있다.

⇒ **문제해결**
② 타동사의 목적격 관계대명사이므로 생략할 수 있다.

◎ **어휘**
beggar 거지   **once** 한때, 옛날에
farmer 농부   **create** ~을 창조하다

3-4
해석
3 많은 십대들이 그들의 집을 떠나는 주된 이유는 무엇일까?
4 한국에는 이름이 똑같은 사람들이 많이 있다.

⇒ **문제해결**
3 ④ 빈칸 이후가 완전한 문장이고, 선행사가 이유를 나타내

는 명사이므로 why가 적절하다.

4 ④ people과 name의 관계가 소유이므로 소유격 관계대 명사가 와야 한다.

◎ **어휘**
major 중요한, 주요한   **teenager** 십대
leave 떠나다

5 **해석**
• 그는 도구를 가지고 있다.
• 나는 그 도구의 용도를 모른다.

⇒ **문제해결**
선행사 a[the] tool(사물)이 두 번째 문장에서 소유격으로 쓰였으므로, 〈the+명사+of which〉나 〈whose+명사〉의 형태가 가능하다.

◎ **어휘**
tool 도구   **use** 용도

6 **해석**
① 지금 당신이 가장 필요한 것은 잠이다.
② James는 고양이를 가지고 있는데, 그 고양이는 점점 더 살이 찌고 있다.
③ 네가 오늘 학교에 지각한 이유를 말해줘.
④ 이것은 우리가 겪은 가장 강력한 폭풍들 중 하나이다.
⑤ 어제 우리가 본 로맨틱 코미디 영화는 매우 지루했다.

⇒ **문제해결**
② 계속적 용법이 가능한 관계대명사는 who와 which이고, what과 that은 계속적 용법이 불가능하다. (→ James has a cat, which is getting fatter and fatter.)

◎ **어휘**
at the moment 지금, 당장
be late for school 학교에 지각하다
experience ~을 경험[체험]하다

7 **해석**
어떤 물건들을 만지고 자신의 코나 눈을 문지르는 사람들은 전염될 수 있다. 그래서 감기에 걸리지 않기 위해서는 손을 씻는 것이 당신이 할 수 있는 가장 중요한 것이다.

⇒ **문제해결**
ⓐ 문맥상 Those는 사람을 뜻하는 지시대명사이고 바로 뒤 절에서 주격으로 쓰였으므로 who를 써야 한다.
ⓑ 선행사에 최상급, the only, the very 등의 표현이 있으면 주로 관계대명사 that을 사용한다.

◎ **어휘**
object 물체

rub ~을 문지르다
get infected 감염되다
avoid ~ing ~하는 것을 피하다
catch a cold 감기에 걸리다

8 해석

① 여기 그가 사랑했던 소녀가 있다.
② 이것이 내가 그녀를 사랑한 방식이다.
③ 네가 할 수 있는 모든 것을 성취하도록 노력해라.
④ 큰 가방을 옮기고 있는 그 소년은 나의 동생이다.
⑤ 신문에는 정확하지 않은 정보가 종종 포함되어 있다.

⇨ 문제해결

② 관계대명사 다음에는 불완전한 문장이 와야 하는데, 완전한
문장이 왔고, 선행사가 방법(the way)이므로 관계부사 that
으로 쓰였다.

◎ 어휘

achieve ~을 성취하다
be capable of ~할 수 있다
contain ~을 포함하다   accurate 정확한

9 해석

① 반짝이는 모든 것이 다 금은 아니다.
② 당신은 내가 여태까지 만났던 사람들 중에서 가장 정직한
사람이다.
③ Julia와 같이 뛰고 있는 저 남자를 너는 아니?
④ John은 모형 차를 수집하는 것이 취미인 소년이다.
⑤ 공원에는 산책하고 있던 사람들과 개들이 아주 많았다.

⇨ 문제해결

⑤ 선행사가 〈사람+사물〉일 때는 who(사람)나 which(사물)가
아니라 that을 사용해야 한다.

◎ 어휘

glitter 반짝이다
collect ~을 모으다, 수집하다
miniature 소형 모형; 소형의
numerous 수많은

10-11

해석

10 AbrahamLincoln은 조상들이 아마도 영국의 Lincoln이
라는 도시에서 살았던 가족 출신이었을 것이다.
11 이곳은 나의 할아버지가 사셨던 마을이다.

⇨ 문제해결

10 ② family와 ancestors가 소유의 관계이므로 소유격 관
계대명사가 적절하다.
11 ③ 앞에 전치사가 있고, 선행사가 사물이므로 which가 적
절하다.

◎ 어휘

ancestor 조상   village 마을

12 ⇨ 문제해결

⑤ 선행사는 the company이고, work for는 '~에서 일하다'
라는 동사구인데 문장의 마지막에 쓰이지 않았으므로 〈전치
사+관계대명사〉의 형태로 쓰여야 한다.

13 해석

어제 Elm 가에서 25,000달러의 강도 사건이 있었다. 도둑들은
Jason 씨 가게의 창문에 돌을 던져서 반지와 시계를 훔쳤다.
경찰은 세 남자를 수배 중이다. 그들은 훔친 차를 타고 갔는데,
그 차는 아직 발견되지 않고 있다.

⇨ 문제해결

⑤ 계속적 용법이 가능한 관계대명사는 who와 which이고,
what과 that은 안 된다. 그리고 내용상 ⑤는 사물인 a
stolen car를 받는 말이고 계속적 용법으로 쓰여야 하므로,
that을 which로 바꿔야 한다.

◎ 어휘

robbery 강도 짓   thief 도둑
throw ~을 던지다
drive away 차를 타고 떠나다
stolen 훔친 (steal의 과거분사)

14 ⇨ 문제해결

선행사는 시간을 나타내는 the time이므로 관계부사 when
을 사용해 연결해야 한다. 또한 leave는 타동사로 쓰여서 the
house를 목적어로 갖는다.

15 해석

그의 생일 저녁에는 사람들이 전통 음식을 먹고 스코틀랜드 위
스키를 마시는 큰 파티가 있다.

⇨ 문제해결

빈칸 뒷부분이 완벽한 문장이고 선행사가 장소이므로 관계부
사 where가 적절하다.

◎ 어휘

traditional 전통적인   Scotch 스코틀랜드의

16 해석

A : 우리 같이 무언가 해요.
B : 낚시 가는 거 어때요?
A : 오, 낚시는 너무 지루해요. 박물관에 가는 것은 어때요?
B : 난 꽉 막힌 방에서 옛 물건들을 보는 것을 좋아하지 않아요.
난 야외에서 신선한 공기를 마시는 게 더 좋아요.
A : 좋아요. 그럼 호수로 소풍을 가요. 내가 샌드위치를 쌀게요.

B : 바로 그게 내가 원했던 거에요. 당장 게임하는 걸 그만 둘 게요.

⇒ **문제해결**

④ 명사를 강조하는 표현으로 the very thing을 썼으므로 그 다음에 뒤따르는 관계대명사는 that이 되어야 한다.

◎ **어휘**

go fishing 낚시하러 가다   **boring** 지겨운
museum 박물관   **breathe** 숨 쉬다
pack 짐을 꾸리다, 포장하다, 싸다
the very thing 바로 그것
stop ~ing ~하는 것을 멈추다

17 **해석**

A : 너에게 전화를 하는 이유는 내 생일 파티에 너를 초대하기 위해서야.
B : 정말? 파티가 무슨 요일인데?
A : 이번 주 토요일이야. 너도 올래?
B : 그렇고 싶지만, 기말고사 공부를 해야 해. 나한테 아주 중요한 시험이거든.
A : 이해해. 만약 마음이 바뀌면 우리가 일전에 저녁을 먹었던 Jack's Restaurant으로 와.
B : 알겠어. 어쨌든 너에게 전화할게.

⇒ **문제해결**

ⓐ 선행사가 이유를 나타내는 the reason이므로 which가 아니라 관계부사 why를 써야 한다.
ⓑ 관계대명사 that은 계속적 용법으로 쓰일 수 없다. 따라서 선행사가 사물이므로 which로 바꿔야 한다.
ⓒ 선행사가 장소를 나타내는 명사이므로 where나 in which 를 써야 한다.

◎ **어휘**

the other day 일전에, 며칠 전에
give someone a call ~에게 전화하다

18 **해석**

뉴욕은 결코 잠들지 않는 도시이다. 그곳에서 생활은 미국의 다른 어떤 곳보다 더 빠르게 움직인다.

⇒ **문제해결**

빈칸 뒤에 오는 문장이 완전한 문장이고, 선행사가 장소를 나타내는 단어이므로 관계부사 where가 가장 적절하다.

19 **해석**

A : 나는 내가 맛있는 아이스크림을 먹을 수 있는 식당을 생각하고 있어.
B : 그곳은 Sweet Restaurant임에 틀림없어.

A : 맞아.

⇒ **문제해결**

⑤ 빈칸 앞에 장소를 나타내는 단어가 선행사로 왔고, 이어지는 문장이 완전하므로 관계부사 where가 적절하다.

◎ **어휘**

restaurant 식당   **must be** ~임에 틀림없다

20 **해석**

① 사람들이 다른 사람들의 험담을 하는 상황에서는 그냥 아무 말도 하지 말아라.
② 디저트는 젤라토인데, 이것은 이탈리아 아이스크림이다.
③ 겨울 스포츠를 좋아하는 James는 크로스 컨트리 스키를 샀다.
④ 이것은 내가 본 가장 높은 건물이다.
⑤ 어떻게 그 시험에 통과했는지 말해줄 수 있니?

⇒ **문제해결**

① 선행사가 물리적인 장소가 아니라 추상적인 의미의 situation, point, case 등일 때도 관계부사 where를 사용한다.

◎ **어휘**

situation 장소; 입장; 상황
speak ill of ~을 나쁘게 말하다, 험담하다

Reading   p.141

1 ②   2 ③   3 ②

1 **해석**

만일 당신이 귀신 이야기에 관심이 있다면 당신은 할로윈에 대해서 들어봤을 것이다. 10월 31일 할로윈에 많은 아이들은 귀신이나 괴물로 분장을 한다.

⇒ **문제해결**

② 주어가 없고 선행사가 사람이 아니므로 which가 되어야 한다. 계속적 용법이므로 that으로는 바꿀 수 없다.

◎ **어휘**

be interested in ~에 관심이 있다
dress up ~로 가장[분장]하다
ghost 귀신
monster 괴물

2 **해석**

박쥐는 날아다니는 포유류이다. 박쥐의 날개가 자신들을 들어 올리는 힘을 주는 방법으로 만들어져 있기 때문에 날 수 있다. 박쥐의 대단히 긴 손가락들은 날개를 지지하는 골격을 형성하는데, 그 골격은 박쥐로 하여금 힘차게 날게 도와준다. 밤에 먹

이를 먹는 박쥐는 주로 과일, 꽃, 곤충을 먹는다.

⇨ **문제해결**

③ 뒤에 주어가 없으므로 주격 관계대명사가 와야 한다. (→ which 혹은 that)

◎ **어휘**

mammal 포유류
shape ~을 모양 짓다, 만들다
lift (들어)올리기; 들어올리는 힘
extremely 극도로, 대단히
support ~을 지지하다, 지탱하다
skeleton 골격, 해골
feed 먹다; ~을 먹이로 하다
mostly 대개
insect 곤충

3 **해석**

내가 일하는 드라이 클리닝 건물에서 점심 식사 시간 동안, 나머지 사람들이 쉬고 있을 때 Mary는 홀로 남겨져 있었다. 그녀는 뒤쪽에서 세탁기 통에 옷 더미를 채우느라 바빴는데, 그때 그녀는 프런트 데스크에서 벨 소리가 울리는 것을 들었다고 생각했다. 그녀는 벨 소리에 답하기 전에 그녀가 하고 있던 일을 마치기로 했다고 나중에 나에게 말했다. 그녀가 프런트 데스크로 걸어가 환한 미소로 손님을 맞이하기 전에 벨이 한 번 더 딸랑거렸다. "기다리게 해서 죄송합니다. 하지만 처음에 벨이 울릴 때는 듣지 못했어요."라고 그녀는 사과했다.

⇨ **문제해결**

ⓐ work for는 '~에서 일하다'라는 뜻이므로 〈전치사+관계대명사〉의 형태 for which가 되어야 한다.

ⓑ 계속적 용법의 관계부사는 〈접속사+부사〉로 풀어 쓸 수 있다. 따라서 and then으로 바꾸어 쓸 수 있는 관계부사 when이 적절하다.

ⓒ 앞에 선행사가 없으므로 선행사를 포함하는 목적격 관계대명사 what을 골라야 한다.

◎ **어휘**

plant 공장, 설비, 건물
by oneself 혼자서(= alone)
fill A with B A를 B로 채우다
drum 원통형의 용기, 드럼통
load (무거운) 짐
greet 인사하다, 맞이하다
apologize 사과하다

🐝 Grammar in Conversation ▶ p.142

1 ⑤　　2 ②　　3 ⓐ **where**　ⓑ **on which**
ⓒ **whose**　ⓓ **which**

1 **해석**

A : 당신의 성을 다시 한번 말씀해 주시겠어요?
B : Smith입니다.
A : 그거 아세요? 나는 성이 또한 Smith인 친구가 있습니다.

⇨ **문제해결**

friend와 name은 소유의 관계가 성립되므로 소유격 관계대명사 whose가 적절하다.

◎ **어휘**

last name 성

2 **해석**

A : 오늘 수업 정말 재미있었어요, 선생님. 전 선생님께서 역사가 무엇인지를 설명하신 방법이 좋았어요.
B : 맘에 들었다니 기쁘구나. 부탁 하나 들어주겠니?
A : 물론이죠. 무엇인데요, 선생님?
B : 내가 탁자 위에 올려놓은 녹음기를 교무실로 가져다 주렴.

⇨ **문제해결**

② I like the way와 you explained by the way~를 관계부사를 이용하여 한 문장으로 만든 것으로, by which가 알맞다.

◎ **어휘**

explain ~을 설명하다　　**history** 역사
favor 부탁, 호의　　**recorder** 녹음기
teachers' room 교무실

3 **해석**

A : 넌 이번 방학에 어디로 갈 거니?
B : 더운 곳은 싫어서 스위스로 가고 싶어.
A : 정말? 네가 스위스로 출발할 날짜를 알려주겠니?
B : 음, 스위스는 지금 겨울이라 15일 후에 갈까 생각하고 있어.
A : 어디서 머무를 건데?
B : 내겐 스키 리조트에서 그리 멀지 않은 곳에 농장을 가지고 계신 삼촌이 한 분 계신데, 그 스키 리조트에는 훌륭한 슬로프가 많아. 거기서 삼촌과 함께 지낼 거야.

⇨ **문제해결**

ⓐ 선행사 the place가 있고 두 번째 문장이 완벽한 문장이므로 장소를 나타내는 선행사 where가 알맞다.

ⓑ 선행사 the date가 있고 뒤따르는 문장이 완벽하기 때문에 시간을 나타내는 관계부사 when이나 on which가 알맞다.

ⓒ 선행사 an uncle과 ranch가 소유의 관계에 있고, 뒤 내용

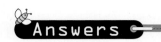

에서는 문맥상 소유격 an uncle's로 쓰이므로 whose가 알맞다.

ⓓ 관계대명사의 계속적 용법으로는 which가 알맞다.

◎ 어휘

vacation 휴가, 방학　　　**ranch** 농장, 방목장
slope (스키장의) 슬로프

chapter 11 영어의 접착제 접속사와 뒤죽박죽 특수 구문

Unit 34　　　　　　　　　　　p.146

A ┌ Check-up ┐

1 or　　　　2 am　　　　3 is
4 was　　　5 and

해석

1 너나 Jane 중 한 명이 설거지를 해야만 한다.
2 그뿐만 아니라 나도 그 모임에 참석해야 한다.
3 그의 아들뿐만 아니라 딸도 다른 사람들에게 공손하다.
4 내가 도착했을 때 아버지도 어머니도 집에 안 계셨다.
5 그는 친절함과 이해력으로 잘 알려져 있다.

⇒ **문제해결**

1 〈either A or B〉 구문이다.
2 〈A as well as B〉 구문은 A에 동사를 일치시킨다.
3 동사와 가까운 주어인 his daughter에 동사를 일치시킨다.
4 동사와 가까운 주어인 my mother에 동사를 일치시킨다.
5 〈both A and B〉 구문이다.

◎ 어휘

do the dishes 설거지하다
be present at ～에 참석하다
polite 공손한, 예의바른
be known for ～로 유명하다
kindness 친절
understanding 이해, 이해력

B ┌ Check-up ┐

1 Neither → Either 또는 or → nor
2 health → healthy
3 badly → bad
4 nicely → nice
5 to listen → listening

해석

1 그도 나도 선생이 아니다. / 그와 나 중 한 명은 선생이다.
2 Jane은 영리하고 건강하다.
3 그 장미는 달콤한 냄새가 아니라 나쁜 냄새가 난다.
4 그 여자는 아름다울 뿐만 아니라 상냥하다.
5 그녀는 요리와 음악 감상 둘 다 좋아했다.

⇒ **문제해결**

1 〈either A or B〉 구문 혹은 〈neither A nor B〉 구문이 되어야 한다.
2 be동사의 보어가 되어야 하므로 형용사가 와야 한다.
3 smell이 불완전 자동사이므로 형용사가 보어로 와야 한다.
4 be동사의 보어가 되어야 하므로 형용사가 와야 한다.
5 enjoy는 동명사를 목적어로 취한다.

◎ 어휘

smell ～의 냄새가 나다

Unit 35　　　　　　　　　　　p.147

A ┌ Check-up ┐

1 that　　　2 he treated　　3 as
4 concerned　5 Whether　　6 As soon as

해석

1 내가 의미하는 것은 그녀가 잘못되었다는 것이다.
2 나는 당신에게 그가 자신의 직원들을 어떻게 대우했는지 말할 것이다.
3 그는 빈둥거리는 한 발전하지 못할 것이다.
4 문학에 관한 한 그녀가 최고이다.
5 그가 올지 안 올지는 이 상황에서 중요하지 않다.
6 집에 도착하자마자 그녀는 자신의 이메일을 확인했다.

⇒ **문제해결**

1 뒤에 완전한 문장이 오고, be동사 뒤에서 보어절로 쓰였으므로 접속사 that이 와야 한다.
2 의문사절은 문장에서 주어, 목적어, 보어 역할을 하며 간접

의문문을 이끈다. 이때 간접의문문의 어순은 〈의문사+주어+동사〉이다.

3 〈as far as+주어+동사〉는 '~하는 한'이라는 의미이다.

4 〈as far as ~ be concerned〉는 '~에 관한 한'이라는 뜻의 관용 표현이다.

5 뒤에 or not이 있고 주어절로 사용되었으므로 if는 쓸 수 없다.

6 문맥상 '~하는 한'이 아니라 '~하자마자'가 되어야 한다.

◎ 어휘

treat 대우하다, 취급하다　　**employee** 종업원
remain 여전히 ~인 채로이다
idle 아무것도 안 하는, 게으른
make progress 진보[전진]하다
literature 문학
situation 상황

B

Check-up

1 that　　　　2 as
3 whether　　4 whenever

해석

1 당신은 신이 존재한다고 믿나요?

2 컴퓨터는 우리가 생각하는 것처럼 생각하지 않는다.

3 문제는 그가 나의 제안을 받아들일지 아닐지 이다.

4 나는 그 교수의 강의를 들을 때마다 잠이 든다.

⇒ 문제해결

1 앞에 선행사가 없고, 뒤에 완전한 문장이 오므로 believe의 목적어절을 만드는 that이 와야 한다.

2 문맥상 '~처럼'의 의미를 가지는 접속사 as가 적절하다.

3 뒤에 or not이 있으므로 if는 올 수 없다.

4 문맥상 '~할 때마다'를 뜻하는 관계부사 whenever가 적절하다.

◎ 어휘

exist 존재하다　　　　**accept** ~을 받아들이다
offer 제안　　　　　　**fall asleep** 잠들다
professor 교수　　　　**lecture** 강의

개념확인문제　　　　　　　　　p.148

1 ③　　　2 ⑤　　　3 ③　　　4 ④
5 세상이 점점 더 작아짐에 따라　6 ②　　7 ③
8 both　　9 whether　　　10 but

1

해석

A : 누가 당신의 앞마당을 엉망으로 만들었는지 알아냈나요?

B : 네. 이웃집 아이가 아니라 바로 우리 아들이었어요!

⇒ 문제해결

③ 〈not A but B〉 구문이 되어야 한다. (→ but)

◎ 어휘

mess up 망치다, 더럽히다
front yard 앞마당　　　　**next door** 이웃집의, 이웃의

2-4

해석

2 우리는 거기에 우리 둘을 위한 충분한 공간이 있었는지 확실히 알지 못했다.

3 한 가지 문제점은 Harry가 게으르고 느리다는 것이다. 그는 항상 늦게 일어난다.

4 그 부부는 왕과 여왕이 아니라, 상인과 그의 아내이다.

⇒ 문제해결

2 ⑤ 문장의 마지막에 or not이 있으므로 whether가 와야 한다.

3 ③ 문맥상 보어절 즉, 명사절을 이끄는 접속사가 와야 하므로 접속사 that이 가장 적절하다.

4 ④ 〈not A but B〉 구문이다. A와 B에는 단어뿐만 아니라 다양한 문장 성분이 올 수 있다는 것에 유의해야 한다.

◎ 어휘

lazy 게으른　　　　　　**get up** 일어나다
merchant 상인

5

해석

세상이 점점 더 작아짐에 따라 전 세계 사람들은 더 가까워지고 있다.

⇒ 문제해결

접속사 as는 '~함에 따라'라고 해석해야 문맥상 자연스럽다.

◎ 어휘

come closer 가까이 오다

6

해석

학생들뿐만 아니라 선생들도 그 음악 축제를 즐겼다.

⇒ 문제해결

② 〈not only A but also B〉 구문은 〈B as well as A〉 구문으로 바꾸어 쓸 수 있다. 이때 유의해야 할 것은 동사의 수를 B에 일치시켜야 한다는 것이다.

◎ 어휘

festival 축제, 정기적인 행사

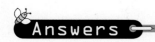

7 해석

① 그녀가 올 것이 확실하다.
② 너뿐만 아니라 그도 행복하다.
③ 그 호텔은 깨끗하지도 않고 편안하지도 않다.
④ 네가 믿든 안 믿든 그것은 실화이다.
⑤ 그는 그녀에게 그의 전화번호가 아니라 주소를 가르쳐 주었다.

⇒ 문제해결

③ 〈neither A nor B〉 구문을 사용해야 한다.

◎ 어휘

certain 확실한   **comfortable** 편안한
address 주소

8-10

해석

8 매년, 두 팀의 여성들이 가을 대회를 위해 옷을 만들었다. 대회가 끝난 후에 승자와 패자 모두 성대한 파티를 즐겼다.

9 그 의사는 Nick의 다리를 검사하고는 X레이를 찍기로 결정했다. 그는 Nick의 다리가 부러졌는지 아닌지 알기를 원했다.

10 과학자들은 지진을 예상하고 많은 사람들의 생명을 구할 수 있다. 지진은 모든 곳에서 일어나는 것이 아니라 특정 지역에서만 일어난다.

⇒ 문제해결

8 문맥상 '승자와 패자 모두 파티를 즐겼다'고 해야 자연스러우므로 〈both A and B〉 구문이 적절하다.

9 뒤에 or not이 있으므로 상관접속사 whether가 와야 한다.

10 〈not A but B〉 구문을 사용해 상반되는 의미의 동사를 연결하고 있다.

◎ 어휘

autumn 가을   **winner** 승자
loser 패자   **examine** ～을 조사하다
broken 부러진   **bone** 뼈
predict ～을 예상하다   **earthquake** 지진
save ～을 구하다

Unit 36
p.149

A

> **Check-up**
> 1 that / who   2 do   3 Neither
> 4 was   5 does

해석

1 비난을 받아야 할 사람은 바로 그의 비서였다.

2 우리 모두는 네가 곧 회복되기를 정말로 바란다.

3 그는 점심을 먹지 않았다. 그녀도 먹지 않았다.

4 그녀가 어제 산 것은 바로 스커트였다.

5 Nick은 New York Times를 읽는다. Jane도 역시 그렇다.

⇒ 문제해결

1 〈It be동사 ～ that〉 구문을 이용해 사람을 강조하므로 who 혹은 that이 적절하다.

2 현재 시제 동사를 강조하는 것이므로 do를 쓴다.

3 앞의 문장이 부정문이므로 〈Neither+조동사+주어〉를 사용해 도치 구문을 만든다.

4 강조되고 있는 the skirt를 수식하고 있는 관계대명사 절의 시제가 과거이므로 was를 써야 한다.

5 reads를 대신하는 동사이므로 does가 적절하다.

◎ 어휘

secretary 비서
blame ～을 비난하다
get well 좋아지다, 회복하다

B

> **Check-up**
> 1 On the hill stood an old castle.
> 2 Never does my mother wear blue jeans.
> 3 What he has once said he remembers.
> 4 So angry she was that she did not say a word.

해석

1 오래된 성이 언덕 위에 있다.

2 나의 어머니는 절대 청바지를 입지 않으신다.

3 그는 자기가 예전에 했던 말을 기억한다.

4 그녀는 너무 화가 나서 한 마디도 하지 않았다.

⇒ 문제해결

1 장소 부사구를 문장 맨 앞으로 보내는데, 주어가 인칭대명사가 아니므로 〈부사구+동사+주어〉로 도치되어야 한다.

2 부정어 never를 문장 맨 앞으로 보내는데, 동사가 일반동사의 현재형이므로 〈does+주어+동사〉의 어순이 된다.

3 목적어(구, 절)를 강조할 때는 목적어를 문장 앞으로 이동시키고 어순에는 변화가 없다.

4 보어로 쓰인 〈so+형용사〉가 문장 앞으로 가서 강조될 경우 도치되는데, 주어가 인칭대명사이기 때문에 〈보어+주어(인칭대명사)+동사〉 어순이 된다.

◎ 어휘

castle 성   **stand** ～에 있다, 위치하다
blue jeans 청바지

Unit 37
p.150

A

Check-up

1 anything　　2 both　　3 Not

해석

1 그녀는 전혀 행복하지 않았다.

2 나는 이 두 모자 중 하나만을 원한다.

3 모든 학생들이 다 부지런한 것은 아니다.

⇒ 문제해결

1 not~ at all은 부정어를 강조하는 구문으로, never, anything but으로 바꾸어 쓸 수 있다.

2 부정어 not과 both를 함께 써서 부분 부정을 나타내고 있다.

3 부정어 not과 all을 함께 써서 부분 부정을 나타내고 있다.

◎ 어휘

diligent 부지런한

B

Check-up

1 her entering the university

2 he reached the top of the mountain

3 we are created equal

해석

1 그녀가 대학에 입학할 거라는 희망은 없었다.

2 그가 그 산 정상에 도달했다는 소식이 전해졌다.

3 민주주의는 우리가 평등하게 창조되었다는 믿음에 근거를 둔다.

⇒ 문제해결

1 전치사 of를 써서 of 이하의 내용과 hope가 동격을 나타내고 있다.

2 접속사 that을 써서 that절 이하의 내용과 the news가 동격을 나타내고 있다.

3 접속사 that을 써서 that절 이하의 내용과 the belief가 동격을 나타내고 있다.

◎ 어휘

enter ~에 들어가다, 입학하다

university 대학

come through (통지 따위가) 도착하다, (소식이) 전해지다

democracy 민주주의

be based on ~에 근거[기초]를 두다

belief 믿음　　**create** 창조하다

equal 평등한

개념확인문제
p.151

1 did　　2 ③　　3 ④

4 his wife did neither → neither did his wife

5 ①, ⑤　　6 ②　　7 ③　　8 ①

9 I have　　10 Here is one of her recipes.

1

해석

나는 그녀가 유명한 여자 배우였다고는 전혀 생각하지 못했다.

⇒ 문제해결

부정어 little을 문장 앞으로 빼서 강조할 때는 이어지는 주어와 동사의 어순이 바뀌어야 하는데, 이 문장에서는 조동사나 be동사가 없으므로 조동사 do를 사용하되 시제가 과거이므로 did를 써야 한다.

◎ 어휘

actress 여자 배우

2-3

해석

2 매우 많은 사람들이 매년 교통사고로 죽거나 다친다. 이들 중에는 아이들이 많은데, 그들 중 3분의 2가 7세 미만이다.

3 나는 3살 때 시력을 잃었다. 그래서 나의 어린 시절에 대해서 아무것도 기억하지 못한다. 물론, 나의 가족에 대해서는 몇몇 기억을 가지고 있다.

⇒ 문제해결

2 ③ 부사구가 문장 앞으로 나가 강조되면서 주어와 동사가 도치되어 있다. 주어가 a number of children이므로 복수 동사가 되어야 한다. (→ are)

3 ④ 강조의 do도 조동사이기 때문에 조동사 다음에는 동사 원형이 와야 한다. (→ have)

◎ 어휘

hurt 다치게 하다

traffic accident 교통사고

lose one's sight 시력을 잃다

childhood 어린 시절

4

해석

나는 Tom의 사고가 얼마나 심각한지 깨닫지 못했다. 그리고 그의 아내도 역시 그랬다.

⇒ 문제해결

〈neither+조동사+주어(+동사)〉 구문이 되어야 한다.

◎ 어휘

realize ~을 깨닫다　　**serious** 심각한

5 **해석**

나의 이름은 Tom이야. 나는 9학년이야. LA에 정착한 사람은 바로 우리 할아버지였어.

⇨ **문제해결**

〈It be동사 ~ that〉 구문을 써서 주어(사람)를 강조하고 있으므로 that 혹은 who가 가능하다.

◎ **어휘**

grade 학년
settle down ~에 정착하다; 해결하다

6-7 **해석**

6 쓰레기를 줄이는 많은 방법이 있다. 재활용이 가장 좋고, 가장 쉬운 방법들 중 하나이다.

7 나는 일찍 일어나는 것을 좋아하지 않는다. 그리고 Fred도 역시 그렇다.

⇨ **문제해결**

6 ② 동격을 나타내며 뒤에 동명사가 왔으므로 of가 적절하다.

7 ③ 앞에 등위접속사 and가 있으므로 또 다른 등위접속사 nor를 사용하면 안 된다. 〈Neither+조동사+주어〉 구문을 써야 한다.

◎ **어휘**

reduce ~을 줄이다　　**waste** 쓰레기
recycle 재활용하다　　**get up** 일어나다

8 **해석**

• 우리는 더 나은 일을 할 수 있다. 그들도 역시 그렇다.

• 그는 다음 주 토요일까지 집에 없을 것이다. 나도 역시 그렇다.

⇨ **문제해결**

ⓐ 앞 문장이 긍정문이므로 So가 와야 한다.
ⓑ 앞 문장의 조동사가 will이므로 역시 will이 와야 한다.

9 **해석**

나는 전에 화재를 본 적이 있지만, 이런 것은 보지 못했다.

⇨ **문제해결**

목적어인 fires를 문장 앞으로 보내 강조한 문장인데, 목적어가 강조되는 경우는 주어와 동사가 도치되지 않는다.

◎ **어휘**

fire 불, 화재

10 ⇨ **문제해결**

〈Here+동사+주어〉 구문과 〈one of+소유격+복수명사〉 구문을 이용한다.

◎ **어휘**

recipe 요리법

Review Test　　p.152

1 ⑤　　2 ①　　3 ③　　4 ④　　5 ①
6 ④　　7 So is tomorrow's　　8 (1) chances = dying from cancer (2) Norah Jones = a famous jazz singer　　9 ②　　10 ②　　11 ②
12 some muffins and cupcakes are → are some muffins and cupcakes　　13 ④　　14 ③
15 ④　　16 ⑤　　17 ①　　18 ④　　19 ③
20 ②

1-2 **해석**

1 그들은 지구를 탐사했을 뿐만 아니라, 달과 행성들의 탐사를 시작했다.

2 우리는 이러한 방법으로 많은 나무를 보호할 수 있다. 재활용이 지구를 보호하는 좋은 방법이다.

⇨ **문제해결**

1 ⑤ 빈칸 뒤에 but also가 있는 것으로 보아 〈not only A but also B〉 구문을 써서 표현해야 한다.

2 ① 앞의 명사를 수식하며 동격의 의미가 되므로 to부정사가 와야 한다.

◎ **어휘**

explore ~을 탐험하다　　**planet** 행성
protect ~을 보호하다　　**recycling** 재활용

3 **해석**

우리 모두는 당신의 혈연 친척이다. 우리 가족들이 서로 만날 수 없다는 것은 가슴이 찢어질 듯한 일이다.

⇨ **문제해결**

③ 가주어, 진주어 구문으로 주어절을 이끄는 명사절 접속사 that이 필요하다.

◎ **어휘**

blood kin 혈족 (= blood relative)
heartbreaking 가슴이 찢어질 듯한
face-to-face 마주보고, 직접

4 **해석**

A : 이번 주 토요일에 콘서트에 가자.

B : 음, 가고 싶지만, Mary의 생일 파티에 갈 계획이야.

A : 하지만 그녀의 생일은 이번 주말이 아니라 다음 주 토요일
이잖아.
B : 정말? 그렇다면 콘서트에 갈게.

⇨ **문제해결**
④ 문맥상 〈not A but B〉 구문을 이용해서 '이번 주말이 아니
라 다음 주 토요일이다'라고 해야 자연스럽다.

◎ **어휘**
concert 음악회, 연주회

5 **해석**
① 나는 매우 열심히 숙제를 했다.
② 그 아이가 꽃병을 깨뜨렸다.
③ 그 남자는 행복하게 일을 했다.
④ 어떤 외국인들은 회를 싫어한다.
⑤ 너의 어려움을 극복하도록 노력해라.

⇨ **문제해결**
① 동사구 do one's homework(숙제를 하다)에 쓰인 일반동사
사이다. 강조의 do는 긍정 평서문, 긍정 명령문에 사용되고,
위치는 강조하고자 하는 동사 바로 앞에 온다.

◎ **어휘**
vase 병, 항아리; 꽃병　　　**foreigner** 외국인
raw fish 날 생선, 회　　　**overcome** ～을 극복하다

6 **해석**
Tom 삼촌은 우리에게 "중간에 멈추지 않고 이 강을 수영해서
건널 수 있는 사람?"이라고 물었다. 나는 "한번 해볼까? 내가
할 수 있을지 확신할 수 없어. 하지만 우리 중에서는 내가 제일
수영을 잘하잖아."라고 혼잣말을 했다. 그리고는 바로 강으로
뛰어들었다.

⇨ **문제해결**
④ 명사절을 이끄는 접속사가 필요하다. 문미에 or not이 있기
때문에 whether나 if가 와야 한다.

◎ **어휘**
swim across 수영해서 건너다
in the middle 중간에, 도중에
immediately 곧, 즉시, 바로
jump into ～로 뛰어들다

7 **해석**
A : 오늘 날씨의 예보에 따르면 비가 더 온다고 해.
B : 내일의 날씨도 역시 그래.

⇨ **문제해결**
〈so+동사+주어〉 구문을 이용해 배열한다.

◎ **어휘**
weather 날씨　　　**forecast** 예보

8 **해석**
(1) 술을 많이 마시는 사람들은 암으로 죽을 확률이 높다.
(2) 유명한 재즈 가수인 Norah Jones가 7월 16일 한국을
방문할 예정이다.

⇨ **문제해결**
(1) 전치사 of를 써서 chances와 dying from cancer 사이
에 동격 관계를 만들고 있다.
(2) 콤마(,)를 써서 Norah Jones와 a famous jazz singer
사이에 동격 관계를 만들고 있다.

◎ **어휘**
alcohol 술, 알코올 음료
increase ～을 증가시키다
die from (질병 등으로) 죽다
cancer 암

9 **해석**
A : 누가 Denver에서 열린 회의에 참석했는지 아세요? Herny
와 Sam 둘 중 한 명은 참석했겠죠, 그렇지 않나요?
B : 제가 알기로는 그렇지 않아요. 둘 다 안 갈거라고 들었거
든요.
A : 그럼 도대체 누가 거기에 간 거예요?

⇨ **문제해결**
문맥상 〈either A or B〉 구문을 사용해야 한다.

◎ **어휘**
attend ～에 참석하다　　　**conference** 회의, 협의회

10-11

해석
10 ① 그녀의 어머니도 그녀도 그를 싫어한다.
② 그는 이번 주에 월급을 받지 못할 것이다. 그녀도 역시
그렇다.
③ 나의 어머니와 그녀의 어머니 둘 다 우리 결혼에 동의하
지 않았다.
④ 떠나기 전에 당신이 어떤 물건을 남겨 두지 않았는지를
확인해라.
⑤ 그 시대의 가장 위대한 가수들 중 한 사람인 그녀는 그
곳에서 공연하는 것이 허용되지 않았다.
11 ① 나는 그녀에 대해 정말 걱정을 한다.
② 그들은 항상 늦다. 너도 역시 그렇다.
③ 그는 성공할 가능성이 높다.
④ 나는 좋은 교훈을 배웠다. 즉, 팀워크가 항상 매우 중요
하다는 것이다.
⑤ 그는 지구가 둥글고 강은 바다로 흐른다는 것을 알았다.

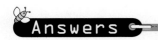

⇨ 문제해결

10 ② '그녀도 안 갈 것이다'라는 의미로 〈neither+동사+주어〉를 사용해야 한다.

11 ② 〈So+주어+동사〉는 '그래, 정말로 그렇다'라는 뜻이고, 〈So+동사+주어〉는 '~도 역시 그렇다'라는 의미이다.

◎ 어휘

get paid 급여를 받다 　　**marriage** 결혼
make sure 확인하다 　　**item** 물건
leave ~ behind ~을 놓아 둔 채 잊고 오다
be allowed to ~하는 것이 허용되다
perform 공연하다
have a good chance of ~ing ~할 승산이 크다
succeed 성공하다 　　**lesson** 교훈
teamwork 팀워크, 협력, 공동 작업
flow into[to] ~로 흘러들다
ocean 대양

12 **해석**
여기 머핀과 컵케이크가 좀 있습니다. 수업이 시작되기 전에 마음껏 드세요.

⇨ 문제해결
관용적 표현으로 〈Here+동사+주어〉 구문이다.

◎ 어휘
muffin 머핀
cupcake 컵케이크
Help yourself. 마음대로[양껏] 드십시오.

13 **해석**
그 거위의 알들이 초여름 어느 날에 부화했다.

⇨ 문제해결
④ 시간 부사구를 강조하는 것이고, 시제가 과거이므로 It was ~ that[when]을 이용한다.

◎ 어휘
hatch 부화하다

14 **해석**
① 그녀가 화가 난 것은 이상했다.
② 그가 그녀를 만날 수 없었던 것은 사실이었다.
③ 그들이 그 모임에 참석했던 것은 바로 어제였다.
④ 그녀가 입학시험에 합격할 것은 확실하다.
⑤ 우리가 우리의 부모님 말씀을 따르는 것은 중요하다.

⇨ 문제해결
③ 〈It be동사 ~ that〉 강조 구문이다. 나머지는 가주어, 진주어 구문이다.

◎ 어휘
entrance exam 입학시험
obey 복종하다, ~에 따르다

15 **해석**
Elizabeth는 목욕하는 것과 산에 오르는 것 둘 다를 좋아한다.

⇨ 문제해결
④ 〈both A and B〉는 병렬접속사로 앞뒤로 똑같은 형태의 표현이 와야 한다.

◎ 어휘
take a bath 목욕하다

16 **해석**
① 나는 그가 발표한 것을 확실히 알고 있다.
② 그는 무엇이 일어날지를 전혀 꿈도 꾸지 못했다.
③ 그는 마침내 그녀가 거짓말을 했다는 사실을 발견했다.
④ 확신하건대, 내 여자친구는 매우 지적이며 너그럽다.
⑤ 곤경에 빠진 그를 도우러 온 것은 다름 아닌 그의 개였다.

⇨ 문제해결
⑤ 〈It be동사 ~ that절〉 구문은 that절 앞에 있는 것을 강조할 때 쓰는데, 그것이 뒤 절에서 어떤 내용으로 쓰였느냐에 따라 관계대명사나 관계부사로 바꿀 수 있다. 여기서는 선행사가 사물이며 뒤에 주격으로 쓰였으므로 that이나 which가 가능하다.

◎ 어휘
announce ~을 알리다, 발표하다
tell a lie 거짓말을 하다
intelligent 지적인
generous 관대한, 너그러운
in trouble 곤경에 빠진

17 **해석**
① 그녀는 조용한 거리에서 살고 있다. 그도 역시 그렇다.
② 한국의 수도인 서울은 아름다운 도시이다.
③ 나의 어머니는 상어들이 흥미로운 생명체인 것 같다고 말씀하셨다.
④ 너의 부모님이 너의 선물에 기뻐하시는지 가서 알아보지 그러니?
⑤ 화가들은 그 병원 벽을 밝은 색깔, 즉 밝은 오렌지색으로 칠했다.

⇨ 문제해결
① '~도 역시 그렇다'고 할 경우는 〈So+동사+주어〉 구문을 사용하는데, 동사 자리에는 반드시 조동사/be동사/do동사가 와야 한다. (→ So does he)

◎ 어휘
capital 수도 　　　　**shark** 상어

creature 생명체   present 선물

18 해석
페루에 있는 나즈카 문양은 여러 가지 동물 모양, 복잡한 무늬, 그리고 완벽하게 곧은 선들로 이루어져 있다. 우리를 놀라게 하는 것은 그것들이 너무 커서 하늘에서만 볼 수 있다는 사실이다.

⇒ 문제해결
④ the fact(그 사실)는 바로 다음 내용을 가리키므로, 동격의 내용을 얘기해주는 that이 적절하다.

◎ 어휘
be made up of ~로 이루어지다
complex 복잡한
pattern 모양, 무늬
straight 곧은, 똑바른
amaze ~을 놀라게 하다
so ~ that … 너무나 ~해서 …하다
view ~을 보다, 바라보다

19 해석
그는 사장이 자신의 집을 방문할 것이라고는 전혀 기대하지 못했다.

⇒ 문제해결
③ little과 같은 부정어가 문장 앞으로 나와 강조되는 경우는 주어와 동사의 어순이 바뀐다.

◎ 어휘
boss 사장

20 해석
A : Peter, 내 빵을 먹은 사람이 바로 너라고 들었어.
B : 도대체 무슨 소리를 하는 거야? 나는 네 빵을 먹지 않았어.
A : James 말로는 네가 지난밤에 부엌으로 들어가는 것을 봤다는데.
B : 나는 밤에 절대 안 먹는 것 알잖아. 나를 못 믿는 거니?
A : 그럼, 누가 내 빵을 먹은 거지?

⇒ 문제해결
ⓐ 〈It be동사 ~ that〉 강조 구문인데, 강조하는 대상이 사람이므로 who나 that 둘 중에 하나가 와야 한다.
ⓑ 의문사 뒤에 in the world, on earth를 써서 의문사를 강조할 수 있다.
ⓒ B는 계속 결백을 주장하고 있으므로, 문맥상 부정 어구 (never)가 들어가야 자연스럽다.

◎ 어휘
trust 믿다

Reading   p.155
1 ②   2 ③   3 ②

1 해석
벌새는 세상에서 가장 작은 새이다. 벌새는 색이 화려할 뿐만 아니라 빠르다. 스페인 탐험가들은 이 무지개 같은 새를 Joyas voladoras라고 불렀다. 스페인 말로 Joyas voladoras는 "나는 보석"을 의미한다.

⇒ 문제해결
② 〈both A and B〉에서 A와 B의 문장 성분은 같아야 하는데, 문맥상 fast가 형용사로 사용되었으므로 부사가 아니라 형용사가 와야 한다. (→ colorful)

◎ 어휘
hummingbird 벌새   **colorful** 화려한
Spanish 스페인의   **explorer** 탐험가
jewel 보석

2 해석
Charles는 캘리포니아에서 살고 있다. 그는 Mark의 친구이다. Mark와 그의 아내는 방금 캘리포니아에서 큰 지진이 있었다는 TV뉴스를 들었다. 그들은 Charles가 괜찮은지 궁금하다. 그들은 그 순간 그에게 전화를 하고 싶었지만 5시까지 기다리기로 결정했다. 그 때는 진도가 낮아질 거라고 생각했다.

⇒ 문제해결
③ news와 뒤의 내용이 동격인 구문으로 뒤에 절이 왔으므로 that이 되어야 한다.

◎ 어휘
rate 진도
go down 내려가다, 잔잔해지다

3 해석
무슨 일이 일어나고 있는지 이해할 수 있었던 유일한 사람은 바로 Kate였다. 나는 그녀가 16살 때 부터 그녀를 알아왔다. 그녀는 나의 대학 친구인 Tim Duncan의 귀여운 여동생이었다. 나는 그때 가톨릭 소년의 모범적인 전형이었다. 남자 고등학교의 산물이자, 당시에는 남자 대학교였던 Notre Dame 대학교의 학생이며, 얼마 안 있어 미해군의 장교가 될 운명이었다. 대부분의 친구들과 마찬가지로 나는 여자들에게 미숙했을 뿐만 아니라 거의 노출되지 않았다. 뒤돌아보면 나는 우리 대부분이 여자들에게 겁을 먹었던 것 같다.

⇒ 문제해결
ⓐ Kate라는 사람을 〈It be동사 ~ that〉 구문을 사용해 강조하고 있다.
ⓑ 〈not only A but also B〉 구문에서는 종종 also를 생략하

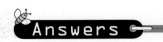

고 but만 쓰기도 한다.
ⓒ 부분을 나타내는 명사 of 명사가 주어로 쓰인 경우는 of 뒤의 명사에 동사의 수를 일치시켜야 한다.

◎ 어휘
classic 모범적인, 전형의
Roman Catholic 로마 가톨릭 교회의
product 생산물, 산물
destined to ~할 운명인
officer 장교, 사관
Navy 해군
pal 동료, 친구
inexperienced 경험이 없는, 미숙한
unexposed 드러나지 않은, 노출되지 않은
look back 뒤돌아보다
be scared at ~에 겁먹다

Grammar in Conversation — p.156

1 ⑤   2 ④   3 ⑤

1 **해석**
A : 잘 지내니?
B : 별로 좋지 않아. 너무 화가 나. 내 남동생은 나의 말을 거의 안 들어.
A : 그것 참 안됐구나.

⇨ **문제해결**
⑤ 문맥상 부정어가 들어가야 한다. never는 '절대 ~하지 않다'는 부정어이고, seldom, hardly, scarcely는 '거의 ~하지 않다'라는 의미의 준부정어이다.

◎ **어휘**
upset 화가 난

2 **해석**
A : 안녕하세요. 저는 인구 조사 위원회에서 나왔는데, 몇 가지 질문에 응답해 주실 수 있는지 궁금합니다. 오래 걸리지 않을 거예요. 약속해요.
B : 어떤 종류의 질문이죠?
A : 아, 당신의 가족에 대한 몇 가지 질문을 드립니다.
B : 음, 좋아요. 너무 오래 걸리지 않는다면요.
A : 몇 분이면 됩니다.
B : 알겠습니다. 이쪽으로 앉으시겠어요?
A : 감사합니다.

⇨ **문제해결**
ⓐ wonderif는 '~인지 아닌지 궁금해하다'라는 뜻으로, 여기서 if는 명사절을 이끄는 접속사이다.
ⓑ 동사 ask를 강조하는 조동사 do가 쓰였는데, 시제는 현재

로 쓰여야 한다.
ⓒ 〈Why don't you 동사원형 ~?〉은 '~하는 게 어때요?'라고 권유하는 관용적 표현이다.

◎ 어휘
census 인구 조사, 국세 조사
committee 위원회

3 **해석**
A : 이번 일요일에 무엇을 할 거니?
B : 낚시하러 가거나 집 청소를 할 거야.
A : 무슨 뜻이니?
B : 날씨가 좋으면, 낚시하러 갈 거야.
A : 만약에 비가 오면?
B : 그렇다면, 집에 있으면서 집 청소를 해야지.
A : 집 청소를 하라고 시킨 게 Jane이었니?
B : 맞아. 어제 그녀가 나한테 집 청소를 할 수 있는지 없는지를 물어봤어.

⇨ **문제해결**
⑤ 문맥상 '~할 수 있는지 없는지를 물어보다'라는 의미가 되어야 자연스러우므로 if나 whether로 시작하는 명사절로 고쳐야 한다.

◎ 어휘
go fishing 낚시하러 가다
stay (at) home 집에 머물다

실전모의고사 1회   p.158

1 ④	2 ⑤	3 ②, ⑤	4 ③
5 satisfying		6 ③	7 ④	8 ①
9 ①	10 ③	11 (1) pointing (2) rains	
12 ③	13 ⑤	14 ④	15 ①	16 ③
17 ②	18 ②	19 ④	20 ⓐ more ⓑ No
21 ②	22 ③ that → who(m)		23 ④
24 ②, ③	25 ④		

1 ⇨ **문제해결**
④ 앞의 명사를 수식하며 동격의 의미를 나타내야 하므로 to 부정사가 와야 한다. 현재분사나 과거분사는 앞의 명사와의 관계를 나타내는 말이므로 여기서는 적절하지 않다.

◎ 어휘
predict 예측하다   **earthquake** 지진

2

해석
- Hopkins 교수님은 걸어 다니는 사전으로 알려져 있다.
- 나의 형은 우리 마을의 모든 사람들에게 알려져 있다.

⇨ 문제해결
ⓐ be known as는 '~로서 알려지다'의 의미이다.
ⓑ be known to는 '~에게 알려지다'의 의미이다.

◎ 어휘
walking dictionary[encyclopedia] 살아 있는 [백과] 사전, 만물박사
professor 교수

3

해석
① 이것은 그가 태어난 집이다.
② 누구도 그가 최선을 다했다는 것을 사실을 부인할 수 없다.
③ 나는 그 소리가 여자의 목소리였다는 것을 확신한다.
④ 털이 동물들에게 유용할 수 있는 방법들이 많이 있다.
⑤ 시선을 마주치는 것을 피하는 것은 보통 그 사람이 관심이 없다는 표시이다.

⇨ 문제해결
① 목적격 관계대명사 that
②, ⑤ 동격의 접속사 that
③ 지시대명사 that
④ 관계부사 that

◎ 어휘
deny ~을 부인하다
do one's best 최선을 다하다
helpful 유용한
eye contact 시선을 마주치기
sign 표시

4

해석
① 그의 취미 중에서 그는 독서하는 것을 가장 좋아한다.
② 그녀는 항상 슬픈 것 같다.
③ 그 가구는 먼지로 덮여 있었다.
④ 나는 2주 후에 너의 전화를 기다릴 것이다.
⑤ 비결은 스트레스를 피하는 것이 아니라 너 자신의 일을 하는 것이다.

⇨ 문제해결
③ 수동태 문장에서 by 이외의 전치사를 사용하는 경우로 be covered with(~로 덮여 있다)가 되어야 한다.

◎ 어휘
furniture 가구   **dust** 먼지
avoid 피하다

5

해석
우정이란 세상에서 가장 만족을 주는 것들 중 하나이다.

⇨ 문제해결
뒤의 명사 things와 관계가 능동이므로 현재분사의 형태로 수식해야 한다.

◎ 어휘
friendship 우정
satisfying 만족을 주는, 만족스러운

6-7

해석
6 대부분의 거리들은 포장되어 있었다. 보도는 도로보다 높았다. 보도가 모두 똑같지 않았기 때문에 각 집주인들이 자신들의 보도를 포장했음에 틀림없다.

7 사람들은 항상 벌에 관심을 가져 왔다. 이런 관심은 벌이 만드는 꿀로부터 시작되었을지도 모른다. 사실상 고고학자들은 사람들이 수천 년 동안 꿀을 먹어 왔다는 증거를 발견했다.

⇨ 문제해결
6 ③ 문맥상 must have paved(포장했음에 틀림없다)가 되어야 한다. 〈cannot have p.p.〉는 '~였을 리가 없다'는 뜻이다.

7 ④ 이후 문장이 완벽한 형식의 문장이고, the evidence와 접속사 이후의 문장이 동격의 의미를 가지므로 that을 사용해야 한다.

◎ 어휘
pave 도로 포장하다   **sidewalk** 인도, 보도
houseowner 집주인   **archaeologist** 고고학자
evidence 증거

8

해석
① 나는 가끔씩 부모님을 만난다.
② 그녀의 치아는 선천적인 것이 아니라 인공적인 것이다.
③ 마치 그는 평생 동안 달리고 있는 것처럼 달렸다.
④ 나의 충고는 그 일이 일어났을 때 잘못된 것으로 판명되었다.
⑤ 만일 예외가 있다면, 그 규칙은 보편적인 사실로 여겨질 수 없다.

⇨ 문제해결
② 〈not A but B〉 구문인데 A와 B에는 동등한 문장 성분이 와야 한다. (→ artificial)

③ as if 가정법 구문인데 가정법 과거에서 be동사는 인칭에 상관없이 were를 쓴다.

④ '~로 판명 나다'는 뜻의 숙어는 〈turn out to부정사〉를 쓴다.

⑤ 규칙은 사람들에 의해 받아들여지는 것이므로 수동태가 되어야 한다. (→ be taken)

◎ 어휘
occasionally 때때로   **artificial** 인공적인

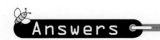

exception 예외   **universally** 보편적으로

9 **해석**
① 나는 집을 떠나는 것이 불편하다는 것을 알았다.
② 그들은 수학 시험에서 모든 문제를 다 풀 수 있는 것은 아니었다.
③ 이것은 가장 논란의 소지가 많은 TV 쇼들 중 하나이다.
④ 우리는 너를 가능한 한 빨리 다시 보기를 기대한다.
⑤ 우리가 물건을 구입하는 것은 바로 낮은 가격이 아니라 품질 때문이다.

⇒ **문제해결**
① 5형식 동사가 to부정사를 목적어로 갖는 경우에는 반드시 가목적어 it을 쓰고 진목적어는 맨 뒤로 보내야 한다.
(→ I found it inconvenient to leave home.)

◎ **어휘**
inconvenient 불편한
controversial 논란의 소지가 많은
look forward to ~ing ~하기를 학수고대하다
quality 질

10 **해석**
① 싸움이 없다면 우리는 서로 행복을 느낄 것이다.
② 나를 보자마자 그는 도망쳤다.
③ 그녀는 세상에서 가장 아름다운 소녀이다.
④ 그는 나에게 "너는 고기를 좋아하니?"라고 물었다.
⑤ 베이징의 인구는 서울 인구의 3배나 많다.

⇒ **문제해결**
③ 최상급의 의미가 되려면 〈비교급 than any other+단수명사〉 구문이 되어야 한다.

◎ **어휘**
quarrel 싸움, 말다툼
take to one's heel 도망치다, 달아나다
population 인구

11 ⇒ **문제해결**
(1) 동시 상황을 나타내는 분사구문을 사용해야 한다.
(2) 시간, 조건을 나타내는 부사절에서는 현재 시제가 미래 시제를 대신한다.

◎ **어휘**
burst into tears (갑자기) 울음을 터뜨리다
put off ~을 연기하다(= postpone)
field trip 현장 견학 여행

12 **해석**
나는 이미 직장에 늦었었다. 나는 지하철에서 달려 나왔을 때, 버스로 갈아탈 계획이었다. 나는 마치 약한 심장마비가 있는

것처럼 느꼈다. 그러나 그때 버스는 금방 떠나버렸다. 그래서 대신 뛰어야만 했다.

⇒ **문제해결**
③ 심장마비가 있는 것처럼 느낀 것과 동시에 일어나는 동작의 개념이므로 가정법 과거가 되어야 한다.

◎ **어휘**
dash 돌진하다   **transfer** 갈아타다
minor 대수롭지 않은, 생명에 지장이 없는
heart attack 심장마비
pull away (차, 사람 등이) 떠나다, 출발하다

13 ⇒ **문제해결**
⑤ 미래를 기준으로 완료의 의미이므로 미래완료 시제가 되어야 한다. if절은 조건절이기 때문에 미래 시제를 현재(see)로 표현했다.

14 **해석**
사람들은 이것이 서커스의 발전에 있어서 첫 번째 단계였다고 믿고 있다.

⇒ **문제해결**
④ 동사 believe가 that절을 목적어로 가지는 경우로서 한 시제 먼저 발생한 것이므로 완료 부정사가 되어야 한다.

◎ **어휘**
step 단계   **development** 발전
circus 서커스

15 **해석**
호수는 물이 모여 있는 것이다. 호수는 땅에 있는 구멍에 물이 모이는 곳에서 발견된다. 호수가 되는 땅 위의 구멍들은 다양한 방법으로 형성된다.

⇒ **문제해결**
ⓐ 빈칸 뒤의 문장이 완전한 형식이고, 내용상 the place가 생략된 것이므로 where가 적절하다.
ⓑ 선행사가 사물이고 뒤에 동사가 바로 왔으므로 주격관계대명사 which 혹은 that이 적절하다.

◎ **어휘**
body 덩어리, 모임   **collect** 모이다
form 형성되다

16 **해석**
① 나는 너의 단점 때문에 더 널 좋아한다.
② 그 위원회는 모든 결정이 연기되어야 한다고 주장했다.
③ 비난을 받아들이지 않는 것은 무책임한 것으로 보여진다.
④ 그들은 누군가가 살해되었다는 보고를 받았다.
⑤ 나는 그들의 음악을 좋아하지 않았는데, 그들의 음악 대부

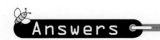

분이 무의미했기 때문이다.

⇒ 문제해결
① 〈all the 비교급+for/because〉 구문이다.
② 주절의 동사가 insist이고 that절이 미래지향적인 의미이므로 (should)+원형이 와야 한다.
③ 동명사의 부정은 바로 앞에 not을 둔다.
④ 과거에 보고 받은 시점 이전에 죽은 것이므로 과거완료 시제가 되어야 한다.
⑤ most 앞에 이유를 나타내는 접속사가 필요하다.

◎ 어휘
fault 결점	**committee** 위원회
insist 단언하다, 주장하다	**postpone** 연기하다
blame 비난	**irresponsible** 무책임한
report 보고	**meaningless** 무의미한

17 해석
① 전화가 울릴 때 나는 저녁을 먹고 있었다.
② 나는 전에 그렇게 큰 풍선을 본적이 없다.
③ 그는 미국으로 떠나기 전에 자신의 모든 친척들을 방문했다.
④ 그는 나에게 밥을 먹기 전에 물을 마시지 말라고 충고했다.
⑤ 만일 당신이 몇 피트만 더 걸었더라면 절벽을 건넜을 텐데.

⇒ 문제해결
② 부정어구 never before가 문두에 나가 강조되고 있기 때문에 도치가 되어야 한다. (→ did I see)

◎ 어휘
balloon 풍선	**relative** 친척
meal 식사	**cliff** 절벽

18-19
⇒ 문제해결
18 ② '너무 ~해서 …할 수 없다'는 의미의 〈too 형용사/부사 to부정사〉 구문을 사용해야 한다.
19 ④ 〈Neither A nor B〉 구문이 주어로 쓰였을 경우 B에 동사를 일치시킨다.

◎ 어휘
violent 폭력적인	**pupil** 학생, 제자
principal 교장	

20 해석
Kim은 회사에서 가장 아첨하는 사람이다.

⇒ 문제해결
ⓐ에는 〈비교급 than any other 단수명사〉 구문을, ⓑ에는 〈부정주어 ~ as[so] 원급 as〉 구문을 사용해서 같은 의미의 문장을 만든다.

◎ 어휘
flattering 아첨하는

21-22
해석
이것은 1969년 영국에서 시작되었다. 그것은 보통의 학생이 될 기회가 없는 사람들에게 학위를 따기 위해 공부할 수 있게 한다. 학생들은 TV, 라디오 그리고 특별하게 쓰인 교재들을 통해 교과 과정을 배운다. 학생들은 개인 지도 교수와 공부하는데, 학생들은 이들에게 보고서를 제출하고 회의나 편지를 통해 이들과 토론을 한다. 여름에는 학생들은 약 1주일간의 짧은 교과 과정에 참석해야 한다.

⇒ 문제해결
21 ② 내용상 교육 받을 기회를 놓친 사람들이 자유롭게 공부할 수 있는 대학이므로 개방 대학이 가장 적절하다.
22 ③ 전치사 to의 목적격 관계대명사로 사용되었고, 앞에 콤마(,)가 있는 계속적 용법이므로 that은 사용할 수 없다. (→ who(m))

◎ 어휘
opportunity 기회	**ordinary** 보통의
degree 학위	**course** 교과 과정, 강좌
tutor 개인 지도 교수	

23-24
해석
어느 여름 날 어머니, 올케, 그리고 나는 우리 주에서 사용하고 있는 새로운 스타일의 운전 면허증에 관해서 이야기하고 있었다. 우리 모두는 면허증에 보이는 사진이 사실상 정말로 마음에 든다며 그것들을 꺼내 보는 데 동의했다. 어머니는 내 사진을 올케에게 보여 주면서, "사진 잘 나왔네, Linda야. 전혀 너처럼 보이지 않아."라고 감탄하셨다.

⇒ 문제해결
23 ④ 면허증의 사진을 보면서 '전혀 비슷하지 않다'고 감탄했으므로 사진이 실물보다 잘 나왔다는 의미이다.
24 ② 목적격 관계대명사이므로 생략 가능하다.
③ 명사절(목적어절)을 이끄는 접속사이므로 생략 가능하다.

◎ 어휘
sister-in-law 올케, 시누이
comment 논평하다
driver's license 면허증
state (미국의) 주
appear 나타나다, 나오다
exclaim 외치다, 소리지르다

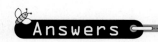

25 **해석**

Nick이 죽고 난 뒤 얼마 동안 Jane은 매우 불행했다. 그녀는 자신이 그렇게 많은 애정 어린 관심을 보여 주었고, 매일 그렇게 많은 시간을 함께 보냈던 그의 남동생이 그리웠다. 그녀는 집에서 어머니를 도와줌으로써 시간을 채우려고 애를 썼다.

⇨ **문제해결**

④ 선행사는 the little brother이고 ⟨spend+시간+with 사람⟩의 구문이 되어야 하므로 with whom이 되어야 한다.

◎ **어휘**

unhappy 불행한 　　　**miss** 그리워하다
fill ～을 채우다

실전모의고사 **2**회	p.162

1 they would go there the next day　　　**2** ④

3 could we get out of the building

4 rained → had rained　　　**5** working

6 ⑤　　　**7** had said　　　**8** ④　　　**9** ③

10 ⑤　　　**11** ①　　　**12** ④　　　**13** ⑤

14 (1) Arriving in Paris (2) Having studied very hard

15 ②　　　**16** ④　　　**17** ④　　　**18** ⓐ if/whether

ⓑ not to eat　　　**19** ③　　　**20** help → helping

21 ③　　　**22** ③ that → whose　　　**23** ⑤

24 ② had → have had　　　**25** ④

1 **해석**

그들은 "우리는 내일 다시 여기 올 것이야."라고 말했다.

⇨ **문제해결**

전달 동사가 과거 시제이므로 한 시제 당겨야 하고, come은 go로, here은 there로, tomorrow는 the next day로 바꾸어야 한다.

2 **해석**

기름을 좀 더 비싸게 만듦으로써 사람들이 대중교통을 이용하도록 강요하지 않을 수 없었다.

⇨ **문제해결**

④ ⟨have no choice but to부정사⟩ 구문은 '～하지 않을 수 없다'의 의미이다.

◎ **어휘**

public transport 대중교통

3 **해석**

내가 출구를 찾고 나서야 우리는 건물에서 벗어날 수 있었다.

⇨ **문제해결**

부정의 표현이 문장 앞에서 강조하고 있으므로 문장이 도치되어야 한다.

◎ **어휘**

get out of ～에서 벗어나다
exit 출구

4 **해석**

그 전날 비가 왔기 때문에 길이 진흙투성이었다.

⇨ **문제해결**

진흙투성인 것은 과거 시제이고 비가 온 것은 그 이전이므로 과거완료 시제가 되어야 한다.

◎ **어휘**

muddy 진흙투성이의　　　**previous** 이전의

5 **해석**

만일 결코 칭찬이 주어지지 않는다면, 근로자는 자신의 중노동이 제대로 평가 받지 못한다고 느낄 것이다. 그는 그렇게 열심히 일하는 것을 그만두거나 심지어 회사를 그만둘 수도 있다.

⇨ **문제해결**

앞에 stop이 있고, 문맥상 '～하는 것을 그만두다'의 의미이므로 동명사가 와야 한다. 참고로 ⟨stop to부정사⟩는 '～하기 위해 멈춰서다'라는 뜻이다.

◎ **어휘**

praise 칭찬
appreciate 제대로 평가하다
quit ～을 그만두다; 사직하다

6 **해석**

① 그 아이가 창문을 깬 것이 틀림없다.
② 나는 그가 미국에 간 것을 전혀 몰랐다.
③ 그는 내가 본의 아니게 자기 아들을 돕도록 만들었다.
④ 그녀는 내가 그 파티에 참석할 것을 요구했다.
⑤ 20마일은 그가 하루에 걷기에 좋은 거리이다.

⇨ **문제해결**

⑤ 부정사의 의미상 주어는 ⟨for+목적격⟩을 기본으로 갖는다. (→ for him)

◎ **어휘**

against one's will 본의 아니게, 하는 수 없이
demand ～을 요구하다, 강요하다
attend 참석하다　　　**distance** 거리

7 ⇨ 문제해결
생각하지 않으려고 한 것은 과거이고 그녀가 말한 것은 그 이전이므로 과거완료 시제를 써야 한다.

◎ 어휘
struggle 애쓰다, 고투하다

8 해석
① 우리 반의 다른 어떤 소년도 Oscar보다 수다스럽지 않다.
② 우리 반의 다른 어떤 소년도 Oscar만큼 수다스럽지 않다.
③ Oscar는 우리 반의 다른 어떤 소년보다 더 수다스럽다.
④ Oscar는 우리 반의 다른 모든 소년들만큼 수다스럽다.
⑤ Oscar는 우리 반의 다른 누구보다 더 수다스럽다.

⇨ 문제해결
④를 제외한 나머지는 최상급의 의미를 가지고 있다.

◎ 어휘
talkative 이야기하기 좋아하는, 수다스러운

9 해석
① 이 꽃은 영어로 무엇이라고 불리니?
② 그가 가난한 사람들을 도왔다니 매우 친절하구나.
③ 그녀는 30인분의 점심의 나머지를 먹었음에 틀림없다.
④ 그는 정확히 낯선 사람은 아니었는데, 전에 한 번 그를 만났기 때문이다.
⑤ 국회 의원들의 수가 500명에서 400명으로 감소했다.

⇨ 문제해결
① 이름은 불리는 것이므로 called가 되어야 한다.
② kind는 사람의 성격/성질을 나타내는 형용사이므로 의미상의 주어로 〈of+목적격〉을 사용한다.
④ 전에 한 번 만난 것은 과거 이전의 일이므로 과거완료 시제가 되어야 한다.
⑤ the number of 뒤에는 복수명사가 오고, 단수 취급한다.

◎ 어휘
remain 나머지, 남은 것　　**congress** 의회
decline 쇠퇴하다, 감소하다

10 해석
① 내가 그녀와 함께 그곳에 갔다면 좋았을 텐데.
② 그녀는 팔짱을 낀 채 거기에 서 있었다.
③ 다리에 부상을 입었기 때문에 그는 걸을 수가 없었다.
④ 우리는 우리가 보고 듣는 것을 받아들이기만 하면 된다.
⑤ 아이들이 그 빵의 대부분을 먹어버렸다.

⇨ 문제해결
⑤ bread는 불가산 명사이므로 단수 취급해야 한다. (→ has)

◎ 어휘
fold one's arms 팔짱을 끼다
wound 부상하게 하다　　**accept** 받아들이다

majority 대부분, 대다수

11 해석
① 사람들은 TV가 제3의 교사라고 말한다.
② 물이 없다면 우리는 살 수 없을 텐데.
③ 나는 충격을 받았다기보다는 놀랐다.
④ 지난밤에 큰 화재가 발생해서 약 10채의 집을 파괴했다.
⑤ 목성은 태양계에서 가장 큰 행성이다.

⇨ 문제해결
① 주절의 시제와 종속절의 시제가 같기 때문에 수동태를 만들 때 단순부정사가 되어야 한다. (→ to be)

◎ 어휘
shocked 충격을 받은　　**astonished** 놀란
break out 발생하다　　**destroy** 파괴하다
Jupiter 목성　　　　　**planet** 행성
the solar system 태양계

12 해석
너는 그에게 무례하게 굴지 말았어야 했는데.
= 네가 그에게 무례하게 굴었다니 유감이다.

⇨ 문제해결
④ 내용상 '~하지 말았어야 했는데'라는 의미의 〈should not have p.p.〉가 적절하다.

◎ 어휘
rude 무례한

13 해석
힘든 일을 하고 난 후에 내 친구와 나는 우리가 동시에 그 일을 끝냈다는 것을 알았다.

⇨ 문제해결
⑤ 안 시제가 과거이고 일을 끝낸 것은 그 이전이므로 과거완료 시제가 되어야 한다.

◎ 어휘
at the same time 동시에

14 해석
(1) 내가 파리에 도착했을 때 나는 에펠탑을 향해 떠났다.
(2) 우리는 아주 열심히 공부했기 때문에 좋은 점수를 받았다.

⇨ 문제해결
(1) 주절과 종속절의 주어가 같으므로 접속사와 함께 종속절의 주어를 생략하고 동사에 ing를 붙인다.
(2) 주절과 종속절의 주어가 같으므로 접속사와 함께 종속절의 주어를 생략하고, 주절보다 종속절의 시제가 한 시제 앞서기 때문에 완료 분사구문 Having studied의 형태로

만든다.

◎ 어휘

head out for ～를 향해 떠나다, 출발하다
get a good mark 좋은 점수를 받다

15 **해석**
내 옆에 앉아 있던 남자는 거지를 불쌍히 여겨 그가 가지고 있던 모든 돈을 그에게 주었다.

⇨ **문제해결**
ⓐ 남자가 앉아 있는 것이므로 현재분사(능동형)가 되어야 한다.
ⓑ 뒤에 목적어가 없고 앞에 선행사가 all과 함께 왔으므로 that이 와야 한다.

◎ 어휘

take[have] pity on someone ～를 불쌍히 여기다
beggar 거지

16-17

해석
16 ① 나의 친구 Debbie는 갑자기 그녀의 결혼식이 취소되어야 한다고 주장했다.
② 아무도, 심지어 선생님들도 내 말을 듣고 있지 않아서 나는 수치심을 느꼈다.
③ 경찰은 진짜 범인이 누구인지 밝혀낼 수 없었다.
④ 오늘 아침이 되어서야 비로소 내 실수를 깨달았다.
⑤ 네가 계속 비협조적인 한 너는 그것으로부터 아무 혜택도 못 받을 것이다.
17 ① 모든 참가자들이 결승선을 넘을 수 있었던 것은 아니다.
② 그 의사는 나에게 담배를 끊으라고 경고했다.
③ Peter가 쓴 것은 바로 이 책들이다.
④ 나의 아버지는 일찍 일어나는 새가 먹이를 얻는다고 나에게 말씀하시곤 했다.
⑤ 그는 시험 결과에 상당히 만족하는 것처럼 보였다.

⇨ **문제해결**
16 ④ 〈It be동사 ～ that〉 구문을 써서 부정어구 not until this morning을 강조한다. that절의 시제가 과거이므로 주절의 시제도 과거가 되어야 한다.
17 ④ 격언이나 불변의 진리는 항상 현재 시제를 쓴다.

◎ 어휘

insist 주장하다, 고집하다	**ashamed** 수치심을 느끼는
criminal 범인	**uncooperative** 비협조적인
benefit 혜택	**participant** 참가자
finish line 결승선	**warn** 경고하다

18 **해석**
(1) Jane은 나에게 "내일 영화 보러 가고 싶니?"라고 물었다.
(2) 의사는 나에게 "패스트푸드를 너무 많이 먹지 마세요."라

고 말했다.

⇨ **문제해결**
(1) ⓐ 의문사 없는 의문문을 간접의문문으로 만들 때에는 if나 whether를 사용한다.
(2) ⓑ 부정 명령문을 간접의문문으로 만들 때에는 not to부정사의 형태를 사용한다.

◎ 어휘

go to the movies 극장에 가다

19 **해석**
A : Greg, 너의 책들을 빌려줘서 고마워. 그 책들이 없었다면 나는 나의 기말고사 리포트를 끝내지 못했을 거야.
B : 천만에. 그 책들이 너의 공부에 도움이 되었다니 기뻐.
A : 정말 도움이 됐어. 이 책들을 어디에 올려 놓을까?
B : 그냥 탁자 위에 올려 놔. 옷장 옆에 있는 탁자.
A : 알겠어.

⇨ **문제해결**
③ 문맥상 '～이 없었다면'이라는 뜻이 되어야 하므로 ⓐ에는 Without이나 But for를 사용해야 한다. 관계대명사 that은 계속적 용법으로 쓰일 수 없으므로 ⓑ에는 which가 적절하다.

◎ 어휘

lend 빌려주다　　　　**closet** 찬장, 옷장

20 **해석**
소녀들은 그 집에 안에 있는데, 종종 집안일을 돕거나 인형을 가지고 논다.

⇨ **문제해결**
콤마(,) 뒤에서 동시동작 구문은 현재분사 형태로 나타낸다.

◎ 어휘

housework 집안일

21-22

해석
작은 마을에서 경찰관으로 근무하는 동안 아버지와 동료는 누군가가 창문에 총을 쏘고 있다는 보고를 받았다. 확인해 본 결과 그들은 이것을 든 12살짜리 소년을 발견했다. 자신의 창문이 부서진 여인은 그 소년을 체포하기를 원했지만, 아버지의 동료는 이것이 그렇게 강력하지 않기 때문에 그 아이가 그 짓을 했을 리가 없다고 주장했다. 자신의 주장을 입증하기 위해 아버지의 동료는 이것을 잡고 순찰차의 옆 유리창을 겨누고 쏘았다. 차 유리가 산산 조각났다.

⇨ **문제해결**
21 ③ 내용상 this는 소년이 가지고 노는 성능이 센 장난감 총(toy gun)이라고 해야 자연스럽다.

22 ③ 여자와 창문과의 관계는 소유의 관계이므로 소유격 관계대명사 whose가 되어야 한다.

◎ 어휘

partner 동료	**arrest** 체포하다
argue 주장하다	**aim** 조준하다
patrol car 순찰차	**fire** 발사하다
shatter 박살 나다	

23-24

해석

나의 남편은 부엌에서 내가 하는 요리 실험에 대해서 매우 너그럽다. 수년간 나는 몇 번 실패를 했지만, 그는 늘 이 요리들을 관대하게 받아들였다. 그는 심지어 나의 모험심에 대해 나를 축하하기까지 했다. 어느 날 밤, 나는 전에 해본 적이 없는 색다른 요리를 만들려고 시도했다. 그것은 대실패였다. 나는 "이것은 지금까지 내가 만든 요리 중 최악의 요리예요."라고 말했다. "아니야. 최악은 아니야."라고 남편이 즉각 대답했다.

⇒ **문제해결**

23 ⑤ '최악은 아니다'라는 문장의 의미는 '이것보다 형편없는 요리를 한 적이 있다'는 의미이다.

24 ② 과거의 어느 순간부터 지금까지 적용되는 내용이므로 현재완료 시제가 되어야 한다. (→ have had)

◎ 어휘

generous 관대한	
when it comes to (동)명사 ~에 관해서라면	
experimentation 실험	
congratulate 축하하다	
adventure 모험	**disaster** 재난, 큰 실패
instant 즉각적인	**reply** 응답

25 **해석**

저희는 최근 LA에서 개최된 국제 치과 박람회에 참가하여 귀사의 치과용 의자의 우수한 품질과 적절한 가격에 큰 감명을 받았습니다. 만일 여기에 대리점이 없다면 저희가 귀사의 독점 대리인으로 활동하는 데 관심이 있습니다. 저희는 저희 회사가 귀사 제품의 한국 대리점으로서 적절한 자격을 갖추고 있다고 믿으며, 빠른 응답이 있기를 바랍니다.

⇒ **문제해결**

④ what 다음에는 불완전한 문장이 와야 한다. 이어지는 문장이 2형식의 완전한 문장이므로 접속사 that이 되어야 한다.

◎ 어휘

dental 치과의	**fair** 박람회
impress ~을 깊이 감동시키다	
quality 품질	**reasonable** 적절한
agent 대리인, 대리점	**sole** 유일한

1 ③	2 to have been ill	3 had not stolen
4 ③	5 ①	6 He was seen to steal

things from the grocery store by many people.

7 ②	8 ③	9 ⑤	10 (1) 나는 네가 설

거지하는 것을 도와줄 수 없다. (2) 나는 너의 맛있는 쿠키를 먹지 않을 수 없다. **11** ① **12** ⑤

13 called	14 ③	15 ⑤	16 ①	17 ④
18 ⑤	19 ②	20 ④	21 ②	22 ⑤

turns he → does he turn **23** ④ **24** ⑤
are → is **25** ⑤

1 **해석**

여러분이 원하는 의미를 찾는 가장 좋은 방법은 여러분이 원래 그 단어를 접했던 문맥에 알맞은 정의를 찾는 것이다.

⇒ **문제해결**

ⓐ 뒤에 동명사가 있고 앞의 명사와 동격 관계를 나타내므로 빈칸에는 of가 적절하다.

ⓑ 앞에 전치사가 있고 선행사가 context이므로 which가 적절하다. 관계대명사 that과 what은 전치사 다음에 쓰일 수 없다.

◎ 어휘

definition 정의	**fit** ~에 알맞다. 적합하다
context (문장의) 문맥, 맥락	
encounter (우연히) 만나다. 접하다	

2 **해석**

그는 오랫동안 아팠던 것 같다.

⇒ **문제해결**

주절의 시제가 과거완료로서 한 시제 먼저 발생한 것이므로 완료 부정사가 되어야 한다.

3 ⇒ **문제해결**

주절의 동사가 과거 시제(insisted)인데 과거 이전의 일을 주장하는 것이므로 한 시제 앞선 과거완료 부정문이 되어야 한다.

◎ 어휘

steal 훔치다	**doll** 인형

4 **해석**

왜 그는 마치 나를 아는 것처럼 쳐다보고 있니? 나는 전에 그를 본 적이 없어.

⇒ **문제해결**

③ '현재 아는 것처럼 쳐다보다'의 의미이므로 가정법 과거 형태가 되어야 한다.

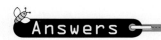

5 해석
기술 발전을 멈추어야 하는 이유는 좋은 목적을 위해 개발되었던 많은 발명품들이 지금은 강력한 무기로 사용되거나 심각한 부작용을 갖고 있기 때문이다.

⇨ **문제해결**
① 명사의 뒤에서 명사를 수식하는 경우(동격)이므로 to부정사가 되어야 한다. (→ to stop)

◎ **어휘**

technical 기술적인   **progress** 발전
invention 발명품   **weapon** 무기
side effect 부작용

6 해석
많은 사람들이 그가 식료품 가게에서 물건들을 훔치는 것을 보았다.

⇨ **문제해결**
지각동사, 사역동사가 포함된 5형식 문장의 경우 수동태로 전환할 때 목적격보어 자리의 원형부정사는 to부정사로 바꿔야 한다.

◎ **어휘**

grocery store 식료품 가게

7-8

해석
7 ① 나의 적은 월급으로는 차를 몰 여유가 없었다.
② 그녀는 자신의 캠페인을 포기하지 않을 수 없었다.
③ 나는 나의 남편이 태어난 마을을 방문할 것이다.
④ 나는 어떤 길을 택해야 할지 몰랐기 때문에 매우 혼란스러웠다.
⑤ 어린 아이들을 가르치는 것은 정신적으로나 육체적으로나 어렵다.

8 ① 너는 그 영화를 보았어야 했는데.
② 나뭇잎들이 노랗고 붉은 색으로 바뀌기 시작하고 있다.
③ 회장으로서 너의 지위를 남용하지 않는 것이 중요하다.
④ 그는 입에 파이프를 문 채 호텔 앞에 서 있었다.
⑤ 이 두 회사는 친밀한 관계를 가지고 있다.

⇨ **문제해결**
7 ② have no choice but to부정사(~하지 않을 수 없다) 구문이다.
8 ③ 부정사를 부정할 경우 not이 반드시 to 앞에 와야 한다.

◎ **어휘**

salary 월급   **abandon** 포기하다
confused 혼란스러운   **route** 길, 노선
mentally 정신적으로   **physically** 신체적으로
abuse 남용하다   **position** 지위

president 회장

9 해석
① 강 아래로 카누가 떠내려갔다.
② 너는 작년에 놀이 공원에 간 것을 기억한다.
③ 그 프로젝트를 끝낸 후, 우리는 스스로를 자랑스럽게 여겼다.
④ 내가 어디를 가든 없으면 못사는 것은 노트북 컴퓨터이다.
⑤ 나는 그가 가난해서가 아니라 비열하기 때문에 좋아하지 않는다.

⇨ **문제해결**
① 장소, 방향 부사구가 문두에 오면 주어 동사가 도치되며, 이 경우에 조동사 do를 사용하지 않는다. (→ floated the canoe)
② remember to부정사는 '(미래에) ~할 것을 기억하다'라는 의미이고 remember 동명사는 '(과거에) ~한 것을 기억하다'라는 의미이다.
③ 주절의 시제보다 한 시제 앞선 내용이므로 종속절의 시제는 과거완료가 되어야 한다.
④ 〈It be동사 ~ that〉 구문을 사용해서 강조하고 있는데, 강조되는 것이 사물이므로 which나 that으로 바꾸어야 한다.

◎ **어휘**

float 떠다니다
amusement park 놀이 공원
mean 비열한

10 ⇨ **문제해결**
(1) help를 동사로 갖는 5형식에서 목적격보어로는 to부정사나 동사원형이 올 수 있다.
(2) 〈cannot help ~ing〉는 '~할 수밖에 없다'라는 의미의 표현이다.

◎ **어휘**

wash the dishes 설거지하다

11 해석
① 내가 Sue의 전화번호를 안다면 좋을 텐데.
② 그는 과학자라기보다는 발명가였다.

③ 숨을 죽이고 우리는 물에 빠진 아이를 구조하는 것을 지켜보았다.
④ 그녀는 마치 술 취한 것처럼 보인다.
⑤ 거북이가 코끼리보다 더 오래 산다고들 한다.

⇨ **문제해결**
① I wish 다음에 가정법 과거 구문이 왔으므로 직설법 현재로 바꾸어야 한다. (→ don't)

◎ 어휘

inventor 발명가
hold one's breath 숨을 죽이다
rescue 구조
drown 물에 빠지다, 익사하다
drunk 술 취한　　　　　**tortoise** 거북

12 해석

포유류로 알려져 있는 모든 동물들에는 털이 있다. 각각의 털은 털이 자라는 피부 위에 각자의 분리된 공간이 있다.

⇨ 문제해결

ⓐ '~로 알려지다'라는 뜻의 be known as가 적절하다.
ⓑ 빈칸 뒤가 완전한 1형식 문장이므로 관계부사가 와야 한다.

◎ 어휘

mammal 포유류　　　　　**separate** 분리된, 떨어진

13 해석

나의 아버지께서 나에게 전화했을 때 나는 책을 읽고 있었다.

⇨ 문제해결

책을 읽고 있는 시제가 과거진행 시제이고 전화를 건 시점이 그때이므로 과거 시제가 되어야 한다.

14 해석

• 이주민들의 1/5이 그 문화에 자신들을 적응시킨다.
• 비록 늑대들이 가축을 공격할지라도 그것들은 인간을 피하는 경향이 있다.

⇨ 문제해결

ⓐ 목적어로 재귀대명사가 들어가는데, 앞에는 주어가 복수의 immigrants이므로 themselves가 적절하다.
ⓑ 조동사가 올 수 있는데, 강조의 조동사 do가 적절하다.

◎ 어휘

immigrant 이주민, 이민자
adapt (환경 따위에) 순응하다, 익숙해지다
livestock 가축
tend to ~하는 경향이 있다, ~하기 쉽다
avoid 피하다

15 해석

이 팀은 일을 할 때나 안 할 때도 서로 친하며, 여러 해 동안 함께 일을 해 오고 있다. 그들은 서로를 신뢰하는 것 같다.

⇨ 문제해결

⑤ appear는 자동사로 수동태가 불가능하다.

◎ 어휘

friendly 다정한　　　　　**trust** 신뢰하다

16-17

해석

16 ① Bill은 그 두 소년 중에서 더 크다.
② 그는 학교에 지각했음에 틀림없다.
③ 그녀는 거울 속의 또 다른 모습을 보면서 그렇게 말했다.
④ 우리가 물 없이 사는 것은 불가능하다.
⑤ 그의 새 책은 지난 것보다 훨씬 더 재미있다.

17 ① 그는 위대한 과학자라고들 한다.
② 나의 식료품 목록과 노트가 탁자 위에 있었다.
③ 나는 가능한 한 빨리 그것을 끝내기를 원한다.
④ 그 강아지는 그녀가 말하는 것을 거의 불가능하게 만들었다.
⑤ 그 곤충은 더 작은 곤충이 지나가기를 기다리고 있는 중이다.

⇨ 문제해결

16 ① 문장에 of the two가 있을 경우는 비교급 앞에 the를 붙여야 한다.
17 ④ 여기서 it은 가목적어인데 진목적어 to부정사와 의미상의 주어는 함께 맨 뒤로 이동해야 한다. (→ almost impossible for her to talk)

◎ 어휘

grocery 식료품
get through with ~을 끝내다
puppy 강아지　　　　　**insect** 곤충
come by ~와 마주치다, 지나치다

18 해석

• 왼손잡이인 많은 사람들은 사고 나기 더 쉬운 경향이 있다.
• 그 단체는 오염 물질이 안전 수준까지 감소되어야 한다고 요구했다.

⇨ 문제해결

⑤ 첫 번째 문장에는 사람 선행사를 취하는 주격 관계대명사 that이 적절하고, 두 번째 문장에는 동사 insist의 목적어절을 이끄는 접속사 that이 적절하다.

◎ 어휘

left-handed 왼손잡이의
be apt to부정사 ~하는 경향이 있다
accident-prone 사고 나기 쉬운
pollutant 오염 물질

19 해석

① 그는 자신의 새 집에 기뻐했다.
② 그 집을 청소하는 것은 바로 저 여자이다.
③ Jenny는 2002년 이래로 독일어를 공부하고 있는 중이다.
④ 나의 남편과 나는 텔레비전을 보면서 항상 시간을 보내는 것은 아니다.
⑤ 내가 나의 아버지의 허락을 받는 것은 불가능했다.

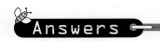
⇨ **문제해결**

① '~로 기쁘다, 만족하다'는 be pleased with를 쓴다.

③ since가 있는 것으로 보아 현재완료 시제가 쓰여야 한다.

④ 〈spend+시간+~ing〉의 형태로 쓰여야 한다.

⑤ 일반적으로 to부정사의 의미상의 주어는 〈for+목적격〉을 쓴다. 하지만 성질이나 감정을 나타내는 형용사가 쓰였을 경우는 〈of+목적격〉을 쓴다.

◎ **어휘**

permission 허락, 허가

20 **해석**

나는 전기 공학을 공부하는 것에 대해 생각 중이었지만, 대신에 전자 공학을 공부하기로 결정했다.

⇨ **문제해결**

④ 결정한 것은 과거이고, 과거에 생각을 하고 있었던 것은 과거진행 능동태로 표현해야 한다.

◎ **어휘**

electrical engineering 전기 공학

electronics 전자 공학

21-22

해석

James는 몇 분 동안 Lauren을 자세히 본다. 처음에 Lauren은 다소 뻣뻣하게 앉아 있었지만, 잠시 후에는 약간 긴장을 풀기 시작한다. James는 이제 그녀가 좀 더 자연스러워 보인다고 속으로 생각한다. James는 그녀의 얼굴 형태를 이해할 때까지 쳐다본다. 그는 그녀의 피부에서 빛이 명암의 형태를 만들며 움직이는 방식을 연구한다. 그는 그녀의 머리, 눈, 피부의 색깔을 연구한다. 그런 후에야 그는 돌아앉아서 붓을 집어 들고는 그것을 유화 물감 속에 담근다.

⇨ **문제해결**

21 ② 지문의 마지막 문장의 to pick up a brush and dip it into the oil paints라는 부분을 보면 James가 화가라는 것을 알 수 있다.

22 ⑤ Onlythen이 강조되어 문장의 앞으로 나가서 도치가 되는데, 이 때 일반동사일 경우는 do동사가 앞으로 나간다. (→ does he turn)

◎ **어휘**

stiffly 딱딱하게

think to oneself 마음속으로 생각하다

pattern 모양, 양식   **shadow** 그림자

pick up ~을 집어[들어] 올리다

dip ~를 (액체 따위에) 살짝 담그다

oil paint 유화 물감

23-24

해석

비록 대부분의 젊은이의 활력은 어른들이 부러워하는 것이지만 15세에서 24세의 나이에 알코올 중독과 약물 남용을 포함하는 심각한 건강상의 문제가 나타나고 있다. 더욱이 많은 수의 젊은이들이 흡연, 형편없는 식사, 그리고 부적절한 운동으로 인해 미래의 건강상에 매우 문제가 될 수 있도록 하고 있다. 가장 우려할 만한 경향 중 하나는 다른 나이 층에서는 자살률이 급격히 감소하는 데 비해 젊은이들 사이에서는 자살이 증가하고 있다는 것이다.

⇨ **문제해결**

23 ④ 어른들이 젊은이들의 젊음을 부러워하는 것과는 달리 오히려 젊은이들은 자기 파괴적인 행동을 하고 있다는 내용이다.

24 ⑤ 〈one of the 복수명사+단수동사〉 구문이다.

◎ **어휘**

envy 부러움   **alcoholism** 알콜 중독

drug abuse 약물 남용

vulnerable 노출된, 손상 받기 쉬운

inadequate 부적절한   **trend** 경향

decline 감소하다

25 **해석**

어머니는 드레스를 위해 많은 애를 쓰셨으며, 내가 처음으로 그 드레스를 입었을 때 아버지는 내가 마치 그림처럼 아름답게 보인다고 말씀하셨다. 기쁨과 행복에 겨워 나는 학교에 갔다. 그러나 반 친구들은 내 새 드레스에 대해 가족들과 같은 반응을 보이지 않았다. 여자 아이들 중 한 명은 그것을 흉측한 드레스라고 부름으로써 나에게 일격을 가했다. 나는 불행한 심경으로 그날 아침을 보냈다.

⇨ **문제해결**

⑤ 여자 아이들 중 한 명이 그 드레스를 보고 흉측하다고 말하는 내용으로 부대상황의 동시 동작을 나타내고 있다. 따라서 called를 calling으로 바꿔야 한다.

◎ **어휘**

take pains with ~을 하느라 수고하다

react 반응을 나타내다

give a blow 일격을 날리다

misery 불행, 고통

memo

상위 5%를 위한

중학 영문법

뽀개기 3 LEVEL

정답 및 해설

내신 완벽 대비

중학교 교과과정에서 요구하는 핵심 문법을 쉽고 간단하게 정리

내신 만점을 위한 다양한 유형의 단계별 TEST

수능 문법의 기초를 확립할 수 있는 CONTENTS

학습한 문법을 독해와 회화에 적용, 통합적인 영어 실력 향상

중학 영문법 뽀개기 시리즈

Level 1 ● Level 2 ● Level 3

NEXUS makes your next day
www.nexusEDU.kr | 책에 대해 궁금한 사항은 넥서스에듀 홈페이지 1:1 교재상담 게시판을 이용하세요.

www.nexusEDU.kr

넥서스 초·중·고등 사이트

영어독해 한 방에 끝낸다!

After School Reading 시리즈

▶ 흥미롭고 유익한 주제의 독해 지문 수록

▶ 내신 기출 문제를 철저히 분석하여 반영한 단답형, 서술형 문제 수록

▶ 문맥을 통해 문법 실력을 향상시킬 수 있도록 Grammar Tips 수록

▶ 효과적인 어휘 복습을 위한 단어장 제공

After School Reading

After School Reading 시리즈

Level 1 넥서스영어교육연구소 지음 | 205X265 | 80쪽(본책), 24쪽(정답 및 해설) | 8,000원

Level 2 넥서스영어교육연구소 지음 | 205X265 | 80쪽(본책), 24쪽(정답 및 해설) | 8,000원

Level 3 넥서스영어교육연구소 지음 | 205X265 | 80쪽(본책), 24쪽(정답 및 해설) | 8,000원

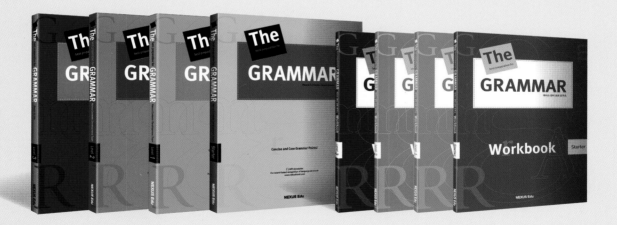